Sucht und Sehnsucht

W0084219

Sucht und Sehnsucht

Rauschrisiken
in der Erlebnisgesellschaft

Herausgegeben von
Peter Kemper und Ulrich Sonnenschein

Philipp Reclam jun. Stuttgart

Universal-Bibliothek Nr. 18087
Alle Rechte vorbehalten
© für diese Ausgabe 2000 Philipp Reclam jun. GmbH & Co., Stuttgart
Copyrightvermerke für die Texte siehe Seite 327 ff.
Umschlaggestaltung: Helmut Kirsten, Waiblingen
unter Verwendung von:
»Hey, Let's Go for a Ride« (1961)
von James Rosenquist
© VG Bild-Kunst, Bonn 2000
Gesamtherstellung: Reclam, Ditzingen. Printed in Germany 2000
RECLAM und UNIVERSAL-BIBLIOTHEK sind eingetragene Marken
der Philipp Reclam jun. GmbH & Co., Stuttgart
ISBN 3-15-018087-2

Inhalt

2
Verführungen im Waren-
paradies

3
Steigerung des Alltäglichen

4

Flügel der Phantasie

5
Genuß und Verlangen

6
Wahn und Flucht

7
Gift oder Göttertrank –
Im Dschungel der Substanzen

8
Politik, Prävention und
Paragraphen

Vorwort

Das »Recht auf Rausch« ist längst zu einem Grundrecht geworden. Grenzerfahrungen und Gipfel-Erlebnisse gehören zum Alltag in westlichen Industriegesellschaften und gleichen nicht selten den vielzitierten »Zustand innerer Leere« aus. Wer heute die wachsende Knappheit des Rohstoffs ›Sinn‹ beklagt, flüchtet sich häufig aus dem engen Disziplinarregime seiner Umwelt in die weitläufigen Gegenden ekstatischer Glückseligkeit. »Erlebe dein Leben!« lautet die Devise, die seit den achtziger Jahren einer genußorientierten Kick-Kultur Vorschub leistet. Das Dilemma dieser erlebnisorientierten Lebensweise scheint nun gerade darin zu bestehen, daß trotz der wachsenden Freizeit- und Zerstreuungsindustrie die Spielräume zur authentischen Selbstentfaltung des einzelnen enger werden: Je mehr Langeweile-Vertreibungs-Angebote auf den Markt kommen, um so mehr scheint die Langeweile zu wachsen. Die kleinen Fluchten des Alltags werden immer wichtiger. Das gilt ebenso für Fluchtbewegungen aus äußeren Zwängen wie für die Flucht vor sich selbst. Man muß deshalb kein Fan von Konstantin Wecker sein, um seine Diagnose zu teilen: »Wir sind eine Gesellschaft von Süchtigen, denn wir bedienen uns nicht mehr der Dinge, sondern die Dinge haben uns in der Hand.«

Besser, größer, schneller, komfortabler – diese Logik der Steigerung ist allenthalben anzutreffen. Sie beruht auf dem Glauben an die grenzenlose Machbarkeit des Wirklichen. Seinen Ort hat dieser Glaube vor allem im Konsumfortschritt. Der verführerische Glanz der Märkte produziert ständig neue Objekte der Begierde. Alles Begehren aber kann in Sucht umschlagen, denn die Kurzlebigkeit aller warenförmigen Glückssurrogate führt zur Fortdauer der

Unbefriedigung. Schon Friedrich Nietzsche hatte vorausschauend erkannt: »Man liebt zuletzt seine Begierde und nicht das Begehrte.« Das Lustvolle des Konsums liegt eben nicht mehr vorrangig in der Bedürfnisbefriedigung, sondern gerade in einer fortschreitenden Unbefriedigung, die das Begehren immer neu anfacht.

Der Anpassungsdruck, den der herrschende Turbo-Kapitalismus verursacht, führt beim einzelnen immer häufiger zu einem Grundkonflikt zwischen gesellschaftlichem Progressionszwang (Leistungssteigerung, wachsende Kontrolle, Fortschrittsverpflichtung u. a.) und persönlicher Regressionssehnsucht (dysfunktionales Verhalten, Spiel, Spontaneität, Phantasie, Kreativität). Kein Wunder, daß die Zahl der Persönlichkeitsgestörten in westlichen Gesellschaften zunimmt. Wo grenzenloser Machbarkeitswahn herrscht, wo Jugendlichkeit und Leistungsfähigkeit käuflich sind, wo Tod und Krankheit tendenziell beherrschbar erscheinen, überfordern die Allmachtsphantasien der Technologie leicht das einzelne Individuum. Eine »ökologische Krise seiner Innenwelt« ist häufig die Folge. Vor allem Jugendliche sind in dieser Hinsicht stark gefährdet. Denn während ihnen die massenmedial produzierten Wunschbilder von beruflichen und sexuellen Erfolgen, von Liebe und Lust, immer strahlend perfekt erscheinen, sind sie in ihrem Innern unsicher, fühlen sie sich den Perfektionsansprüchen kaum gewachsen. Gefühlsverwirrung, Selbstzweifel sind die Folge. So entstehen gebrochene Identitäten oder in der Sprache der Psychologen »phantastische Ichs«.

Während eine chronologische, geordnete Geschichtserfahrung – auch die der eigenen Lebensgeschichte – konstitutiv war für die Entwicklung »solider Identitäten«, wird in den flexibilisierten Lebensläufen einer Globalisierungswelt die lineare Zeitordnung immer wieder durcheinandergebracht. Häufige Job- und Wohnortwechsel, zunehmende Auflösungserscheinungen sozialer Bindungen, schnellere

Partnerwechsel, die schwindende Bedeutung traditioneller
Sozialisationsinstanzen zugunsten des Einflusses elektroni-
scher Medien – all das kann zu fragmentierten Persönlichkeiten führen. Die Totalität eines Individuums ist dann in
viele kleine Bruchstücke zersplittert, und die so entgrenzten
Charaktere suchen sich ihre Selbstwertgefühle in provisori-
schen Allianzen mit Stilangeboten. Es entsteht eine hekti-
sche Suche nach Inszenierungsmöglichkeiten des Ichs, nach
neuen Chancen des Sich-Ausdrückens. Dabei steht ein Zu-
gewinn an Autonomie und Dispositionsfreiheit der Last gegenüber, sich ständig ein neues »Make-up der Identität«
aufzulegen. Das eigentliche Problem dieses »Self-Fashion-
ing« scheint heute darin zu bestehen, die gewonnenen Freiheiten mit Sinn zu füllen.

Eine Sucht erscheint in dieser Perspektive als »subjektive
Lösung des Sinnproblems« (Wolfgang Schmidbauer): Ich
weiß wenigstens, *was* mir fehlt! Die Sucht funktioniert als
kurzfristiger Orientierungsversuch, indem die als bedrohlich empfundenen Kompliziertheiten und Komplexitäten
der Lebenswelt auf die einfache Formel der unmittelbaren
Erlebniserfüllung reduziert werden. Abhängigkeit wird
dann als das übermächtige unstillbare Verlangen empfunden, etwas zu konsumieren oder zu tun, was kurzfristig
einen Kick ermöglicht. Ein solches Handeln richtet sich
umweglos, ohne Zeitverzögerung auf Bedürfnisbefriedigung. Der wenig populäre Gegensatz dazu wäre der »Befriedigungsaufschub« z. B. in der Form der Entsagung, der
Askese. Doch für die heutige Fun-Generation zählt mehr
und mehr die Qualität eines beschleunigten, subjektiven
Genusses.

Vor diesem Hintergrund kann im Prinzip jedes Bedürfnis, jedes Interesse des Menschen in Suchtverhalten umschlagen. Galt der Begriff der »Sucht« bis zum 16. Jahrhundert noch als ein Synonym für Krankheit, so wurde die
»sehnende Sucht« der Romantik zu einer Grundbefindlich-

keit des neuzeitlichen Menschen. Sehnsucht bezeichnete
fortan »das nah-ferne Gefühl des großen Verstehens« (Georg Lukács). So kann in all den heute gängigen Suchtformen
– ob Arbeits-, Kauf-, Computer-, Video-, Spiel-, Eß-,
Trink-, Lauf-, Liebes- oder Sex-Sucht – letztendlich der fatale Wunsch nach Einswerdung des entfremdeten Menschen
mit sich und der Natur gesehen werden. Der italienische
Psychiater Luigi Zoja beschreibt Süchtige denn auch als
»mißglückte oder negative Helden« auf dem schwierigen
Weg zur Selbstfindung. Süchte signalisieren immer Verlust-
gefühle.

Es gab zu allen Zeiten der Menschheitsgeschichte unterschiedliche Formen von Suchtverhalten. Im rituellen Gebrauch von Suchtmitteln lagen Rausch- und Heilanwen-
dung in früheren Kulturen oft nah beieinander. Auch die
spirituelle Bedeutung des Drogenkonsums ist in der Geschichte stark ausgeprägt. Heute aber nehmen jene Suchtformen sprunghaft zu, die nicht länger an stoffliche Substanzen, sondern vielmehr an erlebnisorientierte Praktiken
gebunden sind. Dabei treten ebenso physische wie psychische Abhängigkeiten zutage. Ob die Ausschüttung von Endorphinen und Weckaminen beim »Jogger-High«, beim
Schnäppchenkauf oder beim Bunjeesprung erfolgt – immer
handelt es sich hier um stoffungebundene Suchtformen. Mit
dem Begriff der »Versüchtelung« unserer Gesellschaft hat
der Frankfurter Psychologe Werner Gross dieses Phänomen
zu fassen versucht: »Leute, die nicht wissen, wer sie sind,
was ihnen gut tut oder fehlt, was sie wollen oder wo der
Sinn liegt, sind extrem anfällig für das erstbeste Angebot.«
Früher konnte beispielsweise der Drogenkonsum noch als
Störung des sozialen Systems, als rebellische Geste der Ver-
weigerung gegenüber Anpassung, Arbeitsethik und Lei-
stungsidealen verstanden werden. Heute symbolisieren
viele Suchtformen der Erlebniskultur dagegen selbst eine
Anpassung an gesellschaftliche Normen und Ziele.

Eine düstere Prognose besagt, daß in spätestens hundert Jahren mehr Süchtige – gemeint sind von Alkohol, Drogen, Psychopharmaka usw. Abhängige – leben werden als Nicht-Süchtige. Ein innerer Zusammenhang von massenmedialer Wunschproduktion und der Sucht nach orgasmischen oder ozeanischen Gefühlen im Drogenkonsum läßt sich kaum leugnen. Sehnsüchte, durch Werbung und Marketing erzeugt, kehren im Konsum als Sucht verstärkt wieder. Auch der sogenannte Gelegenheitskonsum illegaler Drogen – dem Kaffee am Morgen entspricht der entspannende Joint am Abend oder die leistungssteigernde Ecstasy-Pille in der Nacht – hat in den letzten zehn Jahren zugenommen. Dabei scheint in einer schicksalhaften Spiralbewegung die Zahl der Süchtigen parallel zur Anzahl der Maßnahmen zu steigen, die ergriffen werden, um die Suchtgefahren zu vermindern. Doch auch eine Gegenbewegung ist erkennbar, ein wachsendes Gesundheitsbewußtsein, das bis zu einem neuen Puritanismus reichen kann.

Mit dem Neuen Funkkolleg »Sucht und Sehnsucht« will der Hessische Rundfunk, Frankfurt, einen Beitrag zur gegenwärtigen Diskussion über die verschiedenen Erscheinungsformen der Süchte, ihre sozialen, seelischen und körperlichen Ursachen liefern. In Zusammenarbeit mit den Volkshochschulen und in Abstimmung mit den Drogenpräventionsprojekten an Schulen wird ein Orientierungskurs angeboten, der jeweils fünfundzwanzig Kollegsendungen im Hörfunk (ab 1. Oktober 2000 auf hr 1), Begleitveranstaltungen an Volkshochschulen und allgemeinbildenden Schulen und Begleitmaterialien in der vorliegenden Buchform umfaßt. Die Texte dieses Readers versammeln die wichtigsten Positionen der Debatte um Drogenkonsum, Suchtverhalten und aktuelle Rauschphänomene. Sozialwissenschaftler, Psychologen, Mediziner, Philosophen, Medienexperten, Pädagogen, Trendforscher und Literaten deuten darin den

Zusammenhang von Sucht und Sehnsucht aus ihrer je eigenen Perspektive. Dabei ist es unser Anliegen, vor allem solche Texte miteinander zu kombinieren, die im Idealfall einen impliziten Dialog zwischen unterschiedlichen Auffassungen ermöglichen. Allerdings dürfte das vorliegende Lesebuch seine aufschließende Funktion in bezug auf die gegenwärtigen Rauschrisiken erst im medialen Zusammenspiel von Lesetext, Hörfunk-Feature und Begleitkurs voll entfalten können. Denn es liegt heute mehr denn je in der Macht der Medien, über den richtigen Gebrauch falscher Abhängigkeiten zu informieren.

P.K., U.S.

1

_____ **Rausch als Lebensstil** _____

ALEXANDER SCHULLER

Man hat oft gesagt, Deutschland sei das Land der Sehnsucht. Gemeint war der vermeintlich typisch deutsche Hang zur Melancholie, zur schwärmerischen Traurigkeit. Das romantische Rauschen der Wälder und Bäche, der verschwommene Wunsch nach einem tiefen Einswerden mit der Natur und den Menschen – all das prägte jahrhundertelang die Vorstellungen von »Sehnsucht«. Doch welchen Ort hat sie in der heutigen Gesellschaft? Schlägt Sehnsucht immer schneller in Sucht um? Der Sozialmediziner Alexander Schuller wagt eine anthropologische Prognose.

Sucht und Sehnsucht

Die Sehnsucht, die Sehnsüchte, die Süchte werden wachsen. Wie Metastasen durchziehen sie schon jetzt unsere Gesellschaft und viele von ihnen sind in den Untergrund gegangen: als Verbrechen und als Verzweiflung, als Narzißmus, als Radikalismus, als Vandalismus, als Alkoholismus und als Terrorismus. Sie erkennen sich selbst nicht mehr. In den vielen tiefen und dunklen Nischen der Komplexitätsgesellschaft nisten sie sich ein, krank und gekränkt und immun gegen die etablierten Abwehrsysteme, unerkannt und unkontrolliert. Und wer ihren Code zu entschlüsseln versucht, wird eine Synthese aus Regression und Transgression, aus Wahn und Wille, aus Rückschritt und Fortschritt, aus Animalität und Spiritualität entdecken. Die Sehnsüchte werden immer einsamer, immer stärker, immer wilder, immer mehr. Aber die Orte, wo sie sich niederlassen können, Heimat finden in dieser Gesellschaft, werden karger. Sie sind auf Trebe, die neuen Nomaden der Moderne. Kein Haus, kein Kruzifix kann sie mehr halten. Viele haben schon die Zelte abgerissen, einige schon die Boote bestiegen, sie warten auf den Sturm, der sie hinaustragen soll aufs hohe Meer, zu rasender Fahrt.

Martin Doehlemann

Das Elend der modernen Konsum- und Entertainmentgesellschaft scheint darin zu liegen, daß mit dem wachsenden Angebot von Zerstreuungen das »leere Sehnen« oder »der unruhige Stillstand der Seele« – wie man Langeweile umschreiben könnte – ständig zunimmt. Der Soziologe Martin Doehlemann von der Fachhochschule Münster zeigt die Spirale auf, in der sich »Langeweilevertreibungsmedien« zu »Langeweileverstärkern« aufschaukeln können.

Die Vermehrung der Langeweile durch ihre unaufhörliche Bekämpfung

Langeweilegefühle haben [...] die Selbstentdeckung des Subjektes zur Voraussetzung. Das gilt gattungsgeschichtlich ebenso wie lebensgeschichtlich: Naturmenschen ohne »Bildung« und Kindern ist Langeweile fremd. In den modernen Gesellschaften erfahren die meisten Menschen eine gewisse

Kultivierung und Subjektivierung, so daß sie nach sich
selbst als einem sinnbedürftigen und unverwechselbaren Individuum fragen und gewisse Ansprüche an sich selbst rich-
ten können. Insofern dürften die Neigungen zu Langeweilegefühlen in modernen Gesellschaften weiter verbreitet
sein als in vormodernen.

Gleichzeitig aber sind Langeweilevertreibungs- oder
-verhinderungsindustrien in weltumgreifendem Ausmaß
entstanden. Nun verringern aber die unaufhörlichen Versuche, Spaß und Vergnügen zu schaffen, die Langeweile bei-
leibe nicht, sondern – so die These – vermehren sie und ver-
decken sie allenfalls notdürftig.

Bevor dieser These näher nachgegangen wird, noch einige
Bemerkungen zu einer Hauptursache von Langeweile in
den modernen Gesellschaften. Die Selbstentdeckung des
Subjektes ist ja keine eigentliche Ursache von Langeweile,
sondern eine Voraussetzung. [...]

Eine Hauptursache von Langeweilegefühlen in den modernen Gesellschaften liegt in der Einschnürung und Hemmung von Kompetenz- und Effektanzmotivationen. Im
»Selbstbewußtsein« des modernen Menschen steckt der
Wunsch, sich selbst »zu verwirklichen«. Wo soll das gesche-
hen? Nach wie vor bestimmt Erwerbsarbeit einen großen
Teil des Lebens der meisten Menschen. Zwar geht die Jah-
resarbeitszeit allmählich zurück – in der Bundesrepublik für
Vollzeitbeschäftigte von 2100 Stunden im Jahre 1960 auf
1700 Stunden zwanzig Jahre später –, aber der Arbeitsgesellschaft geht noch lange nicht die Arbeit aus. Dabei steigt
der Anspruch der Arbeitnehmer an die Erwerbsarbeit: Immer weniger Menschen finden ihre Arbeit insgesamt »interessant« oder sehen in ihrem Beruf persönliche »Verwirkli-
chungschancen«.

Die durchschnittliche Erwerbsarbeit *unterfordert* den Tätigen oft in motorischer, intellektueller und imaginativer
Hinsicht und *überfordert* ihn oft in nervlicher Hinsicht, vor

allem aufgrund andauernder einseitiger, konzentrierter Anspannung und Zeitdruck. Wenn die gedanklichen Anforderungen und die potentiellen Fähigkeiten in einem Mißver-
hältnis zueinander stehen, wenn ewige Wiederholungen
stattfinden, wenn die Ermessens- und Entscheidungsspiel-
räume klein und die Zeitnot groß ist, ergeben sich kaum
»innere Arbeitserträge«, die den Betreffenden bereichern.
Viele Arbeitnehmer befinden sich in einer Art von gehetzter
Passivität. Die Gleichgültigkeit gegen eine Arbeit, die
Selbstentfaltung behindert und eine innere Leblosigkeit er-
zwingt, geht einher mit Empfindungen von überdrüssiger
oder existentieller Langeweile, die freilich von täglicher
Hektik und »Streß« überdeckt wird. [...]

Eine uninteressante Arbeit fördert auf Dauer eine allgemeine Interessenlosigkeit – und diese erleichtert es wiederum (neben der Unterhaltung mit Arbeitskollegen), die
uninteressante Arbeit auf Dauer zu ertragen. Die Fremdbe-
stimmung der Arbeitsziele bedingt tendenziell eine gewisse
Ziellosigkeit des Freizeitverhaltens. Die Unterforderung
und Verarmung am Arbeitsplatz münden oft in Überforde-
rung durch eigene Freizeitgestaltung.

So würde die Langeweile der inneren Leere, die am Arbeitsplatz oft von Anspannung und Streß überdeckt ist, in
der Freizeit in großem Umfang und mit schwer absehbaren
Folgen offen zutage treten, wenn nicht moderne Unterhal-
tungs- und Erlebnisindustrien einsprängen: allen voran das
Fernsehen, das – wie viele Untersuchungen zeigen – unter
den Freizeitbeschäftigungen an erster Stelle steht, und die
moderne Konsumgüterindustrie, die dem Einkaufen und
Gebrauchen aller möglichen Waren mittels Reklametech-
niken den Wert von herausragenden »Erlebnissen« anhän-
gen will. Aber Fernsehunterhaltung und Konsumerlebnisse
können Langeweile nicht überwinden. Im Gegenteil: Sie
vermehren sie *und* scheinen sie gleichzeitig zu übertönen.
[...]

In den westlichen Gesellschaften schwappen Mode- und Innovationswellen immer schneller und breiter über die Waren- und Ideenwelten – wobei sich technisch-funktional bedingte Neuerungen mit absatzpolitisch bedingten und modisch bedingten häufig bis zur Ununterscheidbarkeit vermischen. Oft ist es doch nur eine dauernde Wiederkehr des Neuen, des alten Noch-nie-da-Gewesenen.

Immer mehr Dinge werden dem beschleunigten Innovations- und Modewechsel unterworfen. Das gilt für die körpernahen Selbstdarstellungsmittel (Kleidung, Schmuck, Frisuren; neuerdings Brillengestelle), für Architektur und Wohnungsausstattung oder für Geschenkartikel (vom Lieblingsmaskottchen für das Kleine über den hitlistenersten Song für den Halbwüchsigen, den Trendstrauß für die Mutter, den aktuellen Videorecorder für den Vater bis zum neuesten Herzstärkungsmittel für die Oma). Das gilt auch für die Reiseziele, Hobbys, Zeichensysteme (Modeworte und -kürzel, Modefachsprachen), Nachrichten und Gesprächsthemen (vgl. die schwankenden Marktwerte von Informationen über Waldsterben, Ozonloch und Robbensterben) und für Meinungen, Engagements, Stimmungen, Ausdruckshaltungen oder Lebensentwürfe. Allenthalben lesen und hören wir von ihnen oder finden sie abgebildet: die neuen Jungen, die neuen Alten, die neue Frau, den neuen Mann – und es scheint oft so, als seien ihnen die Verfallsdaten hinten aufgedruckt.

Die Ursachen für das verstärkte Tempo der Mode- und Innovationszirkulationen sind neben technischer vor allem ökonomischer Art. Der drohenden Sättigung von Märkten kann der Industriekapitalismus, dessen entscheidende Antriebskraft die Aussicht auf Gewinn ist, unter anderem durch die Forderung eines beschleunigten kulturellen Verschleißes begegnen. Je mehr Dinge sich schnell überleben und kulturell und/oder sachlich veralten, desto mehr lassen sich – Kaufkraft und -lust vorausgesetzt – verkaufen. Die

Kauflust wird durch Werbung angestachelt, die ja nicht nur bestimmte Produkte anpreist, sondern auch den Konsum als Lebensstil propagiert und die Steigerung der materiellen Ansprüche als entscheidenden Gewinn für die Person feiert.

Daß das modeschnelle Leben durchaus im Sinne vieler heutiger Menschen ist, hängt wieder mit dem modernen Leitbild der freien, einmaligen und unverwechselbaren Person zusammen. Denn dauernd in Trends und Modeströmungen (möglichst weit vorne) mitzuschwimmen, gibt dem konsumlustigen Individuum möglicherweise das Gefühl, frei, fortschrittlich und auf der Höhe der Zeit zu sein. Auch erlaubt es ihm, sich von anderen abzuheben *und* dazuzugehören: Ich zeichne mich vor anderen aus (die noch nicht oder zu spät im Trend liegen) und stehe doch nicht außerhalb (derer, die im Trend liegen wollen). [...]

Angeboten wird ein Traum, verkauft wird ein Produkt. Die mehr oder minder enthüllten weiblichen Brüste auf Glanzpapier oder Mattscheibe sind heute nach Sloterdijk ein bevorzugter Anlaß zum Träumen – die »modernen Geschäftsbrüste«:

»In der modernen Medien- und Modezivilisation herrscht ein atmosphärisches Gemisch aus Kosmetik, Pornographie, Konsumismus, Illusion, Sucht und Prostitution, für das die Enthüllung und Abbildung von Brüsten typisch ist. In der Warenwelt scheint nichts mehr ohne sie zu gehen. Jeder spekuliert zynisch auf die Suchtreflexe der anderen. Bei allem, was nach Leben aussehen und Wünsche wecken soll, sind sie dabei, als Universalornament des Kapitalismus. Alles, was tot, überflüssig, entfremdet ist, macht mit lachenden Formen auf sich aufmerksam. Sexismus? Wenn es so einfach wäre. Reklame und Pornographie sind Sonderfälle des modernen Zynismus, der weiß, daß die Macht den Weg über die Wunschbilder gehen muß und daß man die Träume und Süchte der andern zugleich reizen und frustrieren kann, um die eigenen Interessen durchzusetzen.«

Die meisten Menschen im Westen können sicherlich zwischen dem großen Traum (von Liebe, Lust und Abenteuer) und dem banalen Produkt (z. B. einer Seife) unterscheiden. Die meisten Menschen lassen sich nicht einfach von der werbepsychologischen Warenzauberei blenden, die das Creme-Bad zu Zärtlichkeit werden läßt, den Schokoladenriegel zu Spaß, das Waschpulver zu Mutterliebe, die Margarine zu Frühstücksglück, das Auto zu männlicher Ausstrahlung oder die Lektüre der Regenbogenpresse zu Weltoffenheit. Aber die Träume, Sehnsüchte und Werte verlieren dadurch, daß sie von der Reklame inflationär beschworen und unterschiedslos auf alle möglichen banalen Gegenstände und Nachrichten bezogen werden, für viele Menschen an Bedeutung und Gewicht.

Wer dauernd mit Werbebotschaften traktiert wird, mag sich an den schönen Vorspiegelungen ein wenig ironisch distanziert ergötzen, glaubt aber am Ende gar nichts mehr »wirklich« – ohne eigentlich zu wissen, wie man sein Glück anders als warenförmig und konsumierend erlangen kann. »Wo so viel als bedeutungsvoll und wertvoll hingestellt wird, wo sich so viel scheinbare Unentbehrlichkeit spreizt, ist endlich gar nichts mehr wichtig oder wertvoll« (Schmidbauer). Wenn die Dinge ebenso beliebig erscheinen wie die Worte hohl, die sie anpreisen, dann können Gefühle einer inneren Leere und Gleichgültigkeit, einer bohrenden existentiellen Langeweile mächtig werden: Alles ist großartig und alles ist nichts. [...]

Die existentielle Langeweile inmitten der Warenwelt schlägt sich häufig in einer Unzufriedenheit nieder, die man vor sich kaum begründen kann, und wohl auch in schlechter Laune, die so ganz im Gegensatz steht zur notorisch guten Laune der Phantommenschen in der Werbung.

Neben der Aufblasung trivialer Warenzusammenhänge durch trügerische Verheißungen und der Verseichtung aller Werte und Sehnsüchte zu etwas scheinbar Käuflichem gibt es in der modernen Konsumgesellschaft eine weitere Quelle dieser Langeweile. Denn wo es zum allenthalben propagierten guten Leben gehört, sich jede Bequemlichkeit und jeden »Genuß sofort« zu gönnen, mangelt es an »Lustgefühlen«. [...] verhaltenspsychologisch gesehen, [läßt sich] »Behagen« von »Lust« unterscheiden. Behagliches Wohlgefühl breitet sich aus, wenn der Erregungspegel im oder nahe beim Optimum liegt, Lust dagegen stellt sich ein, wenn der Erregungspegel sich in Richtung Optimum verändert (Spannungsanstieg, Spannungsabbau).

Zu viel Wohlbefinden kann Lust verhindern. Wenn jeder kleine und größere Wunsch sofort erfüllt wird (was auch durch die Warendarbietungstechniken in Supermärkten und Kaufhäusern und durch das Kreditwesen sehr gefördert wird) und wenn keine körperliche oder geistige Anstrengung nötig ist, um zu Annehmlichkeiten zu gelangen, mangelt es an den Lustgefühlen von »Sehnsucht«, »Vorfreude«, »Aufregung«, »Abenteuer«, »Gelingen« oder »Erleichterung«. Die moderne Konsumgesellschaft hätschelt einen Menschen, der die Erfüllung von Wünschen nicht aufschieben oder zurückstellen will, der dauernd körperliche und geistige Kraft sparen will (ohne sie anderweitig zu verwenden), der schon beim allerersten Anzeichen, daß ihm das Wasser im Mund zusammenläuft, zubeißt. Aber in das komfortable Leben dieses Menschen fallen stete Wermutstropfen der Langeweile.

GERHARD SCHULZE

Erlebnisorientierung erscheint heute als die unmittelbarste Form der Glückssuche. Das ganze Leben soll ein einziges Erlebnisprojekt sein. In seinem wegweisenden Buch »Die Erlebnisgesellschaft« analysierte der Soziologe Gerhard Schulze von der Universität Bamberg 1992 erstmals die neuen Formen der Vergesellschaftung, die den Erlebnismarkt zum zentralen Alltagsphänomen werden ließen.

Der Erlebnismarkt

Seit dem Ende des Zweiten Weltkriegs hat die gesellschaftliche Bedeutung des Erlebnismarktes in der Bundesrepublik Deutschland ständig zugenommen. Mit dem Terminus »Erlebnismarkt« soll hier das Zusammentreffen von Erlebnisnachfrage und Erlebnisangeboten bezeichnet werden. Am Ausgangspunkt der Analysen des Erlebnismarktes [...] steht die These, daß sowohl Erlebnisnachfrage wie Erlebnisangebot einer besonderen Rationalität unterliegen. Wer Erlebnisse nachfragt, handelt nach anderen Gesichtspunkten als der Konsument von Gebrauchsartikeln. Die Anbieter von Erlebnissen müssen der besonderen Rationalität der Erlebnisnachfrage Rechnung tragen. Dies gilt, mit einigen Modifikationen, auch für Erlebnisangebote, die im öffentlichen Auftrag oder mit öffentlicher Unterstützung produziert werden.

Auf dem Erlebnismarkt werden Erlebnisangebote gegen Geld und/oder Aufmerksamkeit getauscht. Als Erlebnisangebot wird im folgenden jedes Produkt bezeichnet, dessen Nutzen überwiegend in ästhetischen Begriffen definiert wird (schön, spannend, gemütlich, stilvoll, interessant usw.). »Erlebnisnachfrage« oder »innenorientierter Konsum« ist der Verbrauch von Erlebnisangeboten. Zwar handelt es sich dabei nur um einen Spezialfall erlebnisorientierten Handelns, doch erfordert die gestiegene Bedeutung dieses Spezialfalles eine soziologische Analyse. Ästhetische Episoden, seien sie alltäglich oder nicht, entfalten sich immer mehr im Rahmen von Marktbeziehungen.

Es ist klar, daß die Begriffe Erlebnismarkt, Erlebnisangebot und Erlebnisnachfrage erst dann sinnvoll verwendbar sind, wenn man den gemeinten Sinn von Produkten, also die in einer Gesellschaft gängigen Nutzendefinitionen, rekonstruiert. Meist ist dies einfacher, als es zunächst scheinen mag. Im Hinblick etwa auf Fernsehsendungen, Illustrierte, Volksliederstunden im Rundfunk, Rockkonzerte, Kleider, Pauschalreisen, Schallplatten usw. bedarf es keiner großen hermeneutischen Anstrengungen, um diese Produkte als Erlebnisangebote zu identifizieren. Es ist die normale, vorherrschende Konsummotivation, die ein Angebot zum Erlebnisangebot macht, ungeachtet abweichender Einzelfälle. Ein Traktor ist auch dann kein Erlebnisangebot, wenn es jemanden gibt, der sich nur zum Vergnügen einen Traktor kauft. Umgekehrt wird das Menü eines Spezialitätenrestaurants nicht dadurch zum bloßen Nahrungsmittel, daß es ausnahmsweise ohne kulinarischen Genuß verschlungen wird, bloß um den Hunger zu stillen.

Als winziges Detail eines riesigen Sortiments von Erlebnisangeboten steht das Menü in Konkurrenz nicht nur mit anderen Gerichten, sondern auch mit Schuhen aus Italien, Büchern, Sportartikeln, Blumenzwiebeln, Figaros Hochzeit, Yogakursen, verchromten Radkappen, Bundesligaspielen, Thomas Gottschalk, Leonard Bernstein, Busfahrten nach Oberammergau und einem neuen Haarschnitt. Ob ein Angebot ein Erlebnisangebot ist oder nicht, mag nicht immer so eindeutig sein wie bei diesen Beispielen. Soziologisch bedeutsam ist jedoch nicht die Grenzzone, sondern der unstrittige Kernbereich von Erlebnisangeboten, der sich ständig ausdehnt. Es gibt eine lange Liste von Produkten, die im Laufe der vergangenen Jahrzehnte an Gebrauchsbedeutung verloren haben, um Erlebnisbedeutungen dazuzugewinnen: Möbel, Haushaltsgeräte, Nahrungsmittel, Bekleidungsartikel, Fahrzeuge, Autozubehör und anderes. Zwischen dem Markt der reinen Erlebnisangebote und dem Markt der Gebrauchsgüterangebote (beispielsweise Investitionsgüter, Werkzeuge, Grundnahrungsmittel) liegt ein Bereich von Produkten mit gemischten Bedeutungen, deren Erlebniskomponente immer mehr in den Vordergrund tritt.

Nur in einem Teilbereich des Erlebnismarktes besteht die Gegenleistung der Nachfrager in Geld. Mit einem rein ökonomischen Marktbegriff wird das soziologische Phänomen nur unvollständig abgebildet. Nicht die Form der Gegenleistung ist wichtig für den Begriff des Erlebnismarktes, sondern das Motiv, aus dem heraus irgendeine Gegenleistung erbracht wird – der Wunsch nach einem Erlebnis. Auch Zeit, Aufmerksamkeit und Anerkennung sind Gegenleistungen, die den Erlebnisanbietern heftige Konkurrenzkämpfe wert sind. Fernseh- und Radioprogramme oder Angebote der kommunalen Kulturpolitik gehören genauso zum Erlebnismarkt wie eine Musikkonserve mit der italienischen Hitparade. Die Unterscheidung zwischen kommerzieller und authentischer Kultur wirkt manchmal wie ein Beschwörungsversuch der nichtkommerziellen Erlebnisanbieter. Ihre Teilnahme an einem übergreifenden Erlebnismarkt bleibt freilich von verbalen Distanzierungen unberührt.

Erlebnisangebote werden in unserer Gesellschaft von einer unablässig produzierenden Infrastruktur bereitgestellt. Die Dynamik gegenwärtiger Alltagsästhetik ist nur aus dem Spannungsverhältnis von ästhetischem Produktionsapparat und Publikum zu verstehen, in dem jede Seite die andere beeinflußt. Beide Seiten handeln im Zeichen einer eigenen Rationalität. [...] Während die Erlebnisanbieter versuchen müssen, den Zielhorizont ihrer Klientel möglichst gut zu erfassen, brauchen die Erlebnisnachfrager nur zu wissen, wo ihnen was wofür geboten wird. Freilich führt das Ver-

ständnis der Anbieter für die Wünsche der Nachfrager nicht
etwa zu einer Gemeinsamkeit der Interessen. Vergleichbar mit Informationen über Zinssätze, Fixkosten, Vertriebs-
wege, Mitarbeiterqualifikationen usw., ist das Verbraucher-
bedürfnis nur einer von vielen Parametern, die in die Hand-
lungsplanung der Erlebnisanbieter einfließen. Was schließlich als Ergebnis des Zusammenwirkens von Angebot und
Nachfrage konkret wird – der reale Erlebnismarkt –, ist weder durch die kulturkritische Floskel von der totalen Mani-
pulation der Konsumenten zutreffend beschrieben, noch
durch die naive Gegenvorstellung ästhetischer Autonomie
des Publikums: Schließlich könne ja jeder genau das tun, was
ihm gefällt. Der reale Erlebnismarkt ist ein Kompromiß zwischen Erlebnisproduzenten und Erlebnisverbrauchern. [...]

Der Erlebnismarkt hat sich zu einem beherrschenden Bereich des täglichen Lebens entwickelt. Er bündelt enorme
Mengen an Produktionskapazität, Nachfragepotential, politischer Energie, gedanklicher Aktivität und Lebenszeit.
Längst sind Publikum und Erlebnisanbieter aufeinander
eingespielt. Routiniert handhaben die Produzenten die un-
geschriebenen Regeln des Erlebnismarketings, wobei sie
immer mehr zu Techniken der Suggestion greifen. Nach wie
vor ist der Erlebnismarkt eine Wachstumsbranche. Neben
den früher dominierenden Wachstumspfad der Expansion
(Erweiterung des Produktspektrums, Erweiterung der Ab-
satzmengen bei gegebenen Produktarten, Erweiterung der
Absatzgebiete) ist der Wachstumspfad der Intensivierung
getreten (Steigerung der Erlebnisdichte, Verfeinerung, Qua-
litätssteigerung).

Routiniert sind auch die Nachfrager geworden. Alles ist
ausprobiert, die etablierten Produkte ohnehin, aber auch, so
paradox es klingen mag, die innovativen. Das Publikum ist
an das Neue gewöhnt. Wenn Abwechslung zum Prinzip erhoben wird, gerät sie unterderhand zur Wiederholung.
Gleichmütig registriert das Publikum den unablässigen

Strom der Mutationen von Erlebnisangeboten: Moden und
Trends, Informationen, Produktveränderungen, Gags der
Erlebnissuggestion, Programminnovationen in den elektronischen Medien, Neuerscheinungen auf dem Musikmarkt
und im Zeitschriftenhandel, letzte und allerletzte Entdek-
kungen im Tourismus, gewagte Neuinszenierungen, revolu-
tionäre Stilbrüche, unerhörte Provokationen usw. Allenthalben, im Zeichenbereich des Hochkulturschemas ebenso
wie im Symbolkosmos von Trivialschema und Spannungs-
schema, ist gerade deshalb nichts Neues mehr zu erleben,
weil das Neue ständig angeboten wird – freilich durch Sche-
matisierung und Profilierung der Produkte ausreichend mit
Schlüsselreizen versehen, um an schon vorhandene Erleb-
nismuster zu appellieren. Der Erlebniskonsument der Gegenwart pflegt nicht außer sich zu geraten, wenn aber doch,
dann dosiert und mit einem Hauch von Selbstironie.

Das Kumulationsprinzip der Erlebnisnachfrage, ständig
wachgehalten durch die Appelle der Erlebnisanbieter, sorgt
dafür, daß die riesige Menge der neu auf den Markt kommenden Produkte immer wieder abgeräumt wird, so daß
die nächste Produktwelle nachgeliefert werden kann. Wer in
diesem Zusammenhang von »Konsumentenbedürfnissen«
spricht, sollte sich den Grad der Erlebnisdichte im Alltagsleben vor Augen halten. Bei dem erreichten Standard sind
Erlebnisbedürfnisse nicht mehr, wie bis in die sechziger
Jahre hinein, als ästhetischer Erfahrungshunger zu beschreiben. Andere Bilder sind zutreffender: Wie ein bequemes
Sofa, an das man sich gewöhnt hat, ist das tägliche Erlebnisangebot bereits zu selbstverständlich geworden, als daß
man den Wunsch danach noch intensiv spüren könnte.
Oder: Wie Medikamentenabhängige sich an ihren Stoff gewöhnt haben, seien es Tranquilizer oder Aufputschmittel,
so die Erlebniskonsumenten an die tägliche Ration psycho-
physischer Stimulation. »Bedarf« ist die Angst vor dem Ab-
sinken des habitualisierten Niveaus an Erlebnissen. Je weiter das Kumulationsprinzip auf die Spitze getrieben wird,

desto mehr schlägt das Motiv der Sehnsucht nach dem
Schönen in das Motiv der Vermeidung von Langeweile um.

Das Korrespondenzprinzip der Erlebnisnachfrage bekommt eine defensive Note: Im Dickicht der Erlebnisangebote dient die subjektive Kodierung des Schönen der Abwehr von Chaos. Die Herstellung von Korrespondenz zwischen subjektiven Erlebnisschemata und ausgewählten Erlebnisangeboten hat den Charakter des raschen, unausge-
setzten Sortierens von Offerten. Aus der Suche nach dem
Schönen ist das Auswählen und Abwehren von ständig auf
das Bewußtsein einströmenden Möglichkeiten geworden.
In der Unübersichtlichkeit des Erlebnismarktes ist der Erlebniskonsument auf Suggestionen angewiesen. Bei immer
mehr Produkten wird eine ästhetische Gebrauchsanleitung
dazugeliefert, Software für die emotionale Selbstprogram-
mierung. Die Strategien der Erlebnisnachfrage werden erweitert um das Prinzip der Autosuggestion.

ULRICH SCHAFFER

*Wie kann Sehnsucht in Stärke verwandelt werden? Läßt sich
die innere Weichheit dieses Gefühls produktiv zur äußeren
Welterschließung wenden? In seinem Gedichtband »Sehnsucht
nach Nähe« betont der Publizist Ulrich Schaffer (geb. 1942) die
positiven Momente von Sehnsucht.*

Für die Sehnsüchtigen

Für die Sehnsüchtigen,
die sich nicht zufriedengeben
mit dem, was sie erreicht haben.

Für die,
die sich der Spannung
von Nähe und Abstand aussetzen,
um besser zu begreifen,
was sie wirklich wollen
und was nicht.

Für die,
die auf dem Weg zu sich selbst
die Welt mit ihren Geschenken
und Ansprüchen
ganz neu entdecken.

ALDO LEGNARO

Rausch und Ekstase sind interkulturelle, überzeitliche Phänomene. Zu keiner Zeit gab es eine Gesellschaft, die den Reiz der Entgrenzung im Rausch nicht ermöglicht hätte. Aldo Legnaro, Soziologe und Sozialpsychologe in Köln und Mitbegründer des Instituts zur Erforschung der europäischen Alltagskultur, beschreibt, wie sich bei veränderten Bewußtseinszuständen auch die Selbstwahrnehmung ändert. Rausch ist für ihn eine spezifische Form des Erlebens.

Zur Soziologie von Rausch und Ekstase

Rausch und Ekstase sind universelle Phänomene – zu allen Zeiten und in allen Kulturen haben Menschen solche Zustände des Erlebens ersehnt, gesucht oder gefürchtet, ihnen jedenfalls eine über das Alltägliche hinausgehende Bedeutung zugemessen. Es ist dies wohl der allgemeinste Nenner,

auf den sich historisch und interkulturell alle jeweils gegenüber Rausch und Ekstase vorherrschenden Einstellungen
bringen lassen: Wer sie erfährt, macht eine nicht-alltägliche,
»andere« Erfahrung, erlebt eine Entgrenzung ichverhafteter
Gebundenheit, er ist damit auch ein »anderer«. Welche Vorstellungen man sich von ihm macht und welchen Status man
ihm zuschreibt, wie seine Erfahrungen bewertet und in den
kulturellen Kosmos eingeordnet werden, dies alles freilich
gestaltet sich in verschiedenen Kulturen höchst unterschiedlich und wirft ein charakteristisches Licht auf ihre Konzeption von Welt und Leben. [...]

Mit Traum, Trance, Meditation und Hypnose zählen
Rausch und Ekstase zu den *altered states of conscious-
ness*, den veränderten Bewußtseinszuständen. Dieser Begriff
schon enthält eine Prämisse, die in der kulturellen Tradition
Europas nicht selbstverständlich ist: Wenn auch diese Formen des Erlebens Zustände des Bewußtseins sind, dann gewinnen sie hiermit einen Status von Wirklichkeit, der ihnen
anderenfalls versagt bleibt. Im Begriff der Sonderzustände
des Bewußtseins verbirgt sich die Anerkennung der Tatsache, daß Bewußtsein nicht ausschließlich eine Ichleistung
darstellt und die Wirklichkeit von Erfahrungen nicht nach
ihrem Ichanteil gemessen werden kann. Es ist dies eine Voraussetzung, die erst eine positive Würdigung solcher Sonderzustände erlaubt.

Sind auch die erwähnten veränderten Bewußtseinszustände untereinander zu differenzieren, so weisen sie doch
gegenüber dem Wachbewußtsein eine spezifisch andere
Qualität auf. Gemeinsam ist ihnen, nicht primär Icherfah-
rung zu sein, und in allen ist die alltäglich herrschende Do-
minanz des Ich abgeschwächt. Der Zusammenhang untereinander läßt sich bildlich »entlang einem Kontinuum
zunehmender zentral-nervöser [...] Erregung« (Fischer)
darstellen. »Diese Erregungsstufen können auf ›natürliche‹
Weise verrücken, oder aber auch durch ... Drogen ... indu-

ziert werden. Der schöpferische Zustand ist durch einen proportionalen Anstieg an Datengehalt und Datenverarbeitung charakterisiert, während in der noch weiter gesteigerten akuten schizophrenen Erregungsphase die Datenverarbeitung mit angestiegenem Datengehalt ... nicht mehr Schritt halten kann ... In der höchsten, ekstatischen Erregung wird der psychotische Zustand durchbrochen, und das nun grenzenlos überströmende ›Ich-und-alles‹ ... wird als intensivste Bedeutung erlebt. Währenddem die Seele, in den Worten des heiligen Augustinus, *se ipsum per se ipsum videt*, wird ihre eigene Bedeutung zum höchsten Erlebnis; in der Ekstase reflektiert sich das Ich im eigenen Programm« (Fischer). So lassen sich die verschiedenen Bewußtseinszustände halbkreisförmig anordnen; unser tägliches Wachbewußtsein steht im Zenit dieses Halbkreises, während die linke Peripherie als ein »Wahrnehmungs-Halluzinations-Kontinuum« schizophrene Zustände und, nach der steigenden Erregung über sie hinausgehend, die mystische Ekstase ordnet. Auf der rechten Peripherie, einem »Wahrnehmungs-Meditations-Kontinuum«, folgen nach dem gleichen Prinzip Entspannung, *zensatori* und *yoga-samadhi* aufeinander. Sowohl die mystische Ekstase wie das *yoga-samadhi* verwirklichen im kosmischen Bewußtsein einen Zustand von *eternal delight* (William Blake), während das Wachbewußtsein von beiden gleich weit entfernt den Normalzustand zentral-nervöser Erregung repräsentiert.

Mit diesem gedanklichen Modell ist die hergebrachte Einteilung von Bewußtseinszuständen in dichotome kulturell definierte Kategorien wie pathologisch versus normal bzw. nicht-pathologisch überwunden: Bewußtseinsformen erscheinen nicht mehr als »wahnhaft« oder »psychisch gesund«, sondern als verschiedene Ausprägungen zentralner vöser Erregung, zugänglich also für jeden in bestimmten Situationen. Für eine ›ichbewußte‹ Kultur, wie sie die westliche Industriegesellschaft darstellt, ist das ein relativ neuer Gedanke, und es ist nicht verwunderlich, daß die wissenschaftliche Diskussion solcher Phänomene erst neuerdings und zögernd in Gang kommt. Die Prämisse, daß jede Form von Bewußtsein an die psychische Instanz des Ich gebunden sei, wird damit nämlich aufgegeben – eine Prämisse übrigens, die in anderen Kulturen durchaus auf Unverständnis stößt. Sie ist ersetzt durch einen »neurophysiologischen Relativismus«, dem alle Erregungszustände als gleichberechtigt gelten. Dieser Auffassung korrespondiert aber gleichzeitig die Erkenntnis, daß bestimmte schöpferische Prozesse nur in vom Normal-Wachbewußtsein verschiedenen Zuständen stattfinden können. Gleiches gilt auch für alle Erfahrungen abweichender Wirklichkeit: Sie sind mit von dem normalen Wachbewußtsein verschiedenen Erregungszuständen verknüpft. Ermöglichen aber die kategorialen Modelle eine Pathologisierung solcher Phänomene, dann ist der Weg durch die Darstellung als Kontinuum frei, sie positiv zu würdigen.

Obgleich die inhaltliche Ausgestaltung veränderter Bewußtseinszustände außerordentlich vielfältig ist [...], so sind die auslösenden Faktoren solcher Zustände doch immer auf gleiche Prinzipien zurückzuführen: Sie treten dann auf, wenn die Flut sensorischer Reize, die wir dauernd sinnlich erfassen, unter oder über dem Normalpegel liegt. Fallen in die erste Kategorie alle Formen sinnlicher Deprivation, so in die zweite alle Formen von Trance, Berserkertum und Zustände von Besessenheit. Weiterhin läßt sich die völlige Konzentration auf einen Stimulus unterscheiden; spiegelbildlich dazu ist der Versuch, zielgerichtetes Denken zu minimieren, wie das in der Meditation und im freien assoziativen Denken (sowohl bei der Suche nach einer Problemlösung wie auch beim Assoziieren des Analysanden auf der Couch) versucht wird. Schließlich als Möglichkeiten noch zu nennen jene Bewußtseinszustände, die durch neurophysiologische und biochemische körperliche Veränderungen hervorgerufen werden: durch Schlafentzug, einen überhöhten Sauerstoffgehalt im Blut, oder Drogen.

Auf eines oder mehrere der angeführten Prinzipien sind alle Formen veränderter Bewußtseinszustände zurückzuführen. Neben ihren Ursachen teilen sie jedoch auch bestimmte Charakteristika des Erlebens. Arnold Ludwig hat hier ebenfalls eine zusammenfassende Darstellung gegeben. Er beschreibt *alterations of thinking*, eine Verlagerung des Denkens auf als archaisch begriffene Primärprozesse, einen veränderten Zeitsinn, Veränderung der emotionalen Stimmungslage, Veränderung des emotionalen Ausdrucks, ein vom Gewöhnlichen verschiedenes Körpergefühl, Veränderungen der sensorischen Wahrnehmung, die Zuschreibung von Bedeutung bei Objekten und Situationen, die sonst nicht erfolgen würde, mehr oder weniger ausgeprägt die Unmöglichkeit, die Erfahrung adäquat zu kommunizieren, ein Gefühl von Wiedergeburt oder neuer Weltsicht und Hypersuggestibilität.

Solche Beschreibungen geben einen Begriff von der Natur dieser Sonderzustände des Bewußtseins. Sie machen gleichzeitig deutlich, auf welche Schwierigkeiten Versuche einer exakten Definition stoßen. So stellt Th. Spoerri fest, »unsere Epoche und die in ihr gründende Art und Sprache der Wissenschaft (sei) ekstase-fern; unsere Definitionen sind daher häufig negativ, indem die Phänomene gerade dort beginnen, wo unsere raum-, zeit- und kausalitätsgebundenen Kategorien ihre Grenzen haben«. Schon hier klingt ein kulturspezifisches Nicht-Verständnis an: Zwar gehört, wie auch Spoerri betont, die Ekstase zu den menschlichen Grunderfahrungen, aber die in unserer Kultur entwickelte Philosophie von Welt und Wirklichkeit und die daraus abgeleitete Terminologie akzentuieren weitaus eher eine intersubjektive Empirie des Wachbewußtseins als Bewußtseinszustände, deren Erlebniswelt nur schwer zu kommunizieren ist. Nicht ohne wertende Wortwahl definiert denn auch ein älteres Lexikon, Ekstase sei »ein höherer Grad von Begeisterung, in welchem sich der Mensch einem Gefühl so unumschränkt überläßt, daß die Klarheit des

Verstandes verdunkelt und die Freiheit des Willens beschränkt wird«. Heutige Autoren sind vorsichtiger; so wird Ekstase umschrieben als ein Zustand des »Außersichseins«, des »Nichtbeisichseins«, der einhergeht mit der Entfremdung der äußeren Wirklichkeit, mit intensiven Affekten, einer Bewußtseinsveränderung mit einem Erlöschen des Ichbewußtseins und mit Übermächtigwerden eines transzendenten Numinosen. Ein Bewußtseinszustand also, der sakrale, kaum noch benennbare Sphären tangiert. Dies beleuchtet schon vorweg einen der Gründe, warum diese Kultur zur Ekstase ein eher fernes Verhältnis hat.

Der Rausch ist säkularer. Zwar läßt er sich phänomenologisch als eine Vorstufe der Ekstase betrachten; seine »Umnebelung der Sinne« hat aber nicht im gleichen Ausmaße existentielle Qualitäten und ist zumindest in der Form des Alkoholrausches weitaus vertrauter, wenn auch keineswegs ein Bewußtseinszustand der Alltäglichkeit.

Drogen und Rausch:
Zur Phänomenologie
der nicht-alltäglichen Wirklichkeit

In den meisten uns bekannten Kulturen werden Drogen zur Erreichung von veränderten Bewußtseinszuständen in einer sozial integrierten Weise verwendet; tatsächlich müssen drogenfreie Kulturen, sofern es sie überhaupt gibt, zu den Ausnahmen gezählt werden. Auch in der europäischen Kultur verwendet man Drogen in vielfältigen Ritualisierungen: in kultischem Rahmen den Wein, in säkularem Rahmen alle Alkoholika, den Tabak, eine breite Palette von Tabletten (diese freilich mit minimaler Ritualisierung und vor allem mit medizinischer Begründung), neuerdings auch die Opiate. Das Rauschpotential dieser Drogen ist unterschiedlich; daß sich mit einer von ihnen Ekstase erreichen ließe, kann kaum behauptet werden. Für eine Phänomenologie der nicht-alltäglichen Wirklichkeit scheinen mir deswegen vor allem Haschisch, Marihuana, Meskalin und LSD bedeutsame Drogen zu sein. Die Erfahrungen unter dem Einfluß dieser Drogen unterscheiden sich zwar in der Intensität, aber nicht in der Qualität; vom Wirkungsspektrum her bilden sie eine deutlich sowohl gegen die Alkoholika wie die Opiate abgesetzte Gruppe. [...]

Immer wiederkehrend in Berichten über Drogenerfahrungen ist die Beobachtung der Relativität der Zeit. Wird unser Alltag strukturiert von einer physikalischen Zeit, die sich außerhalb unserer Bedürfnisse als soziale Zeit objektiviert, so spielt sich die Drogenerfahrung in ihrer eigenen Zeit – oder Zeitlosigkeit – ab. Alan Watts schreibt: »Zunächst einmal hat diese Welt eine andere Zeit. Es ist die Zeit des biologischen Rhythmus, nicht die der Uhr und allem, was damit zusammenhängt. Es gibt keine Eile. Unser Zeitsinn ist bekanntlich subjektiv, daher abhängig von der Beschaffenheit unserer Aufmerksamkeit ... Hier genügt die Gegenwart sich selbst, aber es ist keine statische Gegenwart. Es ist eine tanzende Gegenwart – die Entfaltung eines Musters, das kein bestimmtes Ziel in der Zukunft, sondern einfach seinen eigenen Sinn hat. Sie verschwindet und kommt gleichzeitig an; der Same ist ebenso ein Ziel wie die Blume.« Erleben verwandelt sich in eine Offenbarung des Hier und Jetzt, in einen Fluß von Augenblicken, deren ineinander verschlungene Gestalt Gedanken an Zukunft, an noch nicht Gelebtes, bannt. Denn erfahrbar ist nur die Gegenwart, auch wenn uns die vorgebliche Notwendigkeit, gedanklich vorzuplanen, solche Erfahrungen ganz selten ahnen läßt. [...]

Havelock Ellis schildert seine Meskalin-Erfahrung als eine *orgy of vision*, und Alfred Serko berichtet: »Szenen kommen zur Entwicklung, die reichste Phantasien in Schatten stellen; wunderbare Landschaften, Prachtbauten, Kathedralen, Gärten, Parkanlagen, Jahrmarktsbuden usw. wachsen auf und verschwinden wieder, gehen ineinander über,

wandeln sich in ununterbrochenem Entstehen und Vergehen. Aus einer Szene entwickelt sich, man könnte sagen,
fast organisch, die nächstfolgende, aus dieser wiederum die
nächste und so fort in fließenden Übergängen … Es liegt
System in diesem Auf und Nieder von Gesichten, das ein-
leuchtet, es wirkt ein produktiver Geist in diesem Wandel,
der befriedigt. Ein Beispiel wird das illustrieren. Ein herr-
liches Tapetenmuster wirbelt sich zusammen und wird zu
einem tiefen Trichter. Die Rhomben, die im Muster domi-
nieren, dehnen sich in ihren Ecken, wachsen aus, verbrei-
tern sich nach oben, splittern sich in Äste, nehmen eine
grüne Farbe an und werden so zu Bäumen, die in langer,
tiefer Reihe eine Allee bilden … Doch der Prozeß geht un-
aufhörlich weiter: Kaum gebildet, beginnt sich die Allee zu
destruieren, die Bäume schrumpfen ein, werden dicker,
massiger und kürzer, rücken dichter aneinander, der blaue
Himmel senkt sich tief und tiefer, vermischt sich mit den
Baumkronen über einer Mauerwölbung, die Straße pfla-
stert sich mit bunten Fliesen, und man sieht in aller Deut-
lichkeit, in allen Einzelheiten einen langen Klostergang.
Nur kurze Augenblicke, dann wandelt sich das Bild: Die
Marmorsäulen schrumpfen ein, beginnen sich zu drehen,
werden so zu Schnörkeln und Verzierungen, während eine
unter ihnen zu einer grinsenden Theatermaske wird: Der
Klostergang hat sich in eine Theaterloge umgewandelt.
Doch schon beginnt die Logenbrüstung zu zerfließen, die
Maske rollt sich auf, zersplittert sich in Schnitzereien, Fas-
saden tauchen auf, und man sieht ein gotisches Portal, mit
ins allerfeinste, minuziöseste Detail ausgearbeiteten Holz-
schnitzereien von wunderbarer Kompliziertheit und Exakt-
heit der Ausführung.«

In einem solchen Bericht kommt deutlich zum Ausdruck,
wie die alltägliche Wahrnehmung umgeschaffen ist in eine
erotische Beziehung des Empfindenden zur äußeren Welt,
wobei die Grenzziehung zwischen beiden oft als höchst
konstruiert erfahren wird. […]

Und wenn Walter Benjamin feststellt, »im Haschisch (seien) wir genießende Prosawesen höchster Potenz«, dann meint er solche Erfahrungsweisen, zu deren Umschreibung Aldous Huxley einen Begriff des Meister Ekkehard heranzog: Istigkeit, Sein ohne Kategorien, Wahrnehmung ohne Gedanken. Der innere Zusammenhang der Welt wird zum sinnlichen Erlebnis. [...]

Unter Drogeneinfluß gewinnt nicht nur die Welt einen »eigenartig zauberhaften, mystisch-märchenhaften Anstrich« (Serko); auch das eigene Denken verwandelt sich in symbolisch-archetypische Konfigurationen. Gedanken verlieren ihre logische Gestalt und verstricken sich assoziativ ineinander, so daß Henri Michaux von einem »zerebralen Orgasmus« sprach. Walter Benjamin gibt in seinen Aufzeichnungen eine Fülle von Gedanken, die ihrer überraschenden gedanklichen Verbindungen wegen die Herkunft aus Haschischträumen erraten lassen. »Wenn Freud eine Psychoanalyse der Schöpfung machen würde, dann würden die Fjorde nicht gut wegkommen.« Analoges Denken wird bestimmend, assoziativ und phantasievoll springend; aristotelische Logik scheint außer Kraft gesetzt; paläologisches Denken dominiert. Es scheint, als werde unter Drogeneinfluß die rechte Gehirnhälfte aktiviert und mit ihr ein intuitives Denken, das keinem bestimmten Faden mehr folgt und eben deswegen schöpferische Leistungen zu erspielen vermag. Ein solcher Modus der Erfahrungen läßt sich als »De-Automatisierung« beschreiben, nämlich als »De-Automatisierung der psychologischen Strukturen, die Wahrnehmungen ordnen, begrenzen, auswählen und interpretieren« (Deikman). Sozial vermittelte Raster der Wahrnehmung werden aufgelöst und auf andere, unter günstigen Umständen auf schöpferische Weise neu organisiert. Es ist darum nicht verwunderlich, daß Experimente zur Kreativität unter Drogeneinfluß eine positive Beziehung aufzeigen, wobei set und *setting* freilich eine große Rolle spielen.

»Auf meinen Wunsch wird das Zimmer hell von der
Sonne beleuchtet. Nach einer halben Stunde, durch religiöse
Musik induziert, befinde ich mich plötzlich auf einem
Dachgarten mit einem schönen Panorama in herrlichen Far-
ben. Ich ... steige dann weit hinauf, die Geschiedenheit löst
sich, und ich fühle mich aufgenommen in eine Atmosphäre
von klarstem Licht in einer Umgebung von himmlischer
Schönheit. Als ich hinunterblicke, sehe ich weit unter mir
auf der Erde alle unsere kleinen Kompartimente, womit wir
Menschen uns bestätigen, unsere Auffassungen, Theorien,
Definitionen, Lebensanschauungen, Religionen, die uns
scheiden und das Wesen des Lebens unsichtbar machen.
Dann verschwindet auch die Erde und zugleich das Erlebnis
von Raum und Zeit ... Solange ich mich diesem Zustand
völlig hingab und mit tiefer Wonne erlebte, war ich in einer
herrlichen reinen Atmosphäre; aber als in einem Moment
der Gedanke auftauchte, daß dieser Zustand ein Wunder aller Wunder bedeutete, das ich unbedingt festlegen wollte ...
dann erschien plötzlich ein kleines Wölkchen« und der
Himmel bedeckte sich. Der Erfahrende fällt hinunter: »Da
dachte ich, wenn ich durch meine eigene Habgier, mein ich-
betontes Eingreifen mich in dieses Gefängnis gebracht habe,
so müßte es auch möglich sein, mich aus diesem Selbst wieder zu lösen. Ich konzentrierte mich deshalb auf dieselbe
geistig eingestellte Hingabe und Auflösung, die ich zuvor
erlebt hatte, und tatsächlich öffnete sich der Himmel wieder, und ich stieg wieder hinaus ... Dann kam ein ängstlicher Gedanke, nämlich: Wo ist das Böse? ... Kaum war
mir das eingefallen, da sah ich wieder ein kleines Wölkchen
... Und wieder stürzte ich hinunter und befand mich dann
in einer engen, gräßlichen Umgebung mit verzerrten Formen und häßlichen Gestalten.« Aus dem Erkennen, daß
wiederum die eigene Einstellung den Sturz verursacht hatte,
wächst dann »die Einsicht, daß ich innerlich teilhabe am
göttlichen Bewußtsein, daß also die Quelle sich ebenso in
mir befindet ... Plötzlich wurde es mir klar, ganz selbstver-

ständlich und einfach: Das Geheimnis war ›Sein‹, das heißt
›Sein in diesem universellen Kraftfeld‹ ... Das Ich-Gefühl
verschwand völlig in ein großes Aufgenommensein, wobei
das Gefühl eigener Identität nicht verloren war« (Arendsen
Hein).

Bei einer solchen Erfahrung schwindet die Trennung
zwischen Erfahrendem und dem Erfahrenen, und die All-
Einheit der Welt verifiziert sich im Akt des Erfahrens.
Subjekt und Objekt verschmelzen. Ich und Du enthüllen
sich als verschiedene Aspekte der gleichen Wirklichkeit.
Das ist, so berichten diejenigen, die solche *peak-experi-
ences* gemacht haben, immer wieder, eine Erfahrung ekstatischer Glückseligkeit, die ihren Sinn in sich selbst trägt,
die Bedeutung der Welt offenbart, alles in ein Licht rückt,
von dem der Erfahrende intuitiv weiß, daß es die »Soheit«
der Welt erhellt. Demjenigen, der sich gegen solche Erfahrungen nicht wehrt, können Inhalte bewußt werden, die
lange nachhallen: »Nun begann eines der ernsthaftesten
und erschütterndsten Erlebnisse meines Lebens. Ich trat
meinem Charakterbild in stundenlanger eindringlicher
Zwiesprache gegenüber.« Es begannen sich »Beziehungen
zu meinem bisherigen Leben zu offenbaren, als sinnvolle
Formeln, die mit erschütternder Klarheit auf Grundkräfte
meines Daseins wiesen ... Die Endstimmung war die einer triumphalen Desillusion und grandios nüchternen
Klarheit. Das Ereignis hat noch heute seinen gültigen
Wert. Ich würde nie wagen, den Wert seiner Aufschlüsse
zu vergessen ... Mir, einem kultisch Entwurzelten, skepti-
schen, rational trainierten Menschen des 20. Jahrhunderts
hat das Gift einen unerhörten Blick in mein Inneres ge-
stattet« (Beringer).

Überblickt man diese phänomenologische Darstellung
der möglichen Drogenerfahrung, so lassen sich als gemeinsamer Nenner des vermittelten Erlebensspektrums verschiedene Strukturen ausmachen: Schwächung des ich zen-
trierten Bewußtseins, Einbuße an oder Verlust der Selbst-

kontrolle, nachlassende rational-analytische Fähigkeiten zugunsten intuitiver Denkmuster. Es sind, denke ich, gerade diese Strukturen der Erfahrung, die die Einstellung der anglo-europäischen Kultur zur Drogenerfahrung und damit zu Rausch und Ekstase bedingen.

REIMER GRONEMEYER

Askese hat heute Konjunktur: Im Wettlauf der Lebensstile, in der unaufhörlichen Beschleunigung von Moden und Trends, von Fun-Verheißungen und Erlebnisangeboten, erscheint Befriedigungsaufschub plötzlich als neuer »Kick«. Daß der bewußte Verzicht des Asketen jedoch nicht mit dem »Griff in ein anderes Sinnsortiment« zu verwechseln ist, zeigt der in Gießen lehrende Theologe und Sozialwissenschaftler Reimer Gronemeyer (geb. 1939).

Die neue Lust an der Askese

»Die Leute wollen total fertig sein, die brauchen das«, sagt der Reiseveranstalter Udo: *Ultra-Rafting,* steht im Prospekt – »die ultimative Herausforderung für solche, die wissen wollen, was richtiger Thrill ist.« Karsten, der Steuerinspektor aus Lübbecke bei Bielefeld, wird abends noch vom Skorpion gebissen – hier im Rio-Sico-Tal. Mit Geländewagen geht es durch Schlamm weiter. Im Brackwasser bleibt der Jeep stecken, einer rutscht in die Lache, in der sich Kaimane tummeln. Dann reißt ein Rad ab. Udo, der Veranstalter: »Ich möchte gar nichts anbieten, das immer hundertprozentig klappt.«

Szenenwechsel: Ein Wochenende im Outdoor-Zentrum bietet Bungee-Sprung, Paraglider-Tandemflug, Rafting- und Canoying-Tour. »Ich bin süchtig, ich brauche Stoff. Viel

Adrenalin. Also springe ich jetzt von dieser Brücke. Mit zittrigen Beinen klettere ich auf eine schmale Rampe. Nur noch zwei Meter bis zum Abgrund. Der Blick nach unten in eine gähnende Schlucht verschlägt mir für Sekunden den Atem. Mein Puls rast, ich habe Todesangst. Langsam kippe ich mit dem Oberkörper nach vorn und lasse mich kopf-über fallen. Der steinige Boden rast scheinbar mit 100 Sachen auf mich zu. Ich halte es nicht mehr aus, ich muß schreien. Plötzlich wird mir schwarz vor Augen. Ich spüre einen stechenden Schmerz in der Wirbelsäule, als das mit Klettverschlüssen an meinen Knöcheln befestigte Gummiseil meinen rasenden Fall abbremst. Ich werde nach oben gerissen, durch die Luft gewirbelt und habe keine Kontrolle mehr über meinen Körper. Dann ist alles vorbei. Kopfüber hänge ich an einem Bungeeseil.«

»Glücklich sein heißt, ohne Schrecken seiner selbst inne-werden zu können« – hat Walter Benjamin gesagt. Auf eine skurrile Weise scheint das Gegenteil zur Devise geworden zu sein. Nur noch in der Beschleunigung und im Schrecken scheinen sich die Menschen heute ihrer selbst innewerden zu können. Ruhe und Stille sind zur tödlichen Bedrohung geworden. Der Bungee-Sprung ist der Versuch, dem drohenden Tod zu entkommen. Die Massenbegeisterung für Formel-1-Rennen muß als eine Massenhysterie begriffen werden, die der Todesangst entspringt. Die Stille würde an den Tag bringen, was wir fürchten.

»Das einzige, was uns in unserem Elend tröstet, ist die Zerstreuung, und dabei ist sie die Spitze unseres Elends; denn sie ist es, die uns grundsätzlich hindert, über uns selbst nachzudenken, die uns unmerklich verkommen läßt. Sonst würden wir uns langweilen, und diese Langeweile würde uns antreiben, ein besseres Mittel zu suchen, um sie zu überwinden. Die Zerstreuungen aber vergnügen uns und geleiten uns unmerklich bis zum Tode.«

Das ist – so könnte man sagen – Immanuel Kants vorwegnehmender Kommentar zu Rafting und Bungee-

Sprung. Die Scheinhinrichtung als Flucht vor dem verdrängten Tod. Der Herzinfarkt ereilt die Menschen ja nicht
in der Geschäftigkeit, sondern im Urlaub und in anderen
Augenblicken der furchteinflößenden Ruhe, die mit der Be-
wegungslosigkeit des Todes in eins gesetzt wird. Die »Mee-
resstille der Seele«, die die Alten suchten, ist finale Bedrohung geworden.

Die Sucht, den Körper und die Seelen zu beschleunigen,
hängt auf heimliche Weise damit zusammen, daß die alte Arbeitsgesellschaft verschwindet und zugleich die Marktgesellschaft allmächtig geworden ist. Das bürgerliche Gut, das Kapital, dulde keine Ruhe, hat Ernst Bloch gesagt. »Das antike
Ideal der Ruhe« weicht mit der Industrialisierung der Welt
»der Dynamik des Betriebs«. Der Feierabend war in der
Blüte des Industriezeitalters noch ein Reservat der Ruhe,
ein Gegengewicht zur Dynamik der Fabrikhalle oder des
Büros. Jetzt verbringen die einen ihren Tag in der Dauer-
ruhe der Arbeitslosigkeit, die anderen in der Bewegungslo-
sigkeit – mit eilenden Fingerspitzen – vor dem Bildschirm.
Und der Markt tobt gewissermaßen von selbst. Während
der Markt lebt, fühlen sich die Menschen tot. Deshalb vermeiden sie nichts so sehr als die Ruhe: »Es gibt nichts, was
sie nicht den Betrieb suchen ließe« (Blaise Pascal).

Das Nachdenken über *Verzicht* beschränkt sich nicht [...]
auf den Rückzug vom Besitz, von den Dingen. Es geht um
nicht mehr und nicht weniger als um das drohende Verschwinden des Subjektes, dem nur noch mit dem Verzicht,
den Askese lehrt, zu begegnen ist. Das alte fundamentalisti-
sche Selbst, das über Wahrheit, Sinn, Prinzipien, Geschichte
und Gesellschaft – kurz, über eine Zentralperspektive – verfügte, verschwindet. Es scheint, als wären die Modernen damit unweigerlich den Mentalitätsplanern ausgeliefert, die
ihnen in der Boutique der Identitätsmoden verschiedene
Identitätserzählungen anbieten, die man sich von der Stange
greifen kann – und nach einigen Monaten oder Jahren durch
neue, aktuellere ersetzt.

Diese Identität, die zum Identi-kit geworden ist, hat David Bosshart auf das Panier geschrieben: »Der stabile Charakter mit persönlicher Tiefe ist out: Sich persönlich fit zu machen wird nicht mehr heißen, ein starkes Ich zu entwickeln, sondern in virtuellen Beziehungen zu leben und multiple Identitäten zu pflegen. Das heißt: Ich setze nicht mehr auf einen persönlichen ›Kern‹ und suche ihn, sondern ich trainiere mir die Fähigkeit an, mich nicht mehr definitiv auf etwas festzulegen. Damit bleibe ich fit für neue Wege. Metaphorisch gesprochen: *Statt in die Tiefe gehe ich in die Breite*. Ich werde zum Oberflächengestalter, ich gestalte mit meinen Stilen, torsohaften Charakteren und Identitäten Oberflächen. Dreh- und Angelpunkt der persönlichen Fitneß ist nicht mehr der Aufbau einer eigenen, stabilen Identität, sondern das Vermeiden des Festgelegtwerdens.«

Zu der von Bosshart propagierten mentalen Fitneß tritt ein Bodymanagement, das die Störanfälligkeit des Körpers ausschaltet. Die *Wetware* (der menschliche Körper aus Fleisch, Knochen und Flüssigkeiten) darf nicht vernachlässigt werden, sie ist eine wichtige Randbedingung des Erfolgs. Das alte Ich wird – wie man sieht – abgeworfen wie ein Bleigewicht: Chamäleonidentitäten sind angesagt, das Leben wird zur Collage.

Ist damit nicht endlich erreicht, was Kritik am fundamentalistischen Selbst schon immer wollte – von den Mystikern, die das Ich zu lassen empfohlen, bis zu Jean-Paul Sartre, der bemerkt: »Eine Identität haben heißt, sich ein Gefängnis ohne Gitter zu geben?« Nein. Die Sprengung der alten Identität mündet nun in eine marktgerechte Appetenzidentität, die durch eine diffus-universelle Leistungsbereitschaft (Heiner Keupp) bestimmt ist. Der Schmerz über den Verlust von Wahrheits- und Sinngewißheiten führt nicht in die Wüste, führt nicht in eine neue Freiheit und Souveränität, sondern in eine Anschlußbereitschaft, in der das Exindividuum zum Receiver für die Impulse der Marktgesellschaft wird.

Es sollte deutlich geworden sein, daß der Verzicht des Asketen nicht gleichzusetzen ist mit dem Griff in ein anderes Sinnsortiment, das hier ausgebreitet werden könnte. Die Orientierungslosigkeit, die das notwendige Schicksal des Asketen in der Wüste ist, wird aber auch nicht zur Tugend stilisiert, sondern ist eine Aufforderung zur – vielleicht nicht endenden – Suche. Sehnsucht ist die Tugend des Asketen, nicht die adaptionsbereite Null. Verzicht auf Sinn, aber nicht auf die Sehnsucht danach. Und disziplinierte Aufmerksamkeit, mit der die Illusion der Wüsten-Fata-Morgana durchschaut wird.

Rafting und Bungee sind nur die Symbole der Beschleunigungskultur, die die multiplen Persönlichkeiten bedient. Beschleunigter Müll an allen Ecken und Enden: In die *Ohren* träufelt allgegenwärtige taubmachende Musik, die *Augen* werden von allgegenwärtigen Bildern blind, aus dem *Mund* fällt das allgegenwärtige Geschwätz.

Was haben wir verloren! Solange *Musik* noch nicht zur Belästigung geworden ist, konnte sie die zeitgemäße Wüste sein, der Ort der Askese, an dem man allein und für sich sein konnte. Die Musik, die ein Ersatz für die verlorengegangene Wüste war, »in der ein Zeitalter ohne Wüste seinen Bedarf an Weltflüchtigkeit zu decken suchte«, ist einem Alltag gewichen, in dem die »massenmediale Musikalisierung aller Räume die letzten Lücken freier Innerlichkeit« überspült: »Seinsvergessenheit aus allen Lautsprechern, niedere Weltlosigkeit in jedem Haushalt, zu jeder Tageszeit« (Peter Sloterdijk). Nun bewegen wir uns auf eine Tinnitusgesellschaft zu: Da man das Ohr nicht schließen kann, im Gegensatz zum Auge, wird dieses Organ das am meisten belastete. Der Wahnsinn kann nicht draußen gehalten werden und wandert in den Kopf. Hörattacken, die ständiges Pfeifen im Ohr auslösen, sind zur Musterkrankheit geworden. Der Hörsturz (Tinnitus) breitet sich aus wie eine Epidemie, erklären Mediziner.

Die *Augen* sind einer Okulartyrannei ausgeliefert: Neun Jahre verbringt der Durchschnittsbürger vor dem Fernsehapparat. Addiert man die Bildschirmzeiten im Büro, am Bahnhof etc. und ergänzt sie um die zudringlichen Werbeplakate, Anzeigen etc., dann kann einem Hören und Sehen vergehen. Die berühmten drei Affen halten sich zunehmend krampfhaft Ohren, Augen und Mund zu, nicht aus Weisheit oder Feigheit, sondern weil sie der Schrecken ergreift. Für die Antike war das Sehen ein aktiver Vorgang, der Strahl des Auges betastete den Gegenstand. Erst die moderne Optik macht aus dem Sehstrahl die Wissenschaft von den Lichtstrahlen, die ins Auge einfallen. Sie fallen nun mit einer Heftigkeit ein, die blind zu machen droht. Das eigene Sehen ist degeneriert und könnte erst nach einer langanhaltenden Askese des Blicks reanimiert werden.

Geredet wird unablässig: Im Jahr 2000 werden die Erdenbürger mehr als 100 Milliarden Minuten telefonieren. Daß das Wahre nicht durch die Rede erfaßt werden kann, wußte schon Plato, daß im Schweigen sich der Geist mit sich selbst gegen die Vielgeschäftigkeit vereinigt, ergänzt Boethius, und Buddha zeigt – statt eine Rede zu halten – eine Blume. Nur im Schweigen werden wir unregierbar.

Damit sind schon Hinweise gegeben, wie sich Weltfremdheit, Askese oder Verzicht unter modernen Bedingungen manifestieren. Wenn monastische Wege nicht mehr offenstehen und die Wüsten allenthalben besetzt sind, wohin geht dann die Flucht des Asketen? Die zentrale Vokabel heißt *Verzicht* – ein Verzicht auf konsumtives »Glück« aller Art. Der Phantasie sind bei der Füllung des Begriffs keine Grenzen gesetzt: Beim Verzicht auf das Recht-haben-Wollen mag es anfangen, bei dem Verzicht auf Beschleunigungskonsum ist es noch lange nicht zu Ende.

Vielleicht liegt die Rettung überhaupt in einer Option für die *Eintönigkeit*? Ein graues Wort, das aber nur deshalb grau wirkt, weil es unter dem vielstimmigen Geschrei, das uns umgibt, begraben ist: Ein-tönigkeit des gregorianischen

Gesanges oder des tibetischen Mönchsgebetes dagegen erinnert an die Möglichkeit der in der Ein-tönigkeit verborgenen Konzentration und Versenkung.

»Man sollte die Existenz eintönig gestalten, damit sie nicht eintönig werde. Den Alltag unschädlich machen, damit auch die kleinste Einzelheit eine Zerstreuung mit sich bringe. Mitten in meiner dumpfen, gleichförmigen, nutzlosen Tagesform steigen in mir Fluchtvisionen auf, erträumte Spuren ferner Inseln, Feste auf Parkalleen anderer Zeitalter, andere Landschaften, andere Gefühle, ein anderes Ich ... Wenn ich die unmöglichen Landschaften besäße, was bliebe mir dann an Unmöglichem übrig? Die Eintönigkeit, die dumpfe Gleichheit der Tage, das Null an Unterschied zwischen gestern und heute – das verbleibe mir immer und dazu die wache Seele, um mich mit der Fliege zu unterhalten, die zufällig an meinen Augen vorbeisurrt, das Gelächter auszukosten, das unbeständig von der ungewissen Straße emporsteigt ...« (Fernando Pessoa).

Aber der Begriff »Askese« ist ein Gestrüpp. Mißbrauch hängt sich an ihn. Da sind diejenigen, die den Begriff als Maske benutzen, hinter der sich nichts mehr verbirgt als neoliberaler Sozialdarwinismus. Das »Anspruchsniveau« soll »heruntergefahren« werden. Tatsächlich wird der Sozialstaat beerdigt. Denen, die eine Aufspaltung der Gesellschaft in Reiche und Arme betreiben, muß der Begriff Askese entwunden werden, denn ihnen steht er nicht zu. Askese ist etwas anderes.

Auch denen, die Askese ausschlachten, um einen Trend, eine Mode zu kreieren, wird man den Begriff entreißen müssen. Askese ist kein Name für Augenblickseinfälle der Haute Couture oder der Selbsterfahrungs- und Empowerment-Maschen. Askese ist nicht dazu da, daß die Leute »zu sich selbst kommen«.

Askese betreibt die Einübung in Tugenden (askein heißt »sich üben«). Asketen haben nicht sich, sondern das andere oder den anderen im Blick: Gott und den Nächsten. Askese ist verwandt mit der Ekstase, die es erlaubt, aus sich selbst herauszutreten (ekstasis – »aus sich heraustreten«). Askese ist nicht narzißtische Körperdressur oder Seelenbearbeitung. Askese hat vielmehr skandalös-unzeitgemäße Sätze im Visier: »Dir alle Rechte, mir alle Pflichten.« [Emmanuel Lévinas.] Asketen sind nicht auf der Reise zu sich selbst, sondern können sich vernachlässigen, aus sich heraustreten.

Askese ist – so gesehen – heute erst einmal ein Fremdkörper. Die Zeitgenossen sind religiös entkernte Menschen, sind metaphysisch Obdachlose. Askese muß ihnen zunächst als ein vormoderner Schmarren erscheinen. Gerade weil das Ich, die Person überhaupt zu verschwinden droht und einem Wesen Platz zu machen scheint, das sich als Teil eines Systems versteht, einordnet und bearbeiten läßt, ist Askese unzeitgemäß.

Aber man kann den Blickwinkel auch verändern. Dann werden Menschen sichtbar, die äußeren und inneren Krisen ausgeliefert sind, die immer mehr das Maß des Erträglichen überschreiten. Die *Krise des Habens* kann dann Anlaß geben, über Verzicht nicht nur als das nachzudenken, was erzwungen wird, sondern als das, was auf einmal anziehend, befreiend, erlösend ist. Askese ist dann weit mehr als ein Schredder, in den unwichtig gewordene Dinge, Bedürfnisse oder Erwartungen hineingeworfen werden. Askese ist mehr als ein Apparat zur Entsorgung von Überflüssigem. Askese kann dann gerade zu einer Erfahrung werden, aus der das Ich neu wird, ja wiedergeboren wird. Weil nicht mehr das Zusammenraffen von Dingen, Erlebnissen und Selbststeigerungen eine Ich-Hülle baut, sondern eine Person entstehen kann, die in der souveränen Haltung, im heiteren Verzicht, in demütiger Gelassenheit von sich absehen kann.

Askese ist kein Lebenskonzept. Das war es in der Blutezeit der Arbeitsgesellschaft. Da hielt die Askese die Personen zusammen und durchzog sie wie ein Gitternetz, durchsäuerte sie wie ein Sauerteig. Jetzt kann Askese nur eine Suchbewegung sein.

Die asketischen Tugenden lehren die Flucht vor den Fesselungen, die heute in der Sucht nach Dingen, Erlebnissen, Informationen, Beschleunigungen, Bemächtigungen, Planungen und Projekten eine irrsinnige Vielfalt haben. Deshalb erfordert Askese Klugheit, Disziplin, Aufmerksamkeit. Ein asketisches Rezept kann es nicht geben. Auch keine Ausbildung zum Asketen. Diplomasketen wären Scharlatane.

Nachdenken über Askese lenkt den Blick auf die alte Erzählung, die sich durch die Kulturen und Philosophien zieht: Du wirst dein Leben nur gewinnen, wenn du es verlierst. Askese ist radikal. In Gefahr und großer Not bringt der Mittelweg den Tod. Deswegen stellt die asketische Erinnerung vor die Alternative: *Geld oder Leben*. Niemand kann beides zugleich haben.

Doch welche Konsequenzen erwachsen daraus für das eigene Leben? Für den Leser wird die Frage gelten, die für den Autor gilt: »Und du? Wie hältst du es mit der Askese?« Bei dem antiken Philosophen und Erzieher des Nero, bei Seneca, gibt es eine schöne Antwort darauf. Da sagt ein Gesprächspartner: »Auf eine Weise sprichst du, auf eine andere lebst du.« Und Seneca antwortet:

»Ihr böswilligen Köpfe, gerade den Besten am feindlichsten, dies wurde Platon vorgeworfen, vorgeworfen wurde es Epikur, vorgeworfen Zeno; denn sie alle sprachen nicht davon, wie sie selbst lebten, sondern wie sie auch selbst leben müßten. Über die Tugend, nicht über mich spreche ich, und wenn ich gegen die Laster Scheltreden führe, dann führe ich sie besonders gegen meine eigenen. Sobald ich es vermag, werde ich leben, wie es sich gehört. Auch diese mit viel Gift getränkte Bosheit wird mich nicht vom Besten abschrecken; – nicht einmal der giftige Schleim, mit dem ihr andere bespritzt, euch aber tötet, wird mich daran hindern, daß ich fortfahre, das Leben – nicht das ich führe, sondern das man nach meinem Wissen führen muß – zu preisen, daß ich die Tugend anbete und ihr – in ungeheurem Abstand – hinterherkrieche.«

Sebastian Scheerer

*Die Langeweile in der Erlebnisgesellschaft ist zu einem bedroh-
lichen Phänomen geworden. Sie führt zu Vandalismus, Selbstzerstörung und einer zunehmenden gesamtgesellschaftlichen
»Versüchtelung«. Sebastian Scheerer, Kriminologe an der Universität Hamburg, sucht nach sozialen, psychologischen und
wirtschaftlichen Gründen für diese Entwicklung.*

Die Gesellschaft der Süchtigen

Nicht zufällig stehen Suchtfragen heutzutage immer häufiger im Mittelpunkt öffentlicher Debatten, werden die
»Neuen Süchte« ebenso intensiv diskutiert wie Methadon-
und Heroinprogramme, das »Recht auf Rausch« ebenso wie
die körpereigenen Drogen und das »Needle-Sharing« von
Fixern. Offenbar produzieren die Süchte und die Süchtigen
dieser Gesellschaft Ängste und Ambivalenzen, die bislang
mit einer sehr rigiden, oft auch selbstgerechten Politik auf
Distanz gehalten werden konnten, die aber inzwischen immer drängender werden und deshalb nach neuen und vielleicht erstmals nach *wirklichen* Antworten verlangen. Auch
leben wir in einem gesellschaftlichen Gehäuse, das es uns
zunehmend schwermacht, uns als »Subjekte« in Begriffen
von »Autonomie« und »Identität« zu denken. »Abhängigkeit« und »Sucht« verkörpern als klassische Gegenpole zum
Größenselbst der bürgerlichen Epoche den Inbegriff der
Ängste vor dem »Kontrollverlust«: gegenüber verlockenden
Substanzen wie gegenüber den Reizen einer Warenwelt, die
auf der Klaviatur unserer Bedürfnisse inzwischen so virtuos
spielt, daß sie uns schon im nüchternen Zustand berauscht
und entgrenzt. Wie das süchtige Verhalten und das Bild, das
man sich von ihm machte, im Laufe der Zeit erstaunlichen
Veränderungen unterlag, so wird auch in Zukunft nicht al-

les beim alten bleiben. Wohin die Reise geht, können wir nicht wissen, aber einige mögliche Perspektiven lassen sich sehr wohl benennen.

Die Versüchtelung der Gesellschaft

Die geläufigste ist zugleich die düsterste Perspektive: Immer mehr Menschen werden von immer mehr Suchtkrankheiten erfaßt, grassierende Süchte halten Einzug in die behütetsten Familien, aus mündigen Bürgern wird, was der Frankfurter Oberstaatsanwalt Körner schon heute konstatiert: eine »Gesellschaft von Süchtigen«. Das ist die Perspektive der schleichenden »Versüchtelung«, wie Werner Gross diese Tendenz nennt. Hierfür gibt es verschiedene Gründe und Erklärungsmöglichkeiten:

Zunehmende Entfremdung. Der Alt-68er und Buchautor Günter Amendt (*Sucht – Profit – Sucht*) behauptet, »daß sich die Anpassungsfähigkeit der menschlichen Subjekte an den von den Menschen geschaffenen und gesellschaftlichen Überbau erschöpft hat. Weil die menscheneigene Körperchemie als Anpassungs- und Steuerungsmechanismus versagt, ist die Arbeit nur noch zu bewältigen und das Leben nur noch zu ertragen durch chemische Fremdsteuerung« (*konkret* 7/1989, S. 21). Der chronischen Entfremdung entspricht der chronische Charakter der Sucht nach Betäubungsmitteln, die das materielle und mehr noch das psychische Elend vergessen lassen.

Stimulationsbedürfnis aufgrund zunehmender *psychischer Abstumpfung.* Die Überflutung unserer Sinne mit immer mehr und immer stärkeren Reizen führt – entgegen der These Amendts – doch noch zu einer weiteren Anpassungsleistung des menschlichen Gehirns. Das Belohnungssystem im Gehirn stumpft ab. Die Folge: das Vermögen zur Empfindung von Freude, Spaß, sexueller Lust und anderem Vergnügen nimmt ab. Nach psychologischen Untersuchungen ist allein während der vergangenen 15 Jahre das durchschnittliche Klangunterscheidungsvermögen, aber auch die durchschnittliche Erregung beim Sex und die emotionale Erregbarkeit durch optische Eindrücke signifikant zurückgegangen. Es bildet sich also offenbar eine Art Toleranz gegenüber Reizen aus. Um überhaupt positive Empfindungen zu haben, bedarf es bereits intensiver Stimulierung, die am einfachsten und sichersten auf chemischem Wege – zum Beispiel mit Kokain, Crack u. a. – zu erreichen ist. So produziert die entwickelte Warenwelt per Reizüberflutung das »Suchtsystem« (Wilson Schaef) und innerhalb dieses Systems »den Süchtigen als das normale Gesellschaftsmitglied«, wie es die Kulturanthropologen Alexander Schuller und Jutta Kleber formulieren. Der Münchner Psychologe Henner Ertel meint: »Wer im nächsten Jahrtausend überleben will, muß unsensibel werden. Sonst werden wir an den Gegensätzen, die ein weltweites Mediennetz liefert, zerbrechen.« Denkbar auch, daß aufgrund dieser Bedingungen ein für heutige Verhältnisse extremer Konsum von Stimulantien und Betäubungsmitteln zum kollektiven Dauerzustand wird.

Globale Vermarktung. Multinationale Konzerne überschwemmen schon heute den Globus mit Zigaretten, Alkohol und Psychopharmaka. Internationale Cannabis-, Kokain- und Heroinhändler operieren zwar noch in der Illegalität, sind aber womöglich nur die Vorboten einer kommenden Eingliederung dieser Substanzen in das ungleich mächtigere Netz der legalen Konzerne. Auch die heute erlaubten Drogen waren einmal verboten und mußten jahrzehnte-, wenn nicht jahrhundertelang illegal vertrieben werden, bevor man sich an ihre Präsenz gewöhnte. Die Frage, ob ein Mensch süchtig wird, weicht allmählich der Frage, ob er sich *dieser* oder *jener* Sucht ausliefert.

Zunehmende Außenorientierung. Theoretiker und Empiriker von Erich Fromm über Erving Goffman bis zu Christopher Lasch und Thomas Ziehe bestätigen immer wieder

die Erkenntnis des amerikanischen Soziologen David Ries-
man (*Die einsame Masse*), daß der moderne Mensch in
besonderem Maße außengeleitet ist, das heißt weniger
durch langfristig wirksame internalisierte Werte und Normen als durch kurzfristige situative Anforderungen in seinem Handeln gesteuert wird. Das Individuum hat gewissermaßen den internalisierten Kreiselkompaß gegen hochsensible Antennen ausgetauscht. Diese zunehmende Außenorientierung erhöht die Anfälligkeit des Menschen gegenüber
den Reizen und Verführungen psychoaktiver Substanzen.

DAVID BOSSHART

*Auf den übersättigten Märkten westlicher Wohlstandsgesell-
schaften regieren längst nicht mehr die rationalen Bedürfnisse
der Verbraucher die Konsumgewohnheiten. »Kultmarketing«
heißt die Antwort auf die neue Situation. Der Konsument muß
mit den Mitteln von »simple drugs« in eine Art »freundliche
Abhängigkeit« versetzt werden. Diese neue Religion des Kapitalismus hat der Trendforscher und Managementtheoretiker
David Bosshart analysiert. Er lehrt am Gottlieb Duttweiler Institut in Rüschlikon, Schweiz.*

Das ultimative Kundenmodell – der Junkie

Simple Drugs: die freundliche Abhängigkeit

Ein »guter« Kunde steht in einem *Abhängigkeitsverhältnis*
zu seinem Produkt, das er begehrt oder für das er ein klares
Bedürfnis verspürt. Jeder, der zum Beispiel Markenpro-

dukte verkauft, sieht es gerne, wenn der Kunde in einem Abhängigkeitsverhältnis zu seinem Produkt steht. Das nennt man dann marktethisch »Kundentreue«. Der Verkäufer darf davon ausgehen, »kundenorientiert« zu handeln.

Doch in globalen und gesättigten Märkten wird die *Steigerung* zum Überlebensprinzip: *Preispolitik und Kultpolitik*, also irrationaler und arationaler Konsum, müssen ständig geködert werden. Effizienteres Produzieren – mehr für weniger oder wenigstens zum gleichen Preis – auf der einen Seite und mehr religiöse Ingredienzen in die Produkte hineinbringen auf der anderen Seite, also Produkte als Sinnangebote positionieren. Es geht also um die *immer effizientere Produktion und Vermarktung von Sinn*. Es wäre logisch falsch und moralisch heuchlerisch, nicht zuzugeben, daß die zwei Überlebensprinzipien unserer westlichen Zivilisation der Überfluß (mengenmäßiges Angebot) und der Überdruß (in Form von Sinnüberschüssen) sind. Der Kampf um den Kunden – um seine Seele – wird unvermeidlicherweise härter und geht management- und marketingtechnisch in Richtung einer Brutalisierung der Märkte. Unter diesen Voraussetzungen ist es ratsam, die niedlichen Kundenmodelle (wie etwa »Der Kunde ist König« als Ausdruck der »Kundenorientierung«), wie sie uns Hochschulen und Berater durchdeklinieren, gründlich neu zu überdenken.

Mit dem [...] Beispiel »Marketing als Gottesdienst am Kunden« wird ein Ausweg gezeigt, nämlich mit der indirekten, über *Rituale* gesteuerten und damit den Regeln des *Emotional Design* folgenden Kundenbeeinflussung. Sie bezieht ihre Analogien von der katholischen Kirche, die damit unter anderen »Marktvoraussetzungen« und in einem anderen Kontext erfolgreich auf Seelenfang ging. »Marketing als Gottesdienst am Kunden« läßt sich so auf den Kultkonsum anwenden.

Dieses Modell ist realistisch und zeitgemäß, denn es ist nur auf eine letztendlich als vernünftig zu bezeichnende

Kundenakquisition und -bindung aus und verkörpert damit eine *harmlose* Form der Abhängigkeit. Sie liegt konzeptuell in der Linie der Verwirklichung der »Erlebnisgesellschaft«, die uns bislang erst eher dürftiges *Kulissenmanagement* (Stichwort: »Erlebnisgastronomie«!) und bescheidenes *Event Marketing* beschert hat. Da Menschen in der pluralistischen Gesellschaft auch Religionen wechseln können, wie es ihnen beliebt, können sie auch Produktreligionen wechseln, wie sie wollen. Denken wir die Vorgaben der Rituale konzeptuell konsequent weiter, so ist leicht ersichtlich, daß auch die Ritualisierung mit viel härteren Mitteln durchgeführt werden könnte. Damit gelangte man zu einer Art Abhängigkeit, von der nur unter erschwerten Bedingungen oder gar nicht mehr wegzukommen ist. Es sind natürlich die nicht zufällig weiter erstarkenden Psychosekten, die uns diesbezüglich die eindrücklichsten Beispiele vorgeben. Mit ihrem Mentalterror gegenüber den Anhängigen führen sie ein Modell der Kundenbeziehung ein, das nicht mehr auf der Ebene der »Simple Drugs« liegt. Es ist eine harte Form der Abhängigkeit. Hier geht es wirklich um Drogen.

Die Erfahrung hat uns gezeigt: Jede Gesellschaft hat ihre Drogen, das Gerede von einer drogenfreien Gesellschaft macht nicht nur anthrop*o*logisch, sondern auch moralisch keinen Sinn. *Es geht in unserer maß-losen Gesellschaft um Steigerungen, um ein »Mehr oder weniger«, »Entweder schneller oder langsamer«.* Bei einem gewissen Punkt, ab einer gewissen Quantität, kippt diese Quantität in Qualität über: Aus weichen Drogen werden harte Drogen. Normale Konsumgüter oder Genußmittel wie Schokolade und Zigaretten können durch »Emotional Design« zu sogenannten *»Simple Drugs«* werden, ein Ausdruck, den ein österreichischer Jeanshändler gebrauchte, um seine Ware zu promoten. Eine treffende Bezeichnung, die aber bei der älteren Generation schlecht ankam. Doch genau darum geht es: In gesättigten Konsumgütermärkten müssen Waren »Simple

Drugs« sein, damit sie den Mehrwert gegenüber alltäglichen Konsumgütern unterstreichen und sich damit aus der Angebotsflut abheben können.

Total Need:
die totale Abhängigkeit

Kein Geringerer als William S. Burroughs hat in seinem Buch *The Naked Lunch* von 1959 die ultimative Form der »Kundenabhängigkeit« von einem Produkt dargestellt und modellhaft skizziert. Es ist das Junkiemodell des Heroinsüchtigen. Die Erfolgsregeln für den Dealer haben drei unumstößliche Gesetze:

1. Never give anything away for nothing.
2. Never give more than you have to give (always catch the buyer hungry and always make him wait).
3. Always take everything back if you possibly can.

Junk (Rauschgift) ist das ideale Produkt und der *Junkie* der ideale Käufer. Der Junkie braucht mehr und mehr Junk, um Reste eines menschlichen Antlitzes zu bewahren. Junk ist der Humus, um Monopolsituation und Besitz zusammenzubringen. Junk ist meßbar und läßt sich leicht quantifizieren: Je mehr Junk man braucht, desto weniger hat man davon, und je mehr man davon hat, desto mehr braucht man.

Junk macht jedes Verkaufsgespräch überflüssig. Der Kunde wird durch die Kloake kriechen und auf den Knien um die Ware betteln. Denn der Junkverkäufer *verkauft nicht das Produkt an seinen Kunden, er verkauft den Kunden an sein Produkt.* Er verbessert nicht sein Produkt, um langfristig die Kundenbindung zu erhöhen. Er kann es sich leisten, seinen Kunden sofort zu degradieren. Er macht den Kunden sozusagen zu seinem Mitarbeiter und bezahlt ihn in Junk. Je länger dieser Mitarbeiter im Geschäft ist, desto schlechter geht es ihm.

Der Kunde gehorcht der »Algebra of Need«, den Gesetzen des »Total Need«. Wenn eine bestimmte Frequenz überschritten ist, kennt das Bedürfnis keine Limits und Kontrollen mehr. Ob lügen, stehlen oder den besten Freund erschlagen: *»Total Need« macht alles, um den »Total Need« zu befriedigen.* Denn es gibt keine Alternative zum Junk. Die Junkwelt kennt daher *keine Zufälle.* Es ist eine Welt der linearen Kausalität, in der alles vorausbestimmbar und kalkulierbar ist. Ein tollwütiger Hund kann nicht wählen. Er beißt zu!

Die Attraktivität des Junks und damit seine Brauchbarkeit als zukünftiges Modell liegt nebst der leichten Kalkulierbarkeit ohne jeden Zweifel in der horrenden Gewinnmarge. Psychologisch liegt der Zusatznutzen in der Umkehr der Verhältnisse, die die heutigen Kundenideologien suggerieren: Degradation statt Adulation. Die sadistische Komponente kommt also dazu, eine nicht ganz unwichtige Dimension.

Das Modell, auch nur als Gedankenspiel durchexerziert, wird für die Konsummärkte um so attraktiver, je kleiner die Margen für Hersteller und Händler werden und je mehr die *Neidmechanismen* zum Tragen kommen. Junk ist auch darin konkurrenzlos überlegen. Wir können im Abschnitt über den »Akkumulationsprozeß des Kapitals« bei Karl Marx nachlesen, welche psychologischen Mechanismen die Aussicht auf riesigen Profit auslösen:

»Kapital«, sagt Marx, den *Quarterly Reviewer* zitierend, »flieht Tumult und Streit und ist ängstlicher Natur.« Das ist zwar wahr, aber doch nicht die ganze Wahrheit. Marx weiter: »Das Kapital hat einen Horror vor Abwesenheit von Profit oder sehr kleinem Profit, wie die Natur vor der Leere. Mit entsprechendem Profit wird Kapital kühn. *Zehn Prozent sicher, und man kann es überall anwenden; 20 Prozent, es wird lebhaft; 50 Prozent, positiv waghalsig; für 100 Prozent stampft es alle menschlichen Gesetze unter seinen Fuß; 300 Prozent, und es existiert kein Verbrechen, das es nicht riskiert, selbst auf Gefahr des Galgens.* Wenn Tumult und Streit Profit bringen, wird es sie beide encouragieren. Beweis: Schmuggel und Sklavenhandel.«

Die Welt des »Total Need« hat die Beweise des Schmuggels und des Sklavenhandels nicht mehr nötig. Der Handel mit Junk steht an der Spitze dieser Steigerungslogik. Für sie existiert tatsächlich »kein Verbrechen«, das nicht riskiert würde.

Die Spitze des Junks machen Heroin und Opium aus. Heroin und Opium sind dabei absolut *profane Produkte*, sagt Burroughs. Alle halluzinogenen Drogen (wie etwa LSD) gelten bei ihren Konsumenten als heilig. Für alle gibt es Kulte. Aber nie habe jemand, der Junk benütze, vorgeschlagen, Junk sei heilig. Heroin und Opium sind profan und quantitativ wie Geld. Sie sind daher die »Spitzenprodukte« für den Kapitalismus, die begehrtesten Produkte.

Während die halluzinogenen Drogen also strukturell durchaus noch in die Welt der Kultprodukte gehören, geht der Junkkonsum darüber hinaus und formuliert Gesetze einer anderen Welt.

Werner Gross

Es gibt einen fließenden Übergang zwischen einem süchtigen und dem alltäglichen Leben. Nicht jede Gewohnheit wird auf ihr suchtbildendes Potential hin untersucht, nicht jede Substanz, die Rauschzustände hervorruft, als gefährlich angesehen. Sucht bleibt so vor allem durch die Frage ihres Umfeldes bestimmt. Werner Gross, klinischer Psychologe in Frankfurt am Main, sieht in der Sucht nicht allein eine vernichtende Kraft. Der urmenschliche Wunsch nach Mehr, auch im Bereich des Erlebens, kann zu einer schöpferischen Radikalität führen.

Live fast, love deep, die young:
Von den positiven Seiten des süchtigen Lebens –
Versuch einer Ehrenrettung

> »Oh, ein Gott ist der Mensch,
> wenn er träumt,
> ein Bettler, wenn er nachdenkt.«
>
> HÖLDERLIN, *Hyperion*

»Nur wer die Sehnsucht kennt, weiß, was ich leide«, schrieb schon vor zwei Jahrhunderten Goethe. Und der Wunsch, sich ganz anders zu fühlen, etwas nicht Alltägliches zu erleben, sich zu entgrenzen, außer sich zu sein, steckt in jedem von uns. Die Sehnsucht nach Ekstase, nach einem ganz anderen, grenzenlosen Leben ist uns Menschen angeboren.

»Genug ist nicht genug, ich laß' mich nicht belügen. Schon Schweigen ist Betrug, genug kann nie genügen«, singt Konstantin Wecker. Und so gab es zu allen Zeiten Menschen, die sich der Grenzenlosigkeit, der Ekstase, der Ewigkeit verschrieben: *Dichter* wie Novalis, Baudelaire, Edgar Allan Poe oder Aldous Huxley, Charles Bukowski und Gottfried Benn, *Musiker* wie Wolfgang Amadeus Mozart, Charlie Parker, Jimi Hendrix, Janis Joplin und Elvis Presley, *Schauspieler* wie Marilyn Monroe und James Dean.

Es waren letzten Endes die Kompromißlosigkeit und Radikalität ihrer Kunstwerke und ihres Lebens, die sie zu Kultfiguren machten. Oft war es der frühe Tod, der ihr Image zu steinernen Denkmälern in unseren Herzen meißelte: »Live fast, love deep, die young«, »Lebe schnell, liebe tief, sterbe jung«, die Philosophie der Beatnickgeneration war ein radikaler Bruch mit der gutbürgerlichen Vernunft: Lieber ein kurzes und intensives als ein langes und langweiliges Leben. Und diese Ideologie entwickelte sich nicht erst im zwanzigsten Jahrhundert. Schon zwei Jahrhunderte früher schrieb der englische Dichter William Blake: »Die Straße der Ausschweifungen führt zum Palast der Weisheit.« Auch im alten Indien unterschied man zwei Wege: Den Weg des *Yoga*, den Weg des »Jochs«, der Selbstdisziplin und Selbstkasteiung, und den des *Tantra*, den Weg der Ekstase.

Besessene gab und gibt es in allen Bereichen: Große Politiker wie Alexander der Große, der als knapp Dreißigjähriger seine Armeen bis an die Grenzen Indiens schickte, oder Napoleon, der die Angewohnheit hatte, drei Schreibern drei verschiedene Briefe gleichzeitig zu diktieren, weil sein Gedankenstrom so schnell war, daß ein Schreiber allein ihm nicht folgen konnte, zählen genauso dazu wie der rätselhafte Lawrence von Arabien, ein gebürtiger Engländer, der Anfang des Jahrhunderts ganz Arabien in Unruhe versetzte und mit einem Motorrad umkam.

»Gibt es überhaupt ein gesundes Genie?« Diese rhetorische Frage stellte der Arzt und Dichter Gottfried Benn, selbst hochgradig süchtig. Und wie schrieb ein anderer Dichter: »Ich denke über meine Zukunftsaussichten als Schriftsteller nach. Rosig sind sie nicht gerade. Entweder ich zügle meine Neugier und meine Risikobereitschaft, und schreibe Glattes. Oder ich nehme mein Herz in beide Hände, schreibe Sätze, die Sprengkörpern ähneln – und ende übel.«

Deshalb verachten viele Künstler auch die gutbürgerliche Forderung nach dem maßvollen Leben. »Weshalb maßvoll?« fragen sie und: »Nach wessen Maß?«

Der Psychologe Roland Fischer [...] liefert ihnen wissenschaftliche Munition: Er meint, daß es nicht nur »Schizophrenie« gibt, sondern auch »Normophrenie«, die krankhafte Bindung an Normen, an das normale Leben und Verhalten – ein Frontalangriff auf das bürgerliche Alltagsbewußtsein.

Aber woher kommt dieser Wunsch nach Entgrenzung, nach Totalität, nach Eins-Sein mit dem Kosmos, nach Identität von Innenwelt und Außenwelt, auch bei seelisch gesunden Menschen? Ein Erklärungsversuch: Wir Menschen

sind »physiologische Frühgeburten«, d. h., wir sind nicht
wie andere Lebewesen direkt nach der Geburt allein lebens-
fähig, sondern brauchen noch mehrere Jahre einen »sozialen
Uterus«, der uns nährt und schützt. Wenn man sich vor-
stellt, daß wir aus einem Mutterleib kommen, der die Illusionen von Ganzheit vermittelt – wir leben in einem dunklen, feuchten, warmen intrauterinen Milieu, wir werden
über die Nabelschnur automatisch ernährt, Anstrengung ist
uns fremd. In dieser Zeit werden die Grundstrukturen unseres Bewußtseins gelegt. Man kann sagen, daß die Situation
im Mutterleib der Ursprung aller Paradiesvorstellungen ist
[…]. Der »Daseinswechsel« Geburt ist ein dramatischer
Prozeß. Wenn man so will, werden wir aus dem (wenn auch
in den letzten Monaten sehr engen) Paradies verstoßen. Alles verändert sich radikal: Wir müssen uns durch den engen
Geburtskanal hindurchquälen, werden abgenabelt, befinden
uns in einem grellen, lauten Milieu (Luft statt Wasser), müssen selbst atmen, schreien, wenn uns was nicht paßt (wir
z. B. Hunger haben, es zu kalt ist), müssen lernen zu sehen,
unsere Körperbewegungen koordinieren, irgendwann sprechen und schreiben. Wir werden geschlechtsreif, erwachsen,
aber immer ist diese lustvolle Erfahrung der totalen Einheit
mit der Umwelt im Mutterleib, in der unsere Bedürfnisse
quasi automatisch befriedigt wurden, in unserem Gedächt-
nis gespeichert, und vor allem in schwierigen Situationen
tritt bei manchen die Sehnsucht danach offen zutage. »Regression« nennen das die Psychologen. Und die Suchtmittel
(seien es Drogen oder stoff*un*gebundene Suchtverhaltens-
weisen) vermitteln – zumindest am Anfang – diese Illusion
der Grenzenlosigkeit, sind für viele deshalb letztlich Symbol für die Situation im Mutterleib.

Dabei wird der Wunsch nach Ekstase nicht ausschließlich
aus Konflikten geboren. Vielleicht gehört es einfach zu uns
als Menschen, daß wir uns mehr wünschen, als wir haben.
Schließlich erleben wir die Welt auch nur mit fünf Sinnes-
modalitäten – weshalb sollte nicht das als Faktum schon ge-

nügen, daß wir mehr von der Welt mitbekommen wollen, als das, was uns die Sinne vermitteln?

Die Kulturanthropologin Felicitas D. Goodman meint denn auch, daß wir unter einem »Ekstase-Entzug« leiden und daß uns dadurch der Sinn verlorengegangen ist. Sie beschwört die Bedeutung von »Grenzerfahrungen« für unsere seelische Gesundheit. Hierzu hat unsere Kultur aber keine Rituale mehr – ganz im Gegensatz zu vielen Naturvölkern. Vielleicht ist das Fehlen von Ekstase-Ritualen die Ursache dafür, daß immer häufiger aus dem positiven Wunsch nach Entgrenzung eine fatale Suchtkarriere wird. Denn das weiß man aus vielen Studien, daß dort, wo es einen in (meist religiöse) Rituale eingebetteten Gebrauch von Drogen und Ekstasetechniken gibt, weniger Süchtige leben.

Wie dem auch sei: Der Wunsch, sich ganz anders zu fühlen, etwas nicht Alltägliches zu erleben, außer sich zu sein, der Wunsch nach Hochgefühl, nach Ekstase ist in jedem von uns. Und genauso das Bedürfnis, einmal erlebte Lust immer wieder erleben zu wollen. Diese beiden ganz normalen Eigenschaften – der Wunsch nach Grenzerfahrung, nach Zerstörung oder Überwindung der engen Ich-Grenzen und der Wiederholungszwang – sind der Nährboden, in dem unsere Süchte ihre Wurzeln schlagen. So gesehen, sind die Ursprünge der Sucht in vielen von uns vorhanden. Die Frage ist denn auch schon fast philosophisch: Trägt das menschliche Leben in sich den Wunsch, sich zu überwinden, die Grenzen zu sprengen?

Wäre unser Leben nicht in vielem »ärmer« ohne unsere Fähigkeit, süchtig zu werden? Denn diese Fähigkeit macht, daß wir nicht nur nippen am Becher des Lebens, sondern ihn – eventuell sogar bis zur bitteren Neige – austrinken, daß wir nicht nur gelangweilte oder gar blasierte Beobachter des Lebens bleiben, sondern engagiert mitsprechen und mittun, unseren »Einsatz bringen«. Es ist der »Janus-Kopf« der Sucht, daß sie einerseits kurzfristig eine tiefe Befriedigung zu geben vermag, daß sie langfristig aber auch in die

Zerstörung führen kann. Wichtig ist, beides zu können: intensiv hineinzugreifen ins volle Leben und voll zu genießen, aber auch sich zurückziehen zu können und unbeteiligter Beobachter zu sein.

Wie schrieb doch der Frankfurter Psychiater Hans-Jürgen Bochnik: »Eine kleine Leidenschaft kann bei fehlender Selbstherrschung zur Sucht führen, eine große bei größerer innerer Stärke zu ungewöhnlichem, ungefährlichem Erlebnisreichtum.«

Verführungen im Waren- paradies

EVA ZELTNER

In einer Gesellschaft, in der Jugendlichkeit an sich schon ein Wert geworden ist, verschwimmen die Grenzen zwischen den Lebensaltern immer mehr. Dadurch werden die überlieferten Generationenklischees gegenstandslos. Da sich das spezifisch Jugendliche an Mode und Accessoires bindet, scheint dieser Wert käuflich. Für Eva Zeltner (geb. 1931) hat exzessives Einkaufen nicht nur das Ziel, ein inneres Wohlgefühl zu erzeugen, sondern ist auch Ersatz für den Kirchgang.

Seelentröster Shopping

Shopping begeistert Kinder und Erwachsene.

Unglaublich, wie viele Leute heute shoppen gehn. »Stop the shoppers«, nennt sich eine Schweizer Kultband. »Lädele«, die Jagd nach Schnäppchen, ist zu einem Volkssport geworden.

Während die Youngsters sich in den Shopping Centers zu irgendeinem Deal treffen, gewandt etwas klauen oder auch nur herumhängen, zelebriert die Pseudojugend Einkaufen als Ritual.

Tag und Nacht wird in Läden gegrapscht, Rezession hin Notwendigkeit her. Zu einlullender, softer Musik läßt sich das Portemonnaie leicht aus der Tasche ziehen, und mit der Plastikkarte geht jede Kontrolle übers Budget verloren. Shopping ist Geldverlust, Abwechslung, Zeittöter, Seelentröster. Es hilft über Liebeskummer hinweg und erhöht das Wohlbefinden, kann aber auch zur Sucht werden.

Unzählige Frauen jeden Alters sind vom Shopping-Virus befallen. Vor dem Kleiderschrank endet jede Emanzipation. Töchter erleben Mütter, die sich wie Barbiepuppen ausstaffieren. Das Allerneuste muß her, das 35. Paar Schuhe, ein seidenes Top, zu Hause hängen alte Fahnen.

Lebensberater und Populärpsychologinnen empfehlen, sich öfter mal was zuliebe zu tun. Damit ist vor allem gemeint, sich etwas zu kaufen. Neuanschaffungen heben das Selbstwertgefühl. Doch eine neue Frisur macht keinen neuen Menschen, und neue Kleider müssen dauernd durch noch neuere ergänzt oder ersetzt werden.

Auf die Rechnung folgt dann die Depression.

Einkaufszeremonien sind Ersatz für den Kirchgang geworden. Die Architektur der Shoppinghallen verströmt weihevolles Ambiente, das Sakrale wird durch Musik betont. In den Konsumtempeln zelebrieren die Wohlstandsverwöhnten eine Ersatzliturgie.

Familien treffen sich Samstag für Samstag im Supermarkt. Während die Kleinen sich im Spielwarenparadies eine »Kleinigkeit« erstehen dürfen, zeigen die Großen gegenseitig ihre Schätze und stärken sich bei Kaffee und Kuchen.

Sinnvoll leben, hieße eigentlich Teilen und auch mal Verzichten, einzeln und als Kollektiv, als Volk von Bessergestellten. Doch dies will kaum jemand ernsthaft. Sonst müßten wir – um ein beinahe alltägliches Beispiel zu nennen – freiwillig auf Dumpingpreis-Flüge nach New York zum Weihnachtseinkauf verzichten. Die winterliche Massenflucht ins Ausland ist zum neuen Weihnachtsritual geworden. Vom Billigen profitieren, zugreifen. Ein Schnäppchen hier, ein Schnäppchen dort. Schnäppchenführer sind Bestseller.

Eine Freundin erzählte mir, in der Bahn von Milano nach Zürich hätten neben ihr zwei Teenies ununterbrochen ihre Einkäufe verglichen, eine ganze Menge von Klamotten, und dabei gejammert, wie ihnen das Geld für dies und das und jenes gefehlt habe, wo doch Ohrringe, Parfums und Schuhe so cool, so geil und – ach – so günstig gewesen wären.

Shopping ist mehr als Einkaufen, es drückt eine Lebenshaltung aus, die Philosophie, der wir im Generationen-Mix huldigen: Haben statt Sein. Daß wir nur ein winziges Prozent des ständig wachsenden Überangebots jemals benötigen, spielt keine Rolle. Jede Anschaffung, auch wenn sie Wochen später auf dem Müll oder im Kleidersack der Caritas landet, verschafft einen kurzen Moment lang dem darniederliegenden Selbstbewußtsein ein kleines narzißtisches Hoch. So kurz und so lang ist die Welt dann für uns wieder in Ordnung.

CARLO MICHAEL SOMMER / THOMAS WIND

Markenkleidung ist nicht nur unter Jugendlichen zu einer dominanten Kommunikationsform geworden. Ob »Nike«-Turnschuhe oder »Hilfiger«-Hemd – über das Zurschaustellen einer spezifischen Bekleidungsmarke signalisiert ihr Träger eine bestimmte Lebenseinstellung. Individualität erscheint in dieser Perspektive als eine einzige »Umkleidekabine«. Die beiden in Heidelberg lebenden Psychologen und Soziologen Carlo Michael Sommer und Thomas Wind analysieren die neue Kleiderordnung.

Der Name der Hose –
Markenkleidung

Markenkleidung ist ein Kind dieses Jahrhunderts, aus den Möglichkeiten und Folgen der Massenfertigung geboren. In der guten alten Zeit ging man zum Schneider, wählte mit Bedacht einen Stoff aus und ließ sich ein Kleidungsstück auf den Leib schneidern. Trotz Anlehnung an die jeweils herrschenden Modeimperative trug so jedermann/jedefrau ein handgefertigtes Unikat und damit auch eine, in Grenzen, persönliche Note spazieren. Im 19. Jahrhundert bedrohte der technische Fortschritt mehr und mehr die Existenz des Schneiderhandwerks. Nähmaschine (erfunden 1830) und Zuschnittmaschine für Stoffe (patentiert 1858) schufen die technischen Bedingungen für die serienmäßige Herstellung von Kleidungsstücken. Nach dem Motto »cheap and awful« liefen zunächst nur Kleidungsstücke mit einfachsten Schnitten und aus billigen, aber robusten Stoffen gefertigt von den Fließbändern, z. B. Uniformteile oder Arbeitskleidung für Soldaten, Seeleute oder – so in den USA – Sklaven.

Erst als neben traditionellem Schneiderhandwerk und billiger Massenfertigung die ersten gediegen arbeitenden Konfektionshäuser tätig wurden, begann auch der qualitätsbewußte Bürger, sich für Kleidung von der Stange zu interessieren. Das Aufblühen der Haute Couture läßt sich mit den besonderen Luxusbedürfnissen der Zeit erklären: Die leichtlebige Belle Epoque liebte das Exklusive und Extravagante – und fand so in Modeschöpfern wie Mariano Fortuny oder Paul Poiret ihre Protagonisten. Kleidung ist von nun an auch mit dem Namen ihres Entwerfers oder Herstellers so untrennbar verbunden, wie ein Bild mit dem Namen seines Malers: der Couturier als Künstler, als Star der »Kulturszene«.

Anders als die anonymen Produkte des kleinen Schneiders an der Ecke oder einer Kleiderfabrik können ihre Modelle ein regelrechtes Image haben. Die Namen der bekannten Modeschöpfer dienten fortan als Markenzeichen, die um so größere Verbreitung fanden, je mehr sich die ehemals so hehre und elitäre Haute Couture auch den Massen zuwandte. Vordenkerin Coco Chanel 1953 in einem Interview mit der Modezeitschrift *Vogue*: »Ich bin nicht länger daran interessiert, ein paar Hundert wohlhabende Kundinnen zu bedienen, ich will Tausende erreichen.«

Prêt-à-porter war das neue Zauberwort: von Couturiers entworfen, aber in Serie produzierte Kleidung kostet oft nur noch einen Bruchteil der Modelle aus den aufsehenerregenden Kollektionen der »hohen Mode«. Dennoch darf man das Gefühl haben, ein »Original« zu tragen. Seit Beginn der siebziger Jahre, nicht zufällig zu einem Zeitpunkt, als der Einfluß der jugendlichen Subkulturen auf die Mode immer stärker wurde, ließen sich auch die großen Pariser Designer vollends auf die Erfordernisse des Massenmarktes ein.

Die Namen der Mode-Designer sind heute so weit von den Produkten abgelöst, daß sie als Marken auch – und dies sehr erfolgreich – für Waren stehen können, die unmittelbar nichts mit Bekleidung zu tun haben, beispielsweise für Duftwässer oder Accessoires. [...]

Die Marktforschung versteht unter Marken-Image die Summe der Einstellungen, Meinungen, Urteile etc., die ein Konsument oder eine Gruppe von Konsumenten mit einem bestimmten Markenartikel verbindet, und bemüht sich, diesen »psychologischen Nutzen« empirisch zu erfassen.

»No-Name-Artikel« können keinen »Zusatznutzen« entfalten, weil ihnen eine Qualität jenseits des Materiellen fehlt. Diesen kleinen, so entscheidenden Unterschied macht das Marken-Zeichen aus.

Das dialektische Prinzip, Abgrenzung gegenüber anderen durch Signalisieren von »Stammeszugehörigkeit«, wirkt auch und gerade bei Markennamen. Das kleine grüne Krokodil, das auf der linken Brust lauert, der klotzige Schriftzug auf der Jogginghose oder das versteckt getragene altehrwürdige Label des britischen »Burberry« – all diese Symbole erlauben es dem Träger, Exklusivität zu demonstrieren. Das heißt, zu tragen, was seine Bezugsgruppe für »exklusiv« hält und zugleich andere davon ausgeschlossen zu wissen. [...]

Materialien spielten ihre Rolle als Statussymbol noch bis in den Anfang dieses Jahrhunderts hinein. Nach dem Zweiten Weltkrieg, auch im Gefolge der sich ausweitenden Verwendung von Kunstfasern, verdrängte mehr und mehr der Name des Designers oder die Marke des Herstellers das Material der Kleidung in seiner Funktion als Statussymbol.

Die Statussymbole, mit denen man sich umgibt, geben einen Hinweis darauf, welche gesellschaftliche Position man einnehmen möchte. In einer festgefügten Gesellschaft wie der ständischen des Mittelalters sind die Statussymbole unmittelbar mit einer gesellschaftlichen Position verknüpft. In der durchlässigen Konsumgesellschaft dagegen sind Statussymbole prinzipiell für jedermann frei verfügbar. Nicht mehr die durch Geburt zugeschriebene oder die durch Leistung erworbene Position ist ausschlaggebend, der Status wird in der Hauptsache von den Objekten repräsentiert, die man besitzt. Prestige ist käuflich.

Der gesellschaftliche Aufsteiger etwa wird sich mit Statussymbolen umgeben, die ihn aus seiner Herkunftsgruppe herausheben und zugleich mit der Gruppe, zu der er sich Zutritt erhofft, assoziiert sind.

Jugendliche Subkulturen legen im allgemeinen keinen Wert auf Statussymbole, sondern benutzen Symbole mit oppositionellem Gehalt. Doch gibt es einige bemerkenswerte Ausnahmen, wie den bundesdeutschen Popper, den amerikanischen Yuppie oder den britischen Sloane Ranger, die sich hauptsächlich über statusträchtige Markenartikel definieren und darstellen. Der Popper (und in Grenzen dessen historischer Vorläufer, der Mod) war der erste Jugend-Stil, der in hohem Maß auf demonstrativem Konsum basierte. Die Objekte, mit denen sich Popper umgeben und

schmücken – zusammen mit den erwünschten Verhaltensweisen sogar in einer Art Knigge fixiert –, sind durchweg
Markenwaren der gehobenen Preisklasse. Zentral ist die
Marke, denn sie macht die Magie des Objekts aus, und nur
das Original verfügt über diese magische Ausstrahlung. Die
detailgetreue Kopie einer Ray Ban-Sonnenbrille gilt als
minderwertig. Auch die massenhafte Vermarktung ist verpönt, verstößt sie doch gegen den Exklusivitätsanspruch. So
geriet der italienische Designer Fiorucci als Hoflieferant der
Popper in Ungnade, als er für sein Sortiment die Fließbän-
der anwarf: Die zuvor heißgeliebten »Fio-Klamotten« hatten damit für diese Gruppe ihre »In-Qualität« verloren.

Auch die Yuppies, die amerikanischen »young urban pro-
fessionals«, sind eine Gruppe, die für die Freuden der
»Stammeszugehörigkeit« tief in die Brieftasche faßt. Für
diese hart arbeitenden jungen Großstadtbewohner […] existiert eine präzise Kleiderordnung: Anzüge und Kostüme
von renommierten italienischen oder US-Designern, die
Uhr von Rolex oder Cartier, die Aktentasche von Gucci,
über den Arm der Burberry-Trenchcoat. Die Yuppies bilden hinsichtlich ihrer Kleidung und selbstredend auch ideologisch eine Einheitsfront. Wichtig ist ihnen nicht der Look
an sich, der ist eher zeitlos-konservativ, sondern das
»Haus«, aus dem er stammt. […]

Der »neue Luxus« ist jedoch nicht nur auf einige sich eli-
tär gebärdende Jugend-Kulturen beschränkt, im Zuge einer
wahren Konsumbegeisterung erfaßt er ein breites Alters-
spektrum und hält inzwischen in diversen sozialen Milieus
Einzug. In den wohlhabenden Ländern der westlichen Welt
ist das Aufkommen einer neuartigen Konsumentenclique
festzustellen, die höchste Konsumansprüche verwirklicht,
einem ausgesprochenen Markenfetischismus frönt und sich
so mit den exklusiven Symbolen des Wohlstands schmückt.
Amerikanische Marktforscher haben für diese luxusbesesse-
ne Gruppe den Namen »ultra consumers« geprägt. Durch
demonstrativen Konsum wird das locker sitzende Geld in

Prestige umgetauscht. Wirklicher oder scheinbarer Erfolg in einer Gesellschaft, in der – angesichts etwa der Lage auf dem Arbeitsmarkt – ein verschärfter Wettbewerb herrscht, findet in schierer Besitzgier und Verschwendungssucht seinen Ausdruck. Und diese Haltung übt immer stärkeren Einfluß auf weitere Kreise aus: Geld sitzt locker wie nie, die Luxusindustrie boomt.

Wiederum bilden Markenartikel den Inhalt des Warenkorbs der neuen »Konsum-Hedonisten«: entweder die »quintessentiellen« Marken oder die auf dem »In-und-Out-Barometer« gerade angesagten Marken. Die Luxusbedürfnisse schlagen sich selbstredend auch im Design der begehrten Statussymbole nieder. Die Modemacher greifen vermehrt zu kostbaren Stoffen, seltene Pelze sind ungeachtet der Ökologen-Proteste wieder in Mode, und Uhren werden aus schwerem Gold oder Platin gefertigt. Ob der einzelne allerdings dem neuen Luxus verfällt, ist nicht nur eine Sache seines Bankkontos: Den Ausschlag gibt letztlich die soziale Gruppenzugehörigkeit.

Vor allem die Angehörigen der drei folgenden Sozialmilieus haben ein besonderes Verhältnis zu Markenkleidung. Die Mitglieder des »konservativen gehobenen Milieus« pflegen einen dezenten Kleidungsstil, in dem allzu Modisches und allzu Ausgefallenes keinen Platz haben. Dem Wunsch nach Distinktion entspricht eine Ablehnung von »Massen-Waren«: Man will nicht tragen, was an jeder Straßenecke zu sehen ist. Bestimmte Markenpräferenzen – es handelt sich in der Regel um lange eingeführte, renommierte Marken (zum Beispiel »Aigner«, »Bogner«, »Rodier«) werden mit dem Hinweis auf hohe Qualität der Ware begründet. Das Marken-Image selbst spielt in dieser Gruppe eine untergeordnete Rolle: Man hat es nicht nötig, sich »auffälliger Auszeichnungsstrategien« (Pierre Bourdieu) zu bedienen.

Im Milieu der »Technokraten« geht eine hochkarätige Ausbildung oft mit Kennerschaft einher. So ist die Markenkenntnis bei dieser Gruppe auch besonders ausgeprägt. Darüber hinaus zeigt man sich selbst avantgardistischen Trends gegenüber aufgeschlossen und ist entsprechend auch bereit, exklusive Designer-Mode (Marken wie »Gaultier« oder »Kenzo«) in die eigene Garderobe aufzunehmen. Das Trendsetter-Milieu der »Technokraten« ist eine konsumfreudige Gruppe mit hohem Lebensstandard, in der Markenkleidung allerdings nur dann eine Rolle spielt, wenn sie ausgefallen genug ist, um »kulturelle Kühnheit« auszudrücken.

Die Angehörigen des »aufstiegsorientierten Milieus« schließlich sind bemüht, prestigeträchtige Objekte um sich zu scharen, sind diese doch Ausdruck für die angestrebte Zugehörigkeit zu den gehobenen Schichten der Gesellschaft. Zugleich sind die Aufsteiger auch ängstlich darauf bedacht, nicht zu übertreiben und alles richtig zu machen. So orientieren sie sich an aktuellen, von den gehobenen Schichten »abgesegneten« Marken (etwa »BOSS«, »Burberry«, »Bally«). Zu extravagante oder aber Marken mit zu konservativem Touch werden gemieden, könnte man doch damit auffallen – als zu flippig oder als altmodisch.

Norbert Bolz

Längst dient Konsum in der westlichen Welt nicht mehr nur der Bedürfnisbefriedigung, immer stärker gehorcht er erlebnisorientierten Zielen. Das Marketing hat heute die Aufgabe, diese Erlebnisqualität zu gestalten, indem es bestimmte Gefühlsmuster formt. Für Norbert Bolz, Philosoph, Medientheoretiker und Trendanalytiker an der Universität Essen, ist deshalb Marketing ein »Gottesdienst am Kunden«: Mit Kultmarken verstrickt es ihn in eine Art Produktliebe und ermöglicht eine »Spiritualität« des Konsums.

Emotional Design

Begehren statt Bedürfnis

Marketing und Design müßten sich daranmachen, die alten kritischen Vokabeln wie »Warenästhetik« und »Kulturindustrie« umzuinterpretieren, und das bedeutet im wesentlichen, sie von ihren negativen Vorzeichen zu befreien. *Kultur ist eine Industrie, Ästhetik ist die Theorie designter Waren, und Waren lassen sich nur noch ästhetisch verkaufen.* So gelangen wir zu einer Entübelung des Warenfetischismus. Dabei ist vielleicht eine Erinnerung hilfreich: In primitiven Gesellschaften ist Fetischismus kein Vorwurf.

Was heißt eigentlich Fetischismus? Schaut man im Lexikon nach, dann erfährt man, daß der Fetisch etwas *dem Natürlichen Entgegengesetztes* ist, dem man übernatürliche Kräfte zuschreibt und das deshalb kultisch verehrt wird. Anfang des 19. Jahrhunderts hat Fetischismus aber auch schon die kritische Bedeutung einer »krankhaften Erregung durch einen Gegenstand«. Was kann man daraus lernen? Das Begehren hat nichts mit dem Bedürfnis zu tun. Daß man ißt, weil man Hunger hat, daß man Kleider kauft, weil man sich anziehen muß – das ist nicht die Welt des Wunsches. *Marketing hat es nicht mit Bedürfnissen zu tun, sondern mit dem Begehren.* Und das ist – zum Glück für den Markt – unerfüllbar. Deshalb ist der Kühlschrank genauso übervoll wie der Kleiderschrank.

I can't get no satisfaction – das ist das ganze Geheimnis des Begehrens. Noch einmal: Zum Glück für die Wirtschaft zielt das Begehren des Menschen immer auf etwas, was nicht benennbar ist.

Der Psychoanalytiker Jacques Lacan hat einmal bemerkt: »Le retour du besoin vise à la consommation mise au service de l'appétit. La répétition demande du nouveau. Elle se tourne vers le ludique qui fait de ce nouveau sa dimension.« Zu deutsch: Die Wiederkehr des Bedürfnisses ist auf Konsumtion aus, auf Konsumtion im Dienst des Appetits. Dagegen verlangt die Wiederholung nach einem Neuen. Sie verschreibt sich dem Spiel, das sich dieses Neue zu eigen macht.

Das Lustvolle, Stimulierende des Konsums liegt nicht in der Befriedigung von Bedürfnissen, sondern gerade in der *Unbefriedigung*, die das Begehren neu entflammt. Nietzsche hat es so formuliert: »Man liebt zuletzt seine Begierde und nicht das Begehrte.« [...]

Je sachlicher die Menschen, desto persönlicher werden die Produkte. Die Dinge sind ja auch verläßlicher und dauerhafter als die Menschen. So treten heute käufliche Dinge an die Stelle von Werten und Menschen. Man sagt zwar zu Recht: »Liebe kann man nicht kaufen!« Aber das spricht heute gegen die Liebe zu Menschen und für das, was man kaufen kann. Mit anderen Worten: Wir dürfen uns nicht verleiten lassen, die Liebe zu schnell auf Menschen zu beziehen. Wichtiger ist – wie Nietzsche so schön sagt – »die Liebe zu Sachen und Gespenstern«. Auf diese Gespenster muß sich das Marketing der Zukunft verstehen. Es kultiviert den Fetisch als Schlüssel zur Erlebniswelt.

Wir können vom Fetischismus noch ein Zweites lernen: Gefühle gelten nicht den Menschen, sondern den Dingen. In der sachlichen Welt der modernen Zivilisation gehen Emotionen ins Leere. Man könnte sagen: *Wir leben in einem Vakuum der großen Gefühle. Und hier springt der postmoderne Konsum ein. »Emotional Design« besorgt den Transfer der »zwischenmenschlichen« Werte in die Dingwelt.* Auf dem Schauplatz des Marktes treten Waren wie Personen auf. Man könnte auch sagen: Reklame funktioniert wie eine Allegorie.

Und ein Weiteres kommt hinzu. Seit der Revolution der Pop-art kann man wissen: Gefühle zeigen ihre wahre Intensität nicht im Leben, sondern im Kino und im Konsum. So heißt es bei Andy Warhol in aller wünschenswerten Klarheit: »The movies make emotions look so strong and real, whereas when things really do happen to you, it's like watching television – you don't feel anything.« *So bieten uns heute die sogenannten Themenwelten eine »surreale« Verdichtung des Erlebnisses: wirklicher als die Wirklichkeit. Wer wirklich etwas erleben will, sucht dieses Erlebnis eben nicht mehr in der empirischen, sondern in der virtuellen Realität.* Die ist formbar und weniger störanfällig. Und wer tief fühlen will, der geht ins Kino. Die Kinder der Popkultur wissen heute, daß die Gefühle der Liebe und des Hasses in der Kinohöhle echter sind als im eigenen Schlafzimmer.

»Emotional Design« operiert nun genauso wie das Kino: Es präsentiert das Produkt als *erotisches Ereignis.* Damit können Menschenreize nicht mehr konkurrieren. Kino und Erlebniskonsum tauchen uns in eine Welt der virtuellen Ereignisse – alles andere, nämlich das Reale, ist zu gefährlich. Im Blick auf die Aufgabe des Marketings bringen wir das auf die Faustformel: *Postmoderne Werbung ist objektlose Erregung.* Das ist ganz einfach zu verstehen. Nur die Werbung und das große Kino schaffen noch Symbole, an denen wir unsere Affekte festmachen können. Mit anderen Worten: Werbung verschafft den objektlosen Emotionen einen Außenhalt; sie bietet Gefühlsformeln an. Und in diesem Sinne war schon die deutsche Romantik eine Art »Emotional Design«. Man kann seine Aufgabe nicht prägnanter formulieren als mit den Worten Wackenroders: »Verdichten der im wirklichen Leben verloren umherirrenden Gefühle«.

Analog und digital

Das *Ritual* vermittelt zwischen »analog« und »digital«, genauer gesagt: zwischen analoger und digitaler Kommunikation. Analog kommuniziert man mit Bildern und Gesten, digital mit Texten und Namen. Analoge Kommunikation beruht auf Ähnlichkeit, digitale Kommunikation beruht auf Arbitrarität, das heißt auf einem zufällig-willkürlichen Verhältnis der Zeichen zum Bezeichneten. In der digitalen Kommunikation geht es um die Übermittlung von Inhalten, die analoge Kommunikation besteht aus Beziehungsappellen. Logik ist digital, die Emotionen und Stimmungen kommunizieren sich analog. Die Kluft zwischen beiden Welten zu überbrücken ist hier die große Aufgabe von Marketing und Werbung. Auf der Zeichenebene versucht man das seit eh und je mit dem Logo und mit Bildunterschriften. Marketing als Kommunikationsdesign und »Emotional Design« versucht es nun mit *dem Ritual*.

Im Rückzug zum Analogen sucht die digitale Kommunikation unserer modernen Welt eine Art Bodenhaftung. Und eben hierbei funktioniert das Ritual als symbiotischer Mechanismus, der Zeichen und Menschen gleichsam verkoppelt. Der Soziologe Niklas Luhmann hat dies aufmerksam beobachtet: »Die Funktion der Religion wird nicht in der Kirche, sie wird als Kirche erfüllt. Dazu müssen Rituale erhalten bleiben.« Und die finden wir heute vor allem in Szenen und auf dem Markt.

SABINE ZELGER

Mit dem Satz »Das Pferd frißt keinen Gurkensalat« nahm eine der wichtigsten Erfindungen unserer Zeit ihren Anfang. In ihrer Kulturgeschichte des Telefonierens stößt Sabine Zelger auf verschiedene Rituale und Umgangsweisen mit dem Medium. Eine schweigende Kommunikation aber läßt der Apparat nicht zu. Dadurch begünstigt er die zunehmende Kommunikationssucht.

Kommunikationswahn

Telefonkulturen charakterisieren sich durch eine »Sucht nach dem Sprechen«, nach Kontakt, Gespräch und Gerede. Das wird mitunter heftig kritisiert, früher bereits und heute ganz besonders, weil im Trubel des Alltags und wirtschaftlichem Überlebenskampf Meditation und mystische Stille zwischendurch eine Ichfindung bewerkstelligen sollen. In Ruhe soll jeder nach sich selbst suchen und dabei nicht durch banale Anrufe gestört werden. Dabei wird der Kult der Kommunikation nur in geringem Ausmaß kommunizierend betrieben. Vielmehr werden rund um das Medium Telefon Phantasie, Erinnerungen, Bedenken und Gedanken freigesetzt, die vor und nach den Anrufen auch in aller Ruhe ausgelebt werden und in Kopf und Gefühl tätig werden. Im Grunde genommen hat gerade durch die Telefonkultur eine vielseitige Beschäftigung mit Kommunikation eingesetzt, die stattfindet, wenn Anrufe geplant oder verschoben werden, wenn man als Kunde oder Besucher Telefonaten beiwohnt, wenn man auf Verbindungen warten muß oder wenn man kalkuliert, wieviel welche Worte kosten dürfen. Die Kommunikationsflut, die nicht übersehen werden kann, wird durch diese Gefühle und Gedanken gebremst, aufgehalten und gefiltert. Aber stets ist sie spürbar, und wenn auch nur ein Telefonhäuschen an längst fällige Anrufe erinnert.

Während an andere Geräte normalerweise wenig interessante Erinnerungen, kaum Hoffnungen oder Ängste geknüpft werden, so reagieren wir beim Anblick von Fernsprechapparaten oft nicht gelassen. Da wir die meiste Zeit zwischen zwei oder mehreren Telefongesprächen verbringen, ist fast immer ein Anruf fällig, den wir erwarten oder zu tätigen haben. Das Aufgeschobene oder Aufgehobene wird durch den Kontakt mit einem Fernsprechgerät akut. Auch wenn es um vage Vereinbarungen geht, noch keine Entschlüsse feststehen, kann es leicht passieren, wenn einem

ein »Telephon-Automat« ins »Blickfeld« gerät, daß man in
der Zelle verschwindet und den Anruf tätigt. Umgekehrt
kann der Impuls in eine stets wiederkehrende Mahnung
verwandelt werden, wenn man den Anruf immerzu auf-
schiebt. [...] Betroffene sind von Zeit zu Zeit alle, die ihren
eigenen »Telefonhaushalt« zu führen haben und irgendwann in Verzug geraten. Die permanent möglich gewordene
Kommunikation verführt nicht nur dazu, dauernd auf einen
Anruf zu warten, sondern verpflichtet auch dazu, sie zu
nutzen: gelegentlich den guten Bekannten anzurufen, Ter-
mine hin und her zu schieben, Glückwünsche zu übermitteln, obligatorische Telefonate zu erledigen oder auch nur
längst fällige Arbeiten im Haus zu organisieren.

Es ist nicht einfach, sich vom Kommunikationsangebot
zu emanzipieren. Und es fällt sehr schwer, dem guten Vor-
satz treu zu bleiben und bestimmte Kontakte nicht aufzunehmen. Unglücklich Verliebte und Verlassene wissen, wie
verführerisch und ekelhaft die Apparate werden, die einem
ständig suggerieren, einfach anzurufen und das Ende der
Beziehung zu widerrufen. In Gernot Wolfgrubers Roman
Verlauf eines Sommers hält der Protagonist diese Spannung
kaum aus, zumal der (vielleicht alles entscheidende) Anruf
innerhalb einer bestimmten Zeitspanne getätigt werden
müßte. Die Uhr läuft, und jedweder Apparat wird zur
»deutlichen Aufforderung«. Das Gerät steht ihm dauernd
»im Augenwinkel«, egal welcher Film im Fernsehen läuft,
er spürt es sogar »in seinem Rücken«. Drinnen oder draußen ist er genausowenig in Sicherheit, weil ihm überall Apparate auflauern und Bilder der wartenden Frau heraufbe-
schworen werden. Lenau, der weiß, daß Kathrin bald ver-
reisen wird, denkt in seinem Hotelzimmer sogar daran, das
Telefon einfach sperren zu lassen. Es starrt ihn derartig an,
daß ihn regelrechte Panik überkommt, bis ihn endlich eine
gehörige Portion Valium von der Versuchung anzurufen,
befreit, und das Telefon keine Bilder mehr liefert und endlich schweigt.

Ohne derartige Methoden anzuwenden, gibt es keinen Befreiungsschlag gegen das Kommunikationsangebot, vor allem, weil es ständig eine private Nachfrage gibt. Auch wenn gar nicht oder gar nicht so viel telefoniert wird, bleibt es gegenwärtig. Schweigend erleben und produzieren wir den Großteil unserer Telefonkultur. Und beim anderen Teil, den wir kommunizierend am Apparat verbringen, spielt das Verschweigen und das Schweigen auch eine wichtige Rolle. Ob diese Pausen Abstand schaffen, eine Rückendeckung bieten zur Kommunikationsflut? Ob sie das Gespräch gefährden? Oder ob die Stille im Draht beredt wird und den Dialog bereichert? Es lohnt sich, gerade wegen der verbreiteten Kritik der »Quasselstrippe«, einen Seitenblick auf die Kommunikation selbst zu werfen [...]. Und was, wenn nicht das Schweigen, eignete sich besser, um die verfeinerte Kunst im Umgang mit dem Medium aufzuzeigen, die längst besser beherrscht wird als allgemein angenommen?

SHERRY TURKLE

Mit ihrem Buch »Die Wunschmaschine: Vom Entstehen der Computerkultur« war Sherry Turkle, klinische Psychologin und Professorin für Wissenschaftssoziologie am Massachusetts Institute of Technology, 1984 eine der ersten, die die neuen Medien auf ihre gesellschaftliche Relevanz hin untersuchten. In »Leben im Netz« (1998) erkundet sie den Computer als machtvolles Medium, das – analog zur Bewußtseinserweiterung durch Drogen – zu einer Erweiterung geistiger Fähigkeiten führen kann. Die vielfältigen Möglichkeiten des Nutzers, sich selbst in der Computerwelt beständig neu zu inszenieren, schaffen eine multiple Persönlichkeit.

Im Bann des Computers

Die fesselnde Kraft des Computers ist ein Phänomen, das oftmals mit der Drogensucht verglichen wird. Es ist auffallend, daß das Wort »User« im Englischen hauptsächlich mit Computern und Drogen in Verbindung gebracht wird. Die Schwäche dieser Analogie besteht allerdings darin, daß sie den äußeren Faktor (die Droge) in den Mittelpunkt stellt. Ich ziehe die Metapher der Verführung vor, weil sie die *Beziehung* zwischen Mensch und Maschine betont. Liebe, Leidenschaft, Schwärmerei: die Gefühle, die wir für eine andere Person empfinden, sagen uns etwas über uns selbst. Wenn wir diesen Gefühlen auf den Grund gehen, können wir herausfinden, was uns anzieht, was uns fehlt und was wir brauchen. Die Analyse der Verführungskraft des Computers eröffnet uns ähnliche Chancen, sofern wir das Klischee der Sucht aufgeben und uns den Kräften oder genauer: der Vielfalt von Kräften zuwenden, die uns an Computermedien fesseln.

Was mich am Computer fasziniert, sind die Möglichkeiten des »Gesprächs« mit den verschiedenen Fenstern auf meinem Bildschirm und die Art und Weise, wie eine sofort reagierende Maschine meine Ängste, nicht perfekt zu sein, besänftigt. Andere Menschen werden von anderen Sirenen betört. Einige sind bestrickt von den virtuellen Welten, die unberührt zu sein scheinen von der Vertracktheit des Realen. Andere sind gefesselt von dem Gefühl der Erweiterung der eigenen intellektuellen Fähigkeiten oder der Verschmelzung mit dem »Geist« des Computers. Wenn man Angst hat vor Intimität, aber gleichzeitig auch vor dem Alleinsein, dann liefert ein autonomer (nicht vernetzter) Computer eine scheinbare Lösung. Interaktiv und reaktiv, vermittelt er die Illusion einer Gemeinschaft ohne die Forderungen der Freundschaft. Man kann allein bleiben, ohne doch einsam sein zu müssen.

So wie Musikinstrumente Erweiterungen der geistigen Konstruktion von Musik sein können, so können Computer Erweiterungen der geistigen Konstruktion von Ideen sein. Ein Romancier verweist auf seine »außersinnliche Wahrnehmung durch die Maschine. Die Worte entgleiten mir. Ich teile den Bildschirm mit meinen Worten.« Ein Architekt, der den Computer zum Entwerfen von Bauplänen verwendet, geht noch weiter: »Ich sehe das Gebäude erst dann vor meinem geistigen Auge, wenn ich an der Maschine mit Formen und Strukturen zu spielen beginne. Es erwacht zum Leben im Raum zwischen meinen Augen und dem Bildschirm.« Viele Musiker hören die Musik in ihrem Kopf, bevor sie sie spielen; sie erleben die Musik im Innern, bevor sie sie im Außen erleben. In ähnlicher Weise kann der Computer als ein Objekt an der Grenze zwischen Selbst und Nichtselbst erlebt werden. Die Sage von Narziß erhält so eine neue Variante: Die Menschen können sich in die Kunstwelten verlieben, die sie selbst erschaffen beziehungsweise andere für sie erbaut haben. Wir erblicken im Computer unser Spiegelbild. Die Maschine kann uns als ein zweites Selbst erscheinen; auf diese Metapher brachte mich erstmals ein dreizehnjähriges Mädchen, das sagte: »Wenn man einen Computer programmiert, entäußert man sich eines kleinen Stücks seiner selbst, das so zu einem kleinen Stück des Computerselbst wird. Auf diese Weise wird es für einen sichtbar.« Eine Anlageberaterin Mitte Vierzig bestätigt das Gefühl des Mädchens, als sie über ihren Laptop sagt: »Mir gefällt die Vorstellung, daß er mein ganzes Leben in sich hat.«

Der Computer ist natürlich nicht die einzige Erweiterung des Selbst. Zu jedem Zeitpunkt unseres Lebens versuchen wir uns in die Welt zu projizieren. Das jüngste Kind greift begierig nach Zeichenstiften und Knetmasse. Wir malen, wir arbeiten, wir führen Tagebücher, wir gründen Unternehmen, wir erschaffen Objekte, die die Vielfalt unserer persönlichen und intellektuellen Interessen zum Ausdruck bringen. Doch als ein Medium, das unsere Ideen materialisiert und unsere Vielfältigkeit widerspiegelt, eröffnet uns der Computer ganz neue Möglichkeiten.

In den Anfangsjahren der Computerkultur ereigneten sich die spektakulärsten Fälle derartiger Projektionen des Selbst auf den Computer in der esoterischen Sphäre des Programmierens. Heute dagegen ist es für viele Menschen etwas ganz Alltägliches, sich, wie der Romancier und der Architekt, in die Simulationen hineinzuversetzen, die sich auf ihren Bildschirmen abspielen. Die fesselnde Kraft des Computers, die einst eng mit den Verlockungen des Programmierens zusammenhing, ist heute mit den Verlockungen des Interface verbunden. Als die Videospiele ganz neu auf den Markt kamen, wurzelte ihr besonderer Reiz oftmals im Phantasma eines geistigen Duells zwischen dem Spieler und dem Programm hinter dem Spiel. Heute ist das Programm verschwunden; man betritt die Bildschirmwelt so, wie Alice durch den Spiegel ging. In den heutigen Simulationsspielen erleben sich die Spieler in einer neuen, oftmals exotischen Situation. Die Gestalten, denen sie begegnen, sind Spiegelbilder ihres eigenen Selbst.

Da die Menschen sehr verschieden sind, ist es nicht verwunderlich, daß sich Anwender den Computer auf ihre jeweiligen Bedürfnisse zuschneiden. Jeder formt den Computer nach seinem Bilde. Zudem nutzen und interpretieren die einzelnen die Computer auf sehr unterschiedliche Weise. In dieser Hinsicht gleicht der Computer dem Rorschachtest eines Psychologen, dessen Tintenkleckse zahlreiche Figuren evozieren, aber sich auf keine von ihnen festlegen lassen. Es ist dem einzelnen überlassen herauszufinden, was das Erbe seiner Persönlichkeit, der Geschichte und der Kultur ihn sehen läßt. Verschiedene Kulturen nehmen genauso wie verschiedene Menschen den Computer auf unterschiedliche Weise auf. Die Computertechnologie hat sogar schon zu Beginn ihrer massenhaften Verbreitung eine Vielzahl von Kulturen gefordert, in denen eine breite Palette sozialer, künstlerischer und politischer Werte zum Ausdruck kamen.

So umfaßte die Computerkultur etwa Ende der siebziger Jahre die hochentwickelten Subkulturen der »Hacker« und

der »Hobbyisten«, die man mit Hilfe unterschiedlicher
Computerästhetiken beschreiben konnte. Die Mitglieder
der Subkulturen unterschieden sich weniger in ihrem Wissen als vielmehr in ihren Nutzungsinteressen voneinander.
Die Subkultur der Hacker bestand aus Programmiervirtuo-
sen, die die Grenzen der Leistungsfähigkeit großer, kom-
plexer Computersysteme erproben wollten. Hacker konnten sich mit großem Vergnügen einer Sache hingeben, die
sie nur ansatzweise verstanden. Durch das Programmieren
wurde die Maschine nicht unbedingt verständlicher, aber
doch immerhin manipulierbar, zumindest für den »echten«
Meisterhacker. Das Hacken war mit einem gewissen Nervenkitzel, einem gewissen Risiko verbunden. Es vermittelte
einem das Gefühl, »am Rand einer Felswand entlangzuhan-
geln«, wie es ein Hacker formulierte. Er fuhr fort: »Man
konnte nie sicher sein, ob der nächste kleine Schritt nicht
das ganze System abstürzen lassen würde.« Der Hackerstil
machte das Navigieren durch komplexe, undurchsichtige
Computermikrowelten zu einer Kunstform.

Die Subkultur der Hobby-Anwender hingegen, die Gemeinschaft der ersten PC-Besitzer, zeichnete sich durch eine
völlig andere Computerästhetik aus. Die Hobbyisten wollten die Maschine auf ihre einfachsten Elemente zurückführen, um sie so gründlich wie möglich zu verstehen. Sie wollten in enger Tuchfühlung mit der Hardware des Computers
arbeiten; sie genossen das Gefühl, daß nichts zwischen ihnen und dem »Körper« der Maschine steht. Die Hacker arbeiteten gern an großen, komplexen Maschinen und an großen, kaum zu bewältigenden Projekten; die Hobbyisten arbeiteten gern an kleinen Maschinen und exakt definierten
Projekten. Hacker arbeiteten vorzugsweise auf einer Ebene,
auf der sie »die bloße Maschine« ignorieren konnten; Hobbyisten fanden Spaß daran, die Steuerbefehle auf die De-
tails des Maschinencodes zurückzuführen. Viele Hobby-
Anwender benutzten die Art von Kontrolle, die sie an ihren
Heimcomputern verwirklichen konnten, dazu, das Gefühl

des Kontrollverlusts im beruflichen und politischen Leben aufzufangen. So lautete eine typische Bemerkung über die kompensatorische Funktion des Personalcomputers: »Am Arbeitsplatz bin ich nur ein Rädchen im Getriebe; zu Hause erkenne ich mit Hilfe meines Computers, wie sich all meine Gedanken zusammenfügen.« Ein anderer Hobbyist sagte: »Ich mag das Gefühl der Kontrolle, wenn ich in einem sicheren Umfeld arbeite, das ich mir selbst geschaffen habe.« In der Anfangszeit der PC-Kultur wurde ein zufriedenstellendes Verständnis der Zentraleinheit (CPU) von Heimcomputern zu einem Ideal für das Verständnis der Gesellschaft stilisiert; die Regeln der Gemeinschaft sollten für alle ihre Mitglieder transparent sein.

In dieser Beschreibung der Computerkultur der ausgehenden siebziger Jahren fehlt die Perspektive derer, die heute »User« genannt werden. Ein User interagiert auf manuelle Weise mit der Maschine, interessiert sich aber für die Technik nur insoweit, als ihre Kenntnis für eine Anwendung unabdingbar ist. Hacker stellen das genaue Gegenteil der User dar. Sie streben mit großem Eifer danach, die Maschine selbst zu beherrschen. Die Hobbyisten waren auf ihre Weise ähnlich in den Bann geschlagen. Jene, die Computer zu rein instrumentellen Zwecken nutzen wollten – etwa zur Aufbereitung von Daten für eine geschäftliche Analyse –, mußten entweder lernen, wie man die Maschine programmiert, oder ihre Daten jemandem übergeben, der sich darauf verstand. Der zeitgenössische Begriff des User erschien erst Ende der siebziger, Anfang der achtziger Jahre. Er kam erstmals auf in Verbindung mit kleinen Personalcomputern, die sich mit Hilfe von Anwenderprogrammen (wie etwa WordStar und VisiCalc) zur Textverarbeitung und Finanzanalyse einsetzen ließen. Es handelte sich um Programme, die man benutzen konnte, ohne sich mit dem »Inneren« der Maschine befassen zu müssen. Obgleich ich die Ausdrücke Hacker, Hobbyist und User zur Bezeichnung bestimmter Personengruppen eingeführt habe, lassen sie sich doch am besten als verschiedene Typen von Beziehungen zu einem Computer verstehen. [...]

Aspekte des Selbst

Wenn wir durch den Bildschirm hindurch Kontakt zu virtuellen Gemeinschaften aufnehmen, gestalten wir unsere Identität auf der anderen Seite des Spiegels um. Diese Umwandlung ist ein fortlaufender kultureller Prozeß. [...]

Einerseits beteuern wir, daß wir anders sind als Maschinen, weil wir Gefühle, Körper und einen Intellekt haben, der sich nicht in Regeln pressen läßt. Andererseits spielen wir mit Computerprogrammen, die wir als lebendig oder fast-lebendig betrachten. Die Bilder von Maschinen haben sich immer mehr den Bildern von Menschen angenähert und umgekehrt. Die Experten sagen uns, daß wir unsere Emotionen mit Hilfe von Gehirn-Scans entschlüsseln, unsere Psyche durch Umprogrammierung verändern und wichtige Merkmale unserer Persönlichkeit auf unseren genetischen Code zurückführen können. Modische Lifestyle-Kataloge mit Versandwaren bieten bewußtseinserweiternde Ausrüstungsgegenstände wie Brillen, Kopfhörer und Helme an, die alles versprechen – von Entspannung bis zu effektiverem Lernen –, wenn wir uns an sie anschließen. Ihre Botschaft an uns lautet: »Ihr ähnelt Maschinen so sehr, daß ihr eure Fähigkeiten durch Cyborgkopplungen mit uns mühelos erweitern könnt.«

Während wir lernen, uns als anschließbare Technokörper zu sehen, schreiben wir unsere Politik und unser Wirtschaftsleben in eine Sprache um, die sich am Vorbild einer bestimmten Form von Maschinenintelligenz orientiert. In Staat, Wirtschaft und Industrie wird viel über distributive, parallele und emergente Organisationen gesprochen, deren Struktur der Architektur eines Computersystems nachempfunden ist. Dieser utopische Diskurs über Dezentralisierung ist zur gleichen Zeit in Mode gekommen, in der die gesellschaftliche Fragmentierung sprunghaft zugenommen hat. Viele der Einrichtungen, die einst Menschen zusammenführten – eine Hauptstraße, ein Gewerkschaftstreffen, eine Bürgerversammlung –, funktionieren nicht mehr wie früher. Die meisten Menschen verbringen den größten Teil des Tages allein vor dem Bildschirm eines Fernsehgeräts oder eines Computers. Unterdessen versuchen wir als soziale Wesen, die wir nun einmal sind, neue Stammesgemeinschaften (wie Marshall McLuhan sagte) aufzubauen. Und der Computer spielt dabei eine zentrale Rolle. Wir korrespondieren über elektronische Post miteinander, und wir liefern Beiträge zu elektronischen Schwarzen Brettern und Mailing Lists; wir schließen uns Interessengruppen an, deren Mitglieder über die ganze Welt verstreut sind. Unsere heimische Verwurzelung hat sich abgeschwächt. Diese Veränderungen werfen zahlreiche Fragen auf: Wie wird sich die computervermittelte Kommunikation auf unsere Bindung an andere Menschen auswirken? Wird sie unsere Bedürfnisse nach Kontakt und sozialer Integration befriedigen, oder wird sie fragile Beziehungen noch störungsanfälliger machen? Welche Form von Verantwortung und Rechenschaftspflicht werden wir für unsere virtuellen Handlungen übernehmen?

Im politischen Rahmen ist der Übergang zu Dezentralisierung in der Regel mit einem Wechsel von Autokratie zu Demokratie verbunden, wobei sich allerdings die endgültigen Auswirkungen noch nicht abschließend beurteilen lassen. So ist es beispielsweise möglich, die Illusion dezentraler Mitbestimmung zu erzeugen, obgleich die Zügel weiterhin sehr straff gehalten werden. Was die Problematik des Selbst betrifft, so wird der gegenwärtige Diskurs über menschliche Identität von den neuen Metaphern der Vielfalt, Heterogenität, Flexibilität und Fragmentierung beherrscht.

In der historischen Debatte um die Frage, ob Identität unitär oder multipel sei, hat die psychoanalytische Theorie

keine ganz einheitliche Rolle gespielt. Zu Freuds revolutio-
närsten Beiträgen gehört der Vorschlag einer radikal dezen-
trierten Auffassung vom Selbst. Allerdings wurde diese Ansicht von einigen seiner Nachfolger verwässert, die dem Ich
bei der Organisation des Selbst größeren Einfluß zubillig-
ten. Gegen die Tendenz zur Rezentralisierung wurde jedoch
regelmäßig Widerspruch in den Reihen der psychoanalytischen Bewegung laut. Nach C. G. Jung ist das Selbst ein
Begegnungsort verschiedener Archetypen. In der Theorie
der Objektbeziehungen ging es um die Frage, wie die Dinge
und Menschen, die in der realen Welt existieren, zu dem
Eigenleben kommen, das sie in uns entfalten können. In
jüngerer Zeit haben poststrukturalistische Denker einen
noch radikaleren Versuch zur Dezentralisierung des Ichs
unternommen. Beispielsweise führen nach Auffassung von
Jacques Lacan die komplexen Assoziationsketten, die für
uns alle Bedeutung konstituieren, zu keinem Endpunkt
oder zentralen Selbst. Unter dem Banner einer Rückkehr zu
Freud erklärt Lacan das Ich zu einer Illusion. Damit verknüpft er die Psychoanalyse mit dem postmodernen Versuch, das Selbst als einen Ort des Diskurses darzustellen,
statt es als reales Gebilde oder dauerhafte geistige Struktur
zu definieren. [Die] distributiven, parallelen und emergen-
ten Bottom-up-Geistmodelle [der Informatik] haben die in-
formationsverarbeitenden Top-down-Modelle ersetzt.

Zur Idee einer multiplen Identität hat auch das Internet
beigetragen. Seine Benutzer können sich ein Selbst schaffen,
indem sie durch viele verschiedene Identitäten vagabundie-
ren. Im Interview erklärt mir eine Innenarchitektin nervös,
sie habe heute nicht ihren besten Tag, weil sie unmittelbar
vor dem ersten realen Zusammentreffen mit einem Mann
stehe, mit dem sie in einer Chat Box bei America Online
monatelang virtuelle Intimität ausgetauscht habe. Sie sei
sich »ziemlich sicher«, sagte sie, daß es sich bei ihrem elektronischen Liebhaber tatsächlich um einen Mann handle
(und nicht um eine Frau, die vorgebe, ein Mann zu sein),

weil sie glaube, daß »er« ihr sonst kein Treffen vorgeschlagen hätte. Allerdings befürchtet sie, daß sie beide nicht genügend Ähnlichkeit mit ihren äußerst attraktiven Cyber-Ichs haben könnten:

»Ich habe ihn in keinem bestimmten Punkt direkt angelogen, aber ich fühle mich online einfach ganz anders, gehe mehr aus mir heraus und bin weniger gehemmt. Fast so, als wäre ich mehr ich selbst, aber das ist natürlich paradox. Ich fühle mich eher so, wie ich zu sein wünsche. So kann ich nur hoffen, daß es mir gelingt, ein bißchen von dem Online-Ich in die reale Begegnung hinüberzuretten.«

Eine dreißigjährige Lehrerin beschreibt ihre Beziehung zum Internet Relay Chat (IRC) als »süchtig nach ständigem Wechsel«. Im IRC legt man sich einen Namen, auch Handle genannt, zu und loggt sich in einen der vielen tausend Channels ein, in denen die verschiedensten Themen erörtert werden. Jeder kann jederzeit einen neuen Channel eröffnen. Im Laufe der letzten Woche hat diese Frau Channels zu folgenden Themen eingerichtet: Business Schools an der Ostküste (sie will sich möglicherweise bewerben), die neue redaktionelle Linie des *New Yorker* und eine Fernseh-Sitcom um eine geschiedene Frau, die eine Affäre mit ihrem Exmann hat. Sie ist besorgt wegen ihrer IRC-Aktivitäten, nicht weil sie ihnen zuviel Zeit opfert (»ungefähr fünf Stunden am Tag, dafür sehe ich nicht mehr fern«), sondern weil sie zu viele Rollen spielt.

»Es ist die totale Flucht ... Im IRC bin ich sehr beliebt. Drei Handles habe ich, von denen ich reichlich Gebrauch mache ... Das eine beschäftigt sich sehr ernsthaft mit dem Krieg in Jugoslawien, (ein anderes) ist ganz wild auf *Melrose Place*, und (ein drittes) tummelt sich lebhaft auf Sex-Channels, immer auf der Suche nach ein bißchen Spaß ... Vielleicht kann ich mich nur entspannen, wenn ich das Leben als einen weiteren IRC-Channel betrachte.«

Don Tapscott

Zum ersten Mal in der Geschichte sind Kinder und Jugendliche ihren Eltern voraus, und zwar dann, wenn es um das World Wide Web geht. Schnell hieß es, es wachse eine netzsüchtige Generation heran. Doch bevor man von Sucht spricht, so Don Tapscott in seinem Buch »Net Kids«, sollte man erst die Funktionen der Technologie untersuchen. Tapscott gilt weltweit als Cyber-Guru. Er leitet die New Paradigm Learning Corporation in Toronto, die sich auf die Beratung von Firmen beim Übergang in die digitale Wirtschaft spezialisiert hat. Sein Buch »Die digitale Revolution« war 1996 ein internationaler Bestseller.

Netzsüchtig?

»Unsere Kinder süchtig nach dem Internet.« »Eine ganze Generation Süchtiger.« Wenn man den Massenmedien Glauben schenkt, sind wir offenbar ziemlich übel dran.

Im Netz zirkulieren mehrere ironisch gemeinte Sucht-Checklisten. Süchtig bist du, wenn »du morgens um drei Uhr aufwachst, weil du aufs Klo mußt und auf dem Weg schnell einmal nachsiehst, ob ein E-Mail eingetroffen ist. Wenn sich so ein seltsames leeres Gefühl einstellt, sobald du das Modem ausschaltest, als hättest du einen lieben Freund ausgeschaltet. Wenn du dir zu Weihnachten einen ISDN-Anschluß wünschst. Wenn du auch in deiner normalen Post Smileys verwendest. Wenn du eine Tätowierung trägst: ›Beste Körperansicht mit Netscape Navigator 1.1 oder höhere Version‹.«

Grundsätzlich bedeutet *Sucht* den anhaltenden, zwanghaften und schädlichen Gebrauch einer Substanz, deren Fehlen Entzugserscheinungen auslöst. Dieser Begriff wurde – manchmal nicht ganz ernsthaft – auch über Drogen hinaus erweitert. Ein mittlerweile klassischer Titel von Robert

Palmer spricht von Liebessucht. Leute behaupten, sie seien süchtig nach Sahnetorte oder Schokolade. Aber wenn wir über die *Netz-Sucht* unserer Kinder sprechen, so verwenden wir den Begriff doch in einem ernstzunehmenden Sinn.

Es stimmt schon, Kinder mit Netz-Zugang sagen häufig, sie würden das Netz lieben. Lauren Verity ist ein gutes Beispiel: »Ich liebe die Netz-Chatsites, weil ich da mit meinen Freunden reden kann … weil die auch nur dort sind, um zu reden … also hören sie einem auch zu … Ich habe das Fernsehen praktisch aufgegeben, weil ich die ganze Zeit vor dem Computer verbringe … aber ich liebe es so, und ich würde es auf keinen Fall mehr aufgeben … die Emos können schön stressen … Ich kann darauf nicht so gut antworten … aber trotzdem steh ich da drauf … und es ist wirklich interessant zu erfahren, was deine Freunde irgendwo auf der Welt so treiben …«

Damit jedoch der Begriff Sucht gerechtfertigt ist, müßten wir zwanghaften Gebrauch, ernsthafte Entzugserscheinungen und das Wissen auf seiten des Netz-Benutzers, daß er sich dabei schadet, voraussetzen.

»Meiner Meinung nach hat das Medium nur einen schlechten Beigeschmack«, sagt Allison Ellis. »Wenn jemand da wirklich eine Sucht entwickelt, dann neigt er von seiner Persönlichkeit her dazu.« Aus ihrer Arbeit mit Tausenden Vertretern der Netz-Generation ist sie überzeugt, daß die Kids nur deshalb immer wieder zurückkommen, weil sie das Netz genießen, weil es ihnen also insgesamt nützt.

Dr. Idit Harel ist derselben Meinung. Sie meint, es sei sinnlos, über Technologie-Sucht zu sprechen – man müsse erst die Funktion untersuchen. »Macht besteht nicht wegen der Technologie«, sagt sie, »sondern weil das Medium es den Leuten ermöglicht, Sachen zu tun, die für sie wichtig sind – die ihnen attraktiv und erfreulich erscheinen. Kinder mit einem Nintendo-Joypad sind nicht techniksüchtig, sondern sie lieben Autorennen. Das macht ihnen Spaß, und sie spielen mit anderen Kindern.« Die Kids im Netz sind keine Technikfreaks, sondern sie versuchen, »ein mathematisches Problem zu lösen, etwas zu zeichnen, zu bauen oder ein Rätsel zu lösen – sie wollen irgend etwas herausfinden«.

Seltsamerweise antworten Kinder, die online gefragt werden, ob sie denn süchtig seien, immer mit ja. Andererseits scheinen sie sich darüber keine großen Gedanken zu machen, weil sie selbst diese Sucht nicht für schädlich halten.

Über den Begriff *Netz-Sucht* sagt Sherry Turkle, Psychologin und Professorin für Wissenschaftssoziologie am MIT: »Ich hasse ihn. Diese ganze Suchtdiskussion läßt uns doch viel dümmer aussehen, als das angesichts dieses komplexen Phänomens sein müßte. Ein solcher Begriff verwirrt nur.« Für Turkle hat der Begriff Sucht eine ganz spezifische, konkrete Bedeutung, und wenn wir ihn im Zusammenhang mit dem Internet benutzen, so schränken wir diesen interessanten Dialog über das Netz und seine Folgen unnötig ein.

Sherry Turkle meint, daß Eltern angesichts eines drogensüchtigen Kindes eine, und wirklich nur eine Aufgabe haben – nämlich das Kind von der Sucht zu befreien. Anders als im Falle des Internets läßt sich über Drogenabhängigkeit absolut nichts Positives aussagen. Sie nennt als Beispiel Heroin, eine zweifellos süchtigmachende Droge. Anders als bei den digitalen Medien kann über Heroin niemand sagen, daß wir es verwenden, um zu lernen und unsere Probleme zu bearbeiten oder verschiedene Aspekte unserer Persönlichkeit zu entdecken. »Die Droge beraubt uns unserer Fähigkeit, Themen zu bearbeiten. Sie versetzt uns keinesfalls in die Lage, konstruktiv zu lernen und Probleme in Angriff zu nehmen.«

So sehr Eltern recht haben, wenn sie sich angesichts des zwanghaften Verhaltens ihrer Kinder Sorgen machen, hinter dem Begriff Netz-Sucht versteckt sich offenbar ein technologiefeindliches Vorurteil. Niemand spricht von »Büchersucht«. Eher von einem »Bücherwurm«, was einen eher wohlmeinenden, freundlichen Beiklang hat. Oder wir sagen, ein Kind »liest für sein Leben gern«. Erwachsene fürchten interessanterweise die Sucht nach Videospielen, Computern, dem Internet, Chatlines – nach allem, was sie selbst nicht ganz verstehen oder kontrollieren können.

Hier kommt es auf das richtige Gleichgewicht an. Beschäftigt sich ein Kind über längere Zeit hinweg mit etwas, das in seinem Leben ein Ungleichgewicht erzeugt, so sollten wir uns Sorgen machen. Lehnt das Kind jeden Sport ab, leiden die Hausarbeiten, werden Freunde vernachlässigt – dann tun wir schon gut daran, mißtrauisch zu werden. Die Erfahrung zeigt jedoch, daß ein zwanghafter Gebrauch der neuen Medien eher selten auftritt, und wenn doch, so meistens nur vorübergehend. Es läßt sich auch kaum argumentieren, es handle sich dabei um eine schädliche Aktivität – wie Drogenmißbrauch oder Rauchen. Die Kinder der Netz-Generation zeichnen sich durch eine enorme Fähigkeit zur Selbstkorrektur aus.

In ihren Chatrooms diskutieren die Jugendlichen häufig über das Thema Netz-Sucht. Einer dieser Jugendlichen, der 14jährige Caleb Murphy, der, nachdem er seinen Eltern beim Melken der Kühe auf ihrer Farm irgendwo mitten im Staat New York geholfen hat, regelmäßig online geht, kündigte an, er werde nun einige Zeit hindurch abstinent, also offline bleiben, weil er sich Sorgen mache, er könne bereits zu süchtig sein und zu viel Zeit in den diversen Chatrooms verbringen. Caleb wollte einfach feststellen, ob er mit seiner liebgewonnenen Gewohnheit brechen könnte. Unsere Mitarbeiterin Kate Baggot reagierte schnell und fragte Caleb, ob er nicht 14 Tage lang über seine Erfahrungen Tagebuch führen könne, um sie anschließend mit den Lesern dieses Buches zu teilen. »Könnten wir das Ganze nicht auf eine Woche beschränken?« fragte Caleb. »Ich weiß nicht, ob ich es zwei Wochen lang aushalte, meine Netz-Freunde nicht zu sprechen.« Nach dem Austausch einiger weiterer E-Mails stimmte Caleb schließlich zu, zwei

ganze Wochen lang auf das Netz zu verzichten. Sein letzter
Eintrag lautete:

16. Dezember 1996

Waren das wirklich schon zwei Wochen? Es erschien
endlos lang und war zugleich auch wieder schnell vorbei. Wenn ich dringend online gehen wollte und nicht
konnte, kamen mir diese zwei Wochen wie die läng-
sten zwei Wochen meines Lebens vor. Aber als ich
mich mit meinen Freunden unterhielt und viel unternommen habe, verging die Zeit wieder recht schnell.
Also war die Erfahrung sowohl positiv als auch negativ.
Ich habe in den beiden Wochen außerdem eine Menge
über das Netz erfahren und was es bedeutet, ohne Internet auskommen zu müssen. Ich weiß heute, daß das
Netz Teil meines Lebens geworden ist, fast wie die
Schule, und daß ich es ohne auf Dauer nicht aushalte.
Kein Zweifel, ich bin süchtig danach, aber es macht mir
nichts aus. Die Sache scheint es wert zu sein. Ich bin
dahintergekommen, wie sehr ich das Netz für die
Kommunikation mit anderen, für meine Ausbildung
und zur Gestaltung meiner Freizeit brauche. Da habe
ich etwas zu tun, wenn mir langweilig ist, und auch
sonst kann ich vorübergehend aus meinem Leben als
Schüler ausbrechen.
Eine weitere Gewißheit ist die, daß ich nie wieder zwei
Wochen offline verbringen werde. Es war die Erfahrung wert, aber sollte ich es jemals wieder versuchen,
könnte mich das umbringen. Was ich noch erfahren
mußte, ist, wie schwer es mir fällt, täglich einen Text
zu verfassen. Zum Glück war das Thema umfassend
genug. Ich habe eine Menge über Tagebuchschreiben
gelernt (eine ziemlich neue Erfahrung für mich), und
ich habe mir auch viel Disziplin angewöhnen müssen, weil ich täglich schreiben mußte und mich nicht

einloggen konnte. Ich mußte mehr Selbstkontrolle
aufbringen, und das kann mir auch sonst zugute kommen.
Heute weiß ich, daß ich den Hausarbeiten Vorrang vor
dem Internet einräumen werde (oder es zumindest
versuchen sollte). Die besseren Noten, die ich dafür
bekomme, wiegen die Zeit beim Surfen auf.
Ein wenig habe ich auch erfahren, wie es sein muß,
drogenabhängig zu sein. Etwas, das man unbedingt
braucht, nicht zu tun, ist viel schwieriger, als ich mir
vorgestellt hätte oder die meisten glauben. Da braucht
man jede Menge Selbstdisziplin, und es ist sehr an-
strengend.

So, das war's

Wir beobachteten Caleb noch sechs Monate nach seiner
Netz-Abstinenz, um zu sehen, ob er seine Vorsätze einhält.

»Ich mache jetzt viele außerschulische Dinge wie Musi-
cals und Sport«, berichtet Caleb. »Und ich verbringe mehr
Zeit mit meinen Freunden. Was meine Noten betrifft, die
sind nicht sehr gut, aber das hat wohl nichts mit dem Internet zu tun. Es ist einfach ein Tief in der neunten Klasse, das
wahrscheinlich jeder in meiner Schule durchmacht. Die
neunte ist einfach ein schwierigeres Schuljahr als die bisherigen.«

Im Rückblick betrachtet Caleb den Begriff *Internet-Sucht*
heute mit Skepsis. Seiner Meinung nach war er früher einfach in einer sehr begeisterungsfähigen Phase, und Sucht
war dafür der passendste Begriff. »Aber heute bin ich absolut nicht mehr internetsüchtig, ja, ich kann mir nicht vorstellen, daß das jemals eine wirkliche Sucht war«, meint er.
»Jetzt habe ich absolut die Kontrolle darüber, wieviel Zeit
ich im Netz verbringe und was ich dort mache.«

Wäre Caleb ein Netaholic, so sollte es durchaus noch
mehr von seiner Sorte geben. Er ist offensichtlich ein Junge,
der selbst erkennt, wenn irgend etwas in seinem Leben aus

dem Gleichgewicht gerät. Er macht sich Sorgen über negative Auswirkungen des Netzes auf seine schulischen Leistungen und seine Freundschaften im wirklichen Leben. Er unterzieht sich sogar der Mühe, seine Vermutungen in zwei harten Wochen zu überprüfen. Um den Mut dazu aufzubringen, denkt er in den ersten paar Tagen die negativen Seiten durch – beispielsweise erinnert er sich daran, von unangenehmen Typen wie CYBERNAZI oder KKK genervt worden zu sein. Er geht die Themen durch, die im Netz besprochen werden – Zensur, Sucht, die Netz-Infrastruktur, Datenschutz. Er denkt über Freundschaften nach. Er versucht sich über seine Gefühle klar zu werden, wenn er seine C-Freunde nicht trifft und ohne Netz-Zugang auskommen muß. Ihm gehen Gedanken durch den Kopf, was im Cyberspace denn überhaupt real ist. Da zeigt sich, daß er für sein Alter sehr gewandt ist. Man erkennt, daß er ein erfülltes Leben führt – er ist Mitglied der Schul-Jazzband, hat echte Freunde, und er erfüllt seine Verantwortung gegenüber seiner Familie und der Farm.

Caleb überlegt sich gründlich die Vorteile, die ihm der Netz-Zugang bringt, und er kommt zu dem Schluß, daß er sehr davon profitiert. Er stellt fest, daß sein Bedürfnis nach dem Netz eigentlich ein Bedürfnis nach den dort angebotenen Produkten wie Midi-Files, Gitarrennoten und Gemeinschaftssinn ist, wenn er gerade nicht mit seinen Offline-Freunden zusammen ist, und natürlich Kommunikation. Er paßt sein Leben so an, daß das Gleichgewicht wiederhergestellt ist – seine echten Freunde und die Schule sollen Vorrang haben. Indem er seine Arbeitsgewohnheiten umstellt, überprüft er nicht nur seine Nutzung des Netzes, sondern erkennt auch seine Tendenz, zu zögern und zu trödeln. Caleb will seine Privatsphäre im Netz besser schützen, indem er es sich zweimal überlegt, bevor er persönliche Informationen weitergibt. Durch den Vergleich zwischen einer Zeitungsdefinition und seinem eigenen Verständnis von Netz-Sucht stellt er seine ursprüngliche Annahme, süchtig zu sein, in Frage und zieht zugleich Schlußfolgerungen über die Gefahren von Drogenmißbrauch und die Bedeutung der Selbstdisziplin.

Unsere wichtigste Beobachtung geht dahin, daß Caleb uns zwar als ein außergewöhnlicher 14jähriger erscheint, daß er jedoch ein typischer Vertreter der Kids ist, die wir im Zuge unserer Recherchen kennengelernt haben. Seine Geschichte zeigt uns ein Kind der Netz-Generation – klug, gewandt, sozial orientiert, analytisch, selbstbewußt, neugierig, zum Widerspruch bereit, kreativ, ausdrucksstark, medienkundig, vom Fernsehen gelangweilt –, ein Kind, das mit seiner Umgebung in einen regen Austausch tritt und ein Gleichgewicht herstellt.

3
Steigerung des Alltäglichen

THOMAS ZIEHE

Die Wurzeln der heutigen Erlebnissucht liegen in den Kultur-
kämpfen der fünfziger Jahre. Unter dem Deckmantel des »Ju-
gendschutzes« wachte die Kriegsgeneration zunächst darüber,
daß ihre Ideale von Disziplin, Härte und Entbehrung von den
Nachkommen übernommen wurden. Doch die Heranwachsen-
den rebellierten – wie der an der Universität Hannover leh-
rende Sozialpsychologe Thomas Ziehe (geb. 1947) zeigt.

Die alltägliche Verteidigung
der Korrektheit

Korrektheit – das ist eine Anforderung, die in den fünfziger
Jahren geradezu Schlüsselcharakter hatte. Das richtete sich
zunächst gegen die Anarchie und ›Freizügigkeit‹ der unmittelbaren Nachkriegsjahre, der Trümmer-, Schwarzmarkt-
und Plünderzeit. Die außerordentliche Selbständigkeit und
(erzwungene) Improvisationsfähigkeit gerade der Frauen
und Jugendlichen galt es wieder zurückzunehmen.

Aber symbolisch ging es um noch mehr. Die fast besessene Konzentration auf Ordnung, Anstand, Sauberkeit war
vermeintlich gegen den ›Irrtum‹ der jüngsten Vergangenheit
gerichtet. In dieser Sichtweise war der Nationalsozialismus

ein unkontrollierter Ausbruch gewesen. Um das innere Tier
im Zaume zu halten, das da losgelassen worden war, mußten
die vorgeblich ›alten‹ Tugenden wieder her, zumal diejenigen
aus dem Reservoir preußischer Werte. Gerade der Rigoris-
mus im alltäglichen Detail sollte vor Fehlverhalten schützen.
Die peinliche Beachtung von Regeln und Verhaltensnormen
sollte symbolischen Schutz bieten. – Schutz davor, noch einmal ›ertappt‹ zu werden und abermals etwas falsch gemacht
zu haben. Bestimmte Alltagskonventionen wurden daher
fast mit ethischem Gehalt aufgeladen. Nicht schlecht auffallen, nicht unkorrekt aussehen: wie es draußen ausschaut,
sieht's im Innern aus! Jetzt galt es, ein für allemal eine sau-
bere Haltung zu zeigen und dauerhaft zu bewahren. Das
aber fing auch in den fünfziger Jahren bei der Erziehung an.

Schutz gegen Schmutz

Die fünfziger Jahre waren Schauplatz eines kulturellen
Kampfes; im Politjargon einer viel späteren Zeit könnte
man durchaus von einem Kampf zweier Linien sprechen.

Da gab es zum einen die reaktionär-nationalistische Linie, die weiterhin eine fast militante Volkstümelei hoch-
hielt. Opferbereite Gesichter, Zopfkränze, Hausmusik zwischen Lebensreform und BdM bei den Frauen; bedrohliche,
eckig-harte Gesichter, kahlrasierte Kommißnacken, messer-
scharfe Scheitel bei den Vätern. ›Stell die Buschmusik ab!‹
(Jazz.) ›Mach die Heulboje aus!‹ (Elvis.) – Teils wurden hier
rundweg faschistische Orientierungen weitergeschleppt,
teils ältere deutschnationale, womit jene unterlegt waren
und die nun als ›sauber‹ wieder hervorgeholt werden durften. Der Tommi und der Ami waren nicht so schlimm wie
der Russe, aber es waren trotz alledem Feinde. Und daß die
westlichen Besatzer auch noch Negersoldaten schickten,
wurde als Erniedrigung besonderer Art gesehen. Neben
den weißen Luftschutzmarkierungen stand nun Go home
an den stehengebliebenen Häusermauern.

Und es gab, um im Bild zu bleiben, eine zweite Linie, das war die Orientierung nach Westen, am Ausland, und das war mehr oder weniger gleichbedeutend mit den USA. Jetzt konnten die Deutschen erst sehen, was alles verpönt und verboten, politisch und ökonomisch unmöglich gewesen war. Von zehn Neuheiten waren gewiß neun aus den USA: Konservengerichte, Bikini, Musikbox, Stadtautobahn, Kunststoffkleider, Kofferradios, Vitaminkost, Zweitwagen, Nescafé. Das neue Zeitalter – im Westen hatte es längst begonnen. Selbst die Raketen, die doch unser Wernher von Braun entwickelt hat, fliegen von Florida aus unbestreitbar höher.

Viele dieser Neuheiten blieben lange Zeit für die meisten noch unerreichbar. Für ein gutes Radio zum Beispiel, mit magischem Auge, waren zwei bis drei durchschnittliche Monatsgehälter hinzulegen, und das bei einer minimalen Sparquote! Aber die neuen Möglichkeiten waren präsent in Gesprächen und Tagträumen der Leute. Der Kalte Krieg erzeugte, ausgehend von der amerikanischen Industrie und ihrer Boomproduktion, einen ersten ökonomischen Wachstumsschub. Die Arbeitslosigkeit wird nach und nach abgebaut, das Lohnniveau steigt, die 45-Stunden-Woche wird erkämpft. Der Lebensstandard der Vorkriegszeit – der nicht eben hoch war – ist überraschend schnell erreicht, wird sogar überholt werden. Fast alle Neuanschaffungen geben von nun an das Gefühl des ›ersten Mals‹. Während im Siegerland Großbritannien Lebensmittel noch auf Marken ausgegeben werden, gibt sich das besiegte Westdeutschland zunächst eher verblüfft als stolz dem Durchgang verschiedener Wellen hin, wie man das bald nennen sollte: nach der Freßwelle die Möbelwelle, dann die Reise- und die Autowelle.

Das neue Konsumniveau war auch politisch ein hochkarätiger Identitätsersatz. Nach rückwärts gewandt, half es die dumpfe Scham über den Nationalsozialismus zu überdekken; nach ›drüben‹ gewandt stand es für westliche Überlegenheit. Den Krieg hatte fortan nur noch ›die Zone‹ verloren, Westdeutschland verdiente bereits wieder.

Die Auslandsorientierung hatte natürlich einen Haken. Mit ihr kamen nicht nur nützliche, sondern auch gefährliche Neuheiten, denn auch Subkulturelles wurde importiert: Boogie-Woogie, Nagellack, Bildergeschichten (Comics) oder die umstrittene Nietenhose, wie die Blue Jeans eingedeutscht genannt wurden. Und aus Paris kam ungebeten ein Lebensstil, der als existentialistisch bezeichnet werden sollte – ernste junge Menschen mit Rollkragenpullovern saßen in Kellerlokalen, hörten Bebop und behielten ihre Sonnenbrillen auf.

Die reaktionäre Linie war allerdings mitnichten verschwunden. Viele, die damals Kinder und Jugendliche waren, litten tagtäglich darunter. Ein deutscher Junge läßt das Hemd nicht über die Hose hängen! Ein deutscher Junge nimmt die Hände aus den Taschen! So sollte ein Damm gegen die Flut aus dem Ausland errichtet werden, gegen Cordhosen, Hawaiihemden und Kreppsohlen. Wir wissen heute, daß dieser Damm nicht hielt. [...]

Der Kampf um das Aussehen

Jugendliche führten die ersten, frühen Kleidungskämpfe gegen die Diktatur der Korrektheit. Meine Schwester, sie war damals dreizehn, hatte 1955 heftige Auseinandersetzungen mit den Eltern und der Schule, weil sie wie die anderen Mädchen Hosen tragen wollte. Die Eltern schlossen sich schließlich einem Kompromiß an, den die Schule vorgegeben hatte. Die Mädchen durften dort fortan Hosen tragen, aber – und man bedenke! – darüber mußten Röcke sein. Natürlich erfanden die Mädchen eine Umgehungsstrategie. Sie gingen den größten Teil des Schulwegs stolz in bloßen Hosen und holten kurz vor dem Schulgebäude die Röcke aus ihren Kollegmappen, um sie darüberzuziehen, ehe sie ordentlich die Schule betraten.

Die gewaltige Bedeutung, die der korrekten Bekleidung beigemessen wurde, lockerte sich erst im Zuge des Massenkonsums ein wenig. Schlußverkäufe wurden zu wahren Konsumschlachten, Synthetics zu unglaublichen Billigpreisen überschwemmten den Markt. Die optische Sichtbarkeit von Schichtunterschieden verlagerte sich auf geschmackliche Differenzen. Bis dahin hatten arme Leute eben ausgesehen wie ›arme Leute‹, mit Flicken und Stopfstellen, mit zu großen oder zu kleinen Sachen, da Kleider ›aufgetragen‹ werden mußten. Jetzt erst wird symbolisch dargestellte Gammeligkeit denkbar, d. h., der Massenkonsum verändert auch die Möglichkeit, sich einen stilistischen Freiraum zu erkämpfen. Jugend-Stile neuer Art können entstehen.

Die stilistischen Spielräume wurden durch eine entsprechende Medienrezeption gestützt. Filme, Radio, Schallplatten erlangten eine immense Bedeutung, eröffneten ganz neue Möglichkeiten. Die Veränderung von Lebensstilen war zunächst eher ein Wunschangebot, lange bevor es sich im Alltagsleben sichtbar niederschlagen konnte. Wenn Teenager träumen, sang Peter Kraus, denn schmerzhaft weit waren die Träume entfernt von der Alltagsrealität der Schüler und Lehrlinge. Und auch Rock'n'-Roll-Krawalle, Saalschlachten und die Mopedcliquen haben wohl das alltägliche Leben der meisten Jugendlichen nur am Rande erreicht. Aber es war das erste Aufmucken Jüngerer, das einen Riß in der Ordnungskultur des Adenauer-Staates sichtbar machte. Symbolisch – als Aufzeigen von Gegenrealität – war das von enormer Bedeutung.

Eine Jugendkleidung wurde verfügbar, die sich selbstbewußt von der Kleidung der Erwachsenen unterschied, dabei aber nicht jugend-tümelnd war, wie bei den Bewegungsjugendlichen der Pfadfinder, Volkstanzgruppen und Jugendsportabteilungen. – Jetzt ging es um die Symbolisierung von Freiheit, latenter Aufsässigkeit und Sexualität, wenn ihr Ausdruck auch in der Regel eher harmlos war. Die Mädchen wollten die langen Haare offen tragen, wollten Lidstrich und Schmollmund, enge selbstgestrickte Ringelpullover und Hosen, die die Figur unterstrichen. Die Jungen liebäugelten mit spitzen schwarzen Schuhen, Röhrenhosen, Elvistolle und Koteletten; diejenigen, die intellektueller sein wollten, bevorzugten langes Nackenhaar (ungefettet) und ausgefallene Brillen, ganz kühne (und schon ältere) trugen Backenbärte. Aber damit war eigentlich die äußerste Grenze bereits überschritten.

Gleichzeitig war aber so etwas wie Etikette unter den Jugendlichen durchaus noch vorhanden. Wenn man sich nicht näher kannte, war das Siezen die Regel (so ab siebzehn). Beim Tanzen wurde noch aufgefordert, darf ich bitten. Ging man das erste Mal mit jemandem zusammen ›aus‹, so wurde die- bzw. derjenige den Eltern vorgestellt. ›Eigentlich‹ hätte der junge Mann sogar die Eltern des Mädchens um Erlaubnis fragen müssen, und diese hätten die Entscheidung gehabt, ob er ›paßt‹ oder nicht. Bei so vielen Barrieren blieb es oft beim Anschwärmen aus der Ferne. Wenn Teenager träumen ...

Den Signalen der Kleidung, die man sich zutraute, kam schon deshalb eine solche Schlüsselrolle zu, weil sie das einzige Ausdrucksmittel waren, um eine jugendspezifische Lebensform zu repräsentieren. Das Outfit war die einzige erreichbare, sichtbare Errungenschaft, da es eine Subkultur im heutigen Sinne nur für ganz wenige gab.

Vor allem gab es, im weitesten Sinne des Wortes, kaum Räume, in denen die Jugendlichen ganz unter sich hätten sein können. Ein eigenes Zimmer, das man nicht mit Bruder oder Schwester teilen mußte, war bereits Luxus, und selbst dann hieß es: Laß doch die Tür ruhig angelehnt, ihr habt ja wohl keine Geheimnisse. – Bei Geburtstagen oder anderen alljährlichen Anlässen wurde ein sogenannter Hausball veranstaltet (was sich heute pompöser anhört als es war; es gab noch kein anderes Wort für diese Neubauwohnungsfeste). Hier waren die Eltern selbstredend die meiste Zeit dabei, mit kleinem Begrüßungstrunk und ständigem Vorstellen.

Später gab es ›Partys‹, aber die Mutter spaziert immer noch
herein und heraus, um zu sehen, ob Häppchen oder Bowle
ausgegangen sind.

Und wenn man außer Haus ging: keine Discos, keine Ju-
gendzentren, keine Wohngemeinschaften. Nur stets und
ständig von Erwachsenen betreute und überwachte Einrichtungen. Bei Tanzlokalen wurde der Einlaß kontrolliert, und
er war viel zu teuer. Was blieb, waren: Kino, Parkbänke,
Spielplatzecken und vielleicht eine Milchbar mit Musikbox.
Das war's im wesentlichen. Um elf zu Hause sein, Viertel-
stunde Toleranzspielraum, danach gibt's Krach. – Um so
triumphaler natürlich das Lebensgefühl, wenn dieses dichte
Netz von Wachsamkeit einmal ausgetrickst werden konnte.
Von diesen Augenblicken konnte man noch Jahre später
träumen ...

Ach ja, Krach. Wieviele Familien gab es, bei denen keine
Tischrunde verging, ohne daß nicht ein verbaler Krieg über
Frisuren, Hosenschnitte, Ausgehzeiten und andere existentielle Themen entbrannte! Dies war der private Schauplatz
für die scharfe Verteidigung von Grundsätzen, während ansonsten das unversöhnliche Aufeinanderprallen von Positionen öffentlich stattfand, es war nämlich immer noch Kalter Krieg. [...]

Und doch setzte sich Zug um Zug die ›moderne‹ Linie
durch. Als die sechziger Jahre erreicht waren, durfte schon
einmal die ganze Familie Chris Howland mit seiner englischen Schlagerparade hören. Die Programme der Gegenseite hatten es immer schwerer, die Erzgebirgschöre waren
auf dem Rückzug. Aber natürlich war diese neue Tendenz
noch kein Gewinn an kultureller Sicherheit, der Rückfall in
finsterste Ängste und Phantasmen drohte ständig. In Hannover, meinem Wohnsitz, war dies sehr deutlich am Phänomen der ›Gammler‹ zu beobachten. Auch sie waren ein Si-
gnal. An traditionsreicher Stelle, am Georgsplatz, war 1963
eine Gammlerecke entstanden. Fünf, sechs junge Leute ta-
ten wirklich nichts anderes, als nichts zu tun. Eben dies war

aber das denkbar Schlimmste, was man tun konnte! Und es wurden mehr, schließlich waren es an Wochenenden zwanzig bis dreißig; einige spielten Gitarre vor sich hin, viele lasen etwas. Die Stadtöffentlichkeit war zunächst verblüfft, dann entrüstet. Hunderte von Schaulustigen standen wie ein Ring um die Szenerie herum, in sicherer Entfernung versteht sich. Aber die Spannung steigerte sich immer mehr, die Obrigkeit verspürte einen nicht mehr abzuweisenden Handlungsdruck. Also wurde behördlich verfügt, die ganze Gammlerecke qua staatlicher Gewalt auszuheben. Wie oft in Deutschland und wie oft in autoritär verstümmelter Phantasie, koppelten sich Sexualängste mit Hygiene-Codierungen. Längere Haare können verfilzen, freie Sexualität erzeugt Syphilis, und die Gammler erhöhen eben die Seuchengefahr. Ich habe nur noch den Abschluß der städtischen Aktion gesehen. Ein Polizeibeamter, neben sich den Schäferhund, ging mit einer riesigen Desinfizierflasche herum und bearbeitete, unter beifälligen Kommentaren der Umstehenden, den Platz, als hätte er ein Feuerlöschgerät im Einsatz.

Die letzte Stufe der ›Aufweichung‹ der Adenauerordnung kann man recht anschaulich an einem Film absehen, der seinerzeit ein Publikumsrenner war – *Zur Sache Schätzchen*, natürlich nicht ohne Uschi Glas. Sie und der andere Hauptdarsteller, Werner Enke, tobten da leichtfüßig durch den Englischen Garten. Die Episoden sind aus heutiger Sicht von nicht zu überbietender Harmlosigkeit. Und doch wurde durch das, was sich da als ›frech‹ darstellen sollte, offenbar ein Nerv getroffen. – Ich habe noch eine Szene in eindrücklicher Erinnerung. Werner Enke steht am Fenster seines Zimmers und schaut auf die nächtliche Straße herunter. Unten wird mit einem Male ein Fernsehgeschäft ausgeräubert. Enke schaut mäßig interessiert, aber völlig neutral zu. Er holt sich eine Tomate, ißt sie aus der bloßen Hand, wobei er in der anderen einen Salzstreuer hat und nachwürzt (im Publikum Aufkreischen vor Gelächter). Er

nimmt keinen Teller und er holt keine Polizei. Eine Grenz-
überschreitung, die wirkte. Die Verteidigung der Korrektheit hatte eine weitere Schlappe erlitten. Sie sollte sich von
solchen und hundertfachen anderen Durchlöcherungen nie
mehr ganz erholen. Für die stürmischen kulturellen Umbrüche der sechziger Jahre war, wie wir jetzt wissen, der
Weg geebnet. Die Schauplätze sollten sich von den Familien in die Öffentlichkeit verlagern, der Anspruch ging nun
weiter.

Johannes Goebel / Christoph Clermont

*In ihrem Buch »Die Tugend der Orientierungslosigkeit« be-
schreiben die beiden Berliner Trendforscher Johannes Goebel
(geb. 1968) und Christoph Clermont (geb. 1970), wie sich der
einzelne in einer immer unübersichtlicher werdenden Gesellschaft mit Hilfe einer »Do-It-Yourself-Ethik« ständig neu als
Individuum entwirft.*

Die Geburt des Lebensästheten

Die Geburtsstunde des Lebensästheten war in Deutschland
zweifellos das Aufbegehren der 68er. Die Folge dieser ästhetischen Revolution war eine deutliche Liberalisierung
der bundesdeutschen Gesellschaft. Auf der Strecke blieb dabei die Normalbiographie der Wirtschaftswunderzeit. Mit
den gesellschaftlichen Umbrüchen der sechziger und siebziger Jahre ging die stetige Erosion der bürgerlichen
Kleinfamilie und des Angestelltendaseins einher. Der Indi-
vidualisierungsschub der achtziger Jahre brachte diese Auflösungserscheinungen ans Licht der Öffentlichkeit. Die

Fire-and-Forget-Mentalität der Pershing-Ära ist Ausdruck der Ohnmacht ihrer Protagonisten. No-future-Attitüden und Hedonismus zeichnen ein Bild von der umfassenden Verunsicherung einer ganzen Generation. Punks wandten sich von der Gesellschaft ab, ohne ihr jemals wirklich zu schaden. Yuppies pflegten den Kult des Egoismus. Doch auch für diejenigen, die sich weniger radikal gaben, rückte das Ego ins Zentrum des persönlichen Universums.

Die Umbrüche von Achtundsechzig hinterließen ein Vakuum von Normen und Werten, in dem die ersten Experimente mit der eigenen Geschichte stattfanden. Neu gewonnene Freiheiten bedeuten jedoch immer auch einen Verlust an Orientierung. Dieser Verlust dominierte vorerst die Entfaltung eigener Perspektiven und die Entwicklung eigener Werte. Die achtziger Jahre waren die Zeit der Orientierungslosigkeit, die Rahmenbedingungen des lebensästhetischen Seins waren schon geschaffen, doch meist fehlte noch der Mut zur Eigenständigkeit und die Ignoranz, die den Glauben an die eigenen Fähigkeiten stärkt.

Wenn heute von Öko-Optimismus und nicht mehr vom No-future-Gefühl die Rede ist, bedeutet diese Verschiebung keineswegs, daß die Perspektive unseres Planeten Erde grundlegend rosiger geworden ist. Allein das Vertrauen in den Wert der eigenen Person läßt die ökologische Bedrohung ein paar Schritte zurücktreten. Auf das eigene lebensästhetische Konstrukt ist Verlaß – auch wenn die Welt untergeht.

Es ist der Glaube der 89er an sich selbst, jener vertrauensvolle Selbstbezug, der die Orientierungslosigkeit zur Tugend werden ließ. In den achtziger Jahren, als junge Menschen tatsächlich noch orientierungslos waren, konnte man sie problemlos wieder einfangen. Bürgerinitiativen oder sozialpädagogische Jugendclubs standen in ausreichender Zahl bereit. Der bundesrepublikanische Grundkonsens schien nie in Gefahr, und jeder neuen Gruppierung konnte ihr eigenes Terrain zugewiesen werden. Erschien eine neue Zielgruppe auf der gesellschaftlichen Bühne, wurde ein vorhandenes Wertegebäude geringfügig modifiziert oder eine neue Heimstatt gezimmert. Ob es um die legendäre Toskana-Fraktion der SPD ging oder den Weltuntergangsflügel der Antiatomkraftbewegung, das bundesrepublikanische Integrationsmodell war selten um eine Lösung verlegen. Ob Alt-68er, Ökos oder Punks: Marktforscher und Politiker fanden für jedes Phänomen eine Nische. Keine Arbeit und keine Mühe wurden gescheut, um neue Milieus und Gruppen zusammenzuzimmern, und im allergrößten Notfall entstand eine neue Partei. Selbst am Höhepunkt der »Risikogesellschaft« war Unübersichtlichkeit handhabbar. Zumindest hielt sich die Verzweiflung über die Fülle von Orientierungen in engen Grenzen. Man feierte den Pluralismus, um ihn sogleich wieder zu freundlich überschaubaren Kollektiven zurechtzustutzen.

Die Angst vor Krieg und Umweltzerstörung sortierte sich überschaubar in Projekten und Initiativen, die Orientierungslosen waren so wenigstens nicht allein. Nach dem Supergau von Tschernobyl verdoppelte die *taz* ihre Auflage, und die Grünen erlebten die größte Eintrittswelle ihrer Geschichte.

Doch diese schönen Zeiten sind Vergangenheit. Vorbei sind die Tage, als Zielgruppen noch klar umrissen werden konnten und politische Einstellungen konsistent erschienen. Als die Orientierungslosigkeit zur Tugend wurde, konnte sie die Reste gemeinschaftlicher Zuordnungen, gleich einer alten Hülle, abstreifen und in den Mülleimer der Geschichte befördern. Was bleibt, ist eine neue Stufe der Emanzipation: Die Gruppe ist zum Haufen geworden, zu einer Ansammlung von Individualisten ohne gemeinsame Werte und ·Rituale. Noch immer wird versucht, verbindende Merkmale für eine homogene Gruppe zu finden und die Lebensästheten zurückzuholen in das warme Nest der Milieus, in die vertraute Heimat von Links und Rechts.

Dieses Unterfangen ist zum Scheitern verurteilt. Von Instituten und Wochenzeitungen initiierte Jugendstudien zeigen nur mehr, daß die Präferenzen der Lebensästheten zu verschieden sind, um aus ihrem statistischen Mittel noch signifikante Aussagen ableiten zu können. [...]

Tragisch ist dieser Wandel nur für diejenigen, die sich auf die überkommenen Rollenbilder der klassischen Moderne stützen. Exemplarisch seien orientierungslose Marktforscher und Sozialdemokraten genannt. Zumal der Verlust von Zielgruppen und Mitgliedern strukturbedingt ist. Und beiden bereiten bezeichnenderweise die jungen Menschen am meisten Kopfzerbrechen.

Es ist keineswegs der einzelne Lebensästhet in seinem persönlichen Moraltank, der angesichts der Unübersichtlichkeit der Welt verzweifelt. Er wandelt vielmehr durch den Supermarkt der Moral und füllt seinen Einkaufswagen mit den Bausteinen seiner Do-It-Yourself-Ethik. Von außen betrachtet wirkt das Treiben des Lebensästheten konfus und beliebig. Von innen betrachtet aber ist von Beliebigkeit keine Spur. Täglich muß er sich mit der tonnenschweren Last seines persönlichen Moralgebäudes abschleppen. Denn ein Leben ohne Doppelmoral ist wahrlich kein Zuckerschlecken. Ständig müssen Ergänzungen der eigenen Konstruktion ausgehandelt, eingebaut und wieder verworfen werden.

Die Atomisierung von Moral hat eine Generation von Moralisten hervorgebracht. Doch es geht nicht mehr darum, den anderen in endlosen nächtlichen Diskussionen von der Richtigkeit einer Ideologie zu überzeugen. Die Moralgebäude der Lebensästheten stehen sich unversöhnlich gegenüber. Überzeugen möchte man den anderen schon lange nicht mehr. Genauso aber, wie der einzelne Lebensästhet zähneknirschend akzeptiert, daß er die Werte des anderen kaum beeinflussen kann, verbittet er sich auch die Einmischung in seine eigenen inneren Angelegenheiten. So entsteht eine extreme Empfindlichkeit, überall lauern die Fallstricke verbotener Grenzüberschreitungen, einer Verletzung persönlicher Konventionen. Die langwierige Auseinandersetzung mit den eigenen Wünschen und Vorstellungen hat die Sensibilität geschärft, und die Anstrengung, die es kostet, die eigene Moralkonstruktion instand zu halten, läßt jedes Infragestellen der eigenen Werte als direkten Angriff auf den Kern der Persönlichkeit erscheinen.

ERIK MEYER

Häufig ist der Techno-Bewegung in den letzten Jahren vorgeworfen worden, sie entpolitisiere und kommerzialisiere ihre Anhänger. In neuen Formen der Gruppenbildung haben sich jedoch posttraditionale Vergemeinschaftungsformen entwickelt, die nicht mehr nach herkömmlichen Maßstäben zu bewerten sind. Der Gießener Politikwissenschaftler Erik Meyer untersucht das Phänomen der permanenten Selbstinszenierung – einer Selbstinszenierung, die auch unter dem Einfluß von Partydrogen erfolgt.

Stilisierungen des Selbst

Da sich die Zugehörigkeit zur Techno-Szene primär durch die Partizipation an den entsprechenden Tanzveranstaltungen entscheidet, werden die Akteure als »Raver« bezeichnet. Darüber hinaus signalisieren die Raver die subjektiv wahrgenommene Zugehörigkeit zur Szene durch spezifische Stilisierungen des Selbst, die vorwiegend beim Besuch einer Diskothek oder eines Raves präsentiert werden bzw. aus dieser Rezeptionssituation resultieren. Dabei handelt es sich im Gegensatz zu anderen jugendkulturellen Formationen (wie z. B. Skinheads) nicht um streng kodifizierte Stilisierungen. Die im folgenden aufgeführten Stilmerkmale sind daher besonders auffällige und häufig auftretende Elemente, die jedoch keine definitiven Kriterien zur kollektiven Abgrenzung im Alltag darstellen.

Während es bei den Frisuren keine Kreationen gibt, die als technotypisch bezeichnet werden können, sind zur Stilisierung des Körpers Tätowierungen in Form ornamentaler Muster und die Applikation von Schmuckstücken durch das sog. Piercing besonders beliebt. Zu diesem Zweck werden spezifische Stellen zur Anbringung von Ringen oder Steckern durchbohrt. Dabei sind geschlechtsspezifische Präferenzen erkennbar: Bei Ravern männlichen Geschlechts, bei denen diese Form der Stilisierung auch seltener auftritt, wird häufig die Augenbraue »gepierct«, während bei denen weiblichen Geschlechts das Piercing besonders oft am Bauchnabel oder einem Nasenflügel placiert wird. Seltener wird ein entsprechendes Schmuckstück an der Lippe oder Zunge angebracht. Ansonsten gilt offensichtlich die erkennbare Fitneß als ein ideales Körperbild, das auch mit dem Konzept des Tanzes als körperlicher Verausgabung korrespondiert.

Mit diesen Stilisierungen des Körpers korrespondiert auch ein Spezifikum der Kleidung, die vor allem bei Ravern weiblichen Geschlechts darauf angelegt ist, diese zur Schau zu stellen. Die eng anliegende Bekleidung tendiert dazu, mehr oder weniger viel Hautfläche nicht zu bedecken, weshalb besonders häufig bauchfreie Tops getragen werden. Bei Veranstaltungen, die mit hohen Temperaturen und der körperlichen Aktivität des Tanzens verbunden sind, reflektiert diese Reduktion der Kleidung aber auch einen funktionalen Aspekt. Dies führt bei männlichen Ravern gelegentlich auch zum völligen Verzicht auf die Bekleidung des Oberkörpers und bei weiblichen zu deren Reduktion auf BHs, Bustiers oder Bikini-Oberteile. In diesem Kontext ist mit dem Tragen von Trainingsjacken und -hosen, Trikots und Turnschuhen auch eine Affinität zu Kleidung aus dem Bereich des Sports zu konstatieren. [...]

Ein hervorstechendes Merkmal des Designs der Kleidungsstücke sind häufig die Aufdrucke. Dabei handelt es sich zunächst um die Markennamen der Hersteller, die in einer spezifischen Typographie (z. B. »Sabotage«) oder in Verbindung mit einem Logo (z. B. »Stüssy«) aufgedruckt sind. Sie signalisieren somit die Kenntnis von Kleidungsstücken, die eigens für die Techno-Szene produziert werden sowie nur in einschlägigen Fachgeschäften erhältlich und einigermaßen exklusiv sind. Dies gilt in der Regel ebenfalls für Kleidungsstücke, die als sogenannte Merchandise-Artikel mit dem Signet von Techno-Labels oder -Veranstaltungen versehen sind. Des weiteren finden Motive Verwendung, die eine in der Regel in ironischer Absicht vorgenommene Abwandlung des Signets allgemein bekannter Firmen bzw. Marken darstellen. Bei diesen minimalen Manipulationen handelt es sich um das sogenannte Bootlegging, bei dem das graphische Erscheinungsbild des jeweiligen Emblems beibehalten und durch einen anderen Begriff ersetzt wird (z. B. wird aus »Jägermeister« »Ravermeister«). Durch diese Praxis können neben den eigens entworfenen Kollektionen auch entsprechende Motive auf massenhaft produzierten Kleidungsstücken wie T-Shirts, Sweat-Shirts oder Kapuzenpullovern, aber auch auf Baseballkappen und Wollmützen, die besonders von männlichen Ravern getragen werden, appliziert und diese auf eine für die Hersteller kostengünstige Art und Weise in die technospezifische Mode integriert werden.

Neben der ausgesprochenen »clubwear«, die z. B. mit der Verwendung von reflektierenden Materialien auf die Lichtverhältnisse bei Tanzveranstaltungen reagiert, werden dort gelegentlich auch Bestandteile spezifischer Berufsbekleidungen getragen, wie z. B. die signalfarbenen Sicherheitswesten von Straßenarbeitern. Im Gegensatz dazu ist die eben-

falls dem Bereich der Berufsbekleidung entlehnte sogenannte »streetwear« alltagstauglich. Dabei handelt es sich
um Oberbekleidung, die aus robusten Materialien herge-
stellt und bevorzugt in Übergrößen getragen wird. Auch
diese Mode hat einen funktionalen Aspekt, denn sie ermöglicht gegenüber konventioneller Kleidung eine gestei-
gerte Bewegungsfreiheit. Insgesamt ist somit ein »Be-
kleidungspluralismus« im Sinne einer »Vielfalt unter Vernachlässigung sämtlicher Kombinationsverbote« (Lau) zu
konstatieren. Dementsprechend bezieht sich das in den
szeneinternen Medien und Ankündigungen von Veranstaltungen wiederholt vorgetragene Motto »We are different«
nicht nur auf die Abgrenzung von anderen gesellschaftlichen Gruppen, sondern auch auf die individuelle Distinktion innerhalb der Techno-Szene.

Ein Bestandteil der individuellen Inszenierung und Stilisierung des Selbst stellt schließlich der vor allem im Kontext
von Tanzveranstaltungen vorgenommene Konsum von
Drogen dar. Die Stimulation durch psychoaktive Substanzen, die als »Partydrogen« bezeichnet werden, ist insofern
symptomatisch, als sie mit dem Vollzug der für die Techno-
Szene konstitutiven Praktiken der Partizipation korrespondiert. In dieser Perspektive reflektiert insbesondere der Gebrauch von »Ecstasy« die in Diskotheken und auf Raves
durch das Setting erzeugte außeralltägliche Atmosphäre sowie die »enthusiastisch-ekstatischen Körpererfahrungen
beim Tanzen« (Hitzler). Als Ecstasy wird zunächst das Am-
phetaminderivat MDMA, »aber auch eine Reihe von Substanzen bezeichnet, die mit MDMA chemisch verwandt
sind und auch als Ecstasy gehandelt werden« (Schroers).

Ein spezifisches Merkmal dieser illegalen Droge, die vorwiegend in Tablettenform produziert wird, ist, daß sie
»beim Konsumenten einen entaktogenen Effekt, das heißt
Gefühle der Empathie, bezogen auf die Mitmenschen, zei-
tigt« (Meueler). Diese Wirkung korrespondiert mit einigen
der für Techno-Veranstaltungen als typisch geltenden Ver-

haltensweisen wie dem Bemühen der Raver um Körperkontakt in Form fast kindlich anmutender Zuwendungen. Hinzu kommt die Überwindung von Ermüdungserscheinungen, die sowohl durch die Dauer der Veranstaltungen als auch durch den ekstatischen Tanz verursacht werden, denn Ecstasy kann eine aufputschende Wirkung entfalten. Zu diesem Zweck werden auch legale Stimulantien wie die sogenannten Energy-Drinks (z. B. »Red Bull«) konsumiert, die Wirkstoffe wie Coffein enthalten und so eine höhere Ausdauer ermöglichen sollen. Ebenfalls legal ist das vereinzelt bei Techno-Veranstaltungen angebotene Lachgas, das nach der Abfüllung in einen Luftballon inhaliert werden kann und ebenso wie Ecstasy eine entspannende und euphorisierende Wirkung entfalten kann.

Schließlich können durch die Einnahme von Ecstasy auch halluzinogene Effekte hervorgerufen werden, die bei den Tanzveranstaltungen in Kombination mit der Beschallung, der Bewegung und den Lichtverhältnissen beim Konsumenten zu tranceähnlichen Zuständen führen können, da die Wahrnehmung akustischer und optischer Reize intensiviert werden kann. Ebenfalls eingebettet in diesen Kontext ist der Konsum von Cannabis als einer illegalen Droge, die eine eher sedierende Wirkung entfaltet und somit instrumentell zum Chill-Out eingesetzt werden kann. Insofern ist für drogenkonsumierende Raver ein Mischkonsum charakteristisch, der je nach Situation auch andere illegale Substanzen wie Amphetamin, LSD oder Kokain umfassen kann und der Steigerung der technotypischen Erlebnisrationalität dient.

Zum Verhältnis von Risiko, Repression und Selbsthilfe

Insbesondere aus der Praxis des Mischkonsums entsprechender Drogen resultieren jedoch auch eine Reihe von nichtintendierten physischen, psychischen und sozialen

Konsequenzen. Besonders prekär erscheint in diesem Zusammenhang die Kummulation der akuten Gefahren für die Gesundheit der Konsumenten, die durch die Kombination der substanz- mit den settingspezifischen Risiken verschärft werden. So sind unter der Bedingung des Schwarzmarkts, auf dem diese Drogen gehandelt werden, keine verläßlichen Informationen über die Qualität und Quantität der Substanzen erhältlich. Insbesondere bei Ecstasy ist die »Variabilität der wirksamen Inhaltsstoffe ... außerordentlich hoch und variiert von Placebo (= keine psychotrop wirksamen Anteile) bis hin zu extrem hohen Einheiten der Amphetaminderivate« (Schuster/Wittchen).

Neben das Problem der unbeabsichtigten Überdosierung bzw. Verunreinigung tritt bei der Einnahme von Ecstasy im Kontext von Tanzveranstaltungen die Gefährdung durch Dehydrierung bzw. Hyperthermie (Überhitzung). Dort ist bereits durch die räumlichen Bedingungen und die körperliche Aktivität ein Anstieg der Körpertemperatur gegeben. Diese kann kritische Ausmaße erreichen, wenn keine Maßnahmen zur Kühlung des Körpers bspw. durch (alkoholfreie) Getränke ergriffen werden. Da diese einerseits in den Diskotheken und bei den Raves relativ teuer sind und andererseits Ecstasy die Wahrnehmung entsprechender Empfindungen, die als körperliche Warnsignale verstanden werden können, erschwert, kann es zur Vernachlässigung der erforderlichen Flüssigkeitszufuhr mit den genannten Folgen kommen.

Insbesondere die unter diesen Umständen aufgetretenen Gesundheitsschädigungen bei Ravern haben zu einer Berichterstattung der Medien über das Thema »Techno und Drogenmißbrauch« im Modus der »moral panic« sowie zu polizeilichen Maßnahmen zur Durchsetzung der durch das Betäubungsmittelgesetz repräsentierten staatlichen Prohibitionspolitik geführt. Entsprechende Ermittlungen konzentrieren sich häufig auf Personenkontrollen bei Techno-Veranstaltungen und führten in der Folge von Razzien in

Diskotheken auch zu deren zumindest vorübergehender Schließung. Im Kontext dieser Situation entstand auch innerhalb der bundesdeutschen Techno-Szene ein Problembewußtsein, das seinen Ausdruck in verschiedenen Initiativen zur Selbsthilfe findet. Ein erster entsprechender Ansatz stellte die Erstellung einer Informationsbroschüre für Raver zur Aufklärung über Partydrogen dar. Die Initiative dazu ging von der »Interessengemeinschaft Frankfurter Diskotheken« in Kooperation mit dem Drogenreferat des Dezernats für Frauen und Gesundheit der Stadt Frankfurt am Main aus. Mit der Erarbeitung war der Soziologe Helmut Ahrens befaßt, der bereits zu diesem Thema tätig war und die Arbeit einer Selbsthilfegruppe von Ravern in Berlin im Rahmen eines Forschungsvorhabens begleitete.

Die öffentliche Präsentation dieser Broschüre am 5. Juli 1994 durch die Frankfurter Gesundheitsdezernentin Margarethe Nimsch (Bündnis 90 / Die Grünen) führte zu einer Kontroverse über deren Konzeption, denn im Gegensatz zur konventionellen Drogenpolitik verfolgt das »safer-use-info zu: ecstasy, speed, lsd, kokain« keinen Abstinenz- sondern einen Akzeptanzansatz: Ausgehend vom bestehenden Konsum der betreffenden Drogen werden die potentiellen »User« über die entsprechenden Risiken sowie Regeln zur Risikominderung (*harm reduction*) informiert. Diese Vorgehensweise veranlaßte insbesondere Vertreter der Frankfurter CDU zur Forderung, das in einer Auflage von 20 000 Exemplaren gedruckte Heft im Format einer CD zurückzuziehen. »Begründung: Die Broschüre sei ›eine Gebrauchsanweisung für die Verwendung von Drogen‹ und habe ›bagatellisierenden Charakter‹« (*Frankfurter Rundschau* vom 22. 7. 1994). Die vehemente Kritik, der sich bspw. auch der Drogenbeauftragte der Bundesregierung, Eduard Lintner (CSU), anschloß und die in einem Indizierungsantrag des Jugendamtes Offenbach bei der Bundesprüfstelle für jugendgefährdende Schriften gipfelte, führte zunächst dazu, daß die erste Auflage des »safer-use-info« nicht wie vorgesehen verteilt wurde. Die Entscheidung über die weitere Verfahrensweise wurde an ein bereits etabliertes Gremium aus Vertretern der Stadt, der Staatsanwaltschaft und der Polizei delegiert. Diese sogenannte Montagsrunde überarbeitete den Text der Broschüre, und im Anschluß daran wurde eine veränderte Auflage unter dem Titel »safe-the-night-info« veröffentlicht und in Verbindung mit einem Beratungsgespräch an Jugendliche in Diskotheken abgegeben.

Als Reaktion auf diese von den Autoren als Zensur wahrgenommene Entwicklung kursierten zunächst Kopien der Originalbroschüre in der Techno-Szene, deren Interesse an dem Text durch die öffentliche Diskussion geweckt worden war. Schließlich gelang es den Autoren durch die finanzielle Unterstützung von Privatpersonen und Veranstaltern aus der Berliner Techno-Szene, das »safer-use-info« in der Originalfassung zu veröffentlichen. Diese Auflage in Höhe von 20 000 Exemplaren wurde in Zusammenarbeit mit verschiedenen Berliner Diskotheken vor allem in einer Kampagne am Wochenende vom 29. September bis zum 1. Oktober 1994 an Raver verteilt und fand darüber hinaus Verbreitung durch den Abdruck im Techno-Magazin *Frontpage*. Bestandteil dieser Aktion waren auch Informationsstände vor Ort, an denen Beratungsgespräche vorgenommen wurden. In diesem Kontext konstituierte sich am 12. Oktober 1994 in Berlin die Initiative »Eve & Rave« als eingetragener Verein zur »Förderung der Techno-Kultur und Minderung der Drogenproblematik«. Nachdem die Bundesprüfstelle für jugendgefährdende Schriften am 1. Dezember 1994 den Antrag auf Indizierung der Originalfassung der Partydrogen-Broschüre abgelehnt hatte, fand diese bundesweit Verbreitung, und der Verein »Eve & Rave« betreut seitdem im gesamten Bundesgebiet bei Techno-Veranstaltungen entsprechende Informationsstände.

Inzwischen hat sich »Eve & Rave« innerhalb der Techno-Szene als eine Institution etabliert, die neben der zielgruppenspezifischen Drogenberatung von Ravern, die maßgeblich von den in Fortbildungsveranstaltungen geschulten Mitarbeitern des Vereins im Rahmen der »Safer Use«-Kampagne vorgenommen wird, weitere sekundärpräventive Maßnahmen durchgeführt. Dazu gehört die »Safer House«-Kampagne als Versuch, die settingspezifischen Risiken des Drogenkonsums bei Techno-Veranstaltungen zu reduzieren. In diesem Kontext werden die Veranstalter dazu aufgefordert, bestimmte Standards bezüglich der Ausstattung (z. B. die Bereitstellung von Ruheräumen) sowie der Angestellten (z. B. die Vorbereitung des Personals auf medizinische Notfälle) zu beachten, um die Gesundheitsgefährdung von Ravern durch entsprechende Rahmenbedingungen zu reduzieren.

Die umstrittenste sekundärpräventive Maßnahme zur Minimierung der substanzspezifischen Risiken ist das Angebot der Substanzidentifikation. Das sogenannte Drugchecking »impliziert die *systematische* und *kontinuierliche Analyse* der auf dem Schwarzmarkt befindlichen Ecstasy-pillen *in Kombination* mit einer Identifikation der Substanzen vor Ort (etwa auf Partys, Techno-Veranstaltungen am Wochenende)« (Schroers). Dieses Modell, das insbesondere in den Niederlanden praktiziert wird, erweist sich in der Bundesrepublik zunächst als undurchführbar, da der Besitz und die Weitergabe illegaler Drogen nach dem Betäubungsmittelgesetz strafbar ist. Obgleich staatlich befugte medizinische Institute von dieser Regelung ausgenommen werden können, sah sich »Eve & Rave« sowie das vom Verein beauftragte Labor der Berliner Humboldt Universität beim Versuch der Etablierung dieses Verfahrens mit polizeilichen Ermittlungen und der Konfiszierung von Unterlagen konfrontiert. Ungeachtet dessen wurden von »Eve & Rave« im September 1996 im Rahmen des Schweizer Informationsangebotes »Rave Or Die« im World Wide Web unter der Rubrik »Drugs« ausführliche Analyseprotokolle von Ecstasy-Einheiten publiziert. In Hannover hingegen wurden durch Absprachen mit der Staatsanwaltschaft der Drogenberatungsstelle »drobs« solche Untersuchungen ermöglicht.

Obgleich die staatliche Prohibitionspolitik somit als ein zentrales Problem der Arbeit von »Eve & Rave« zu identifizieren ist, sind bislang keine Ansätze zu politischen Kampagnen im Sinne einer Interessenvertretung, die auf die Veränderung der gesetzlichen Rahmenbedingungen abzielt, erkennbar. Das ehrenamtliche Engagement der in diesem Kontext tätigen Initiativen (außer »Eve & Rave« z. B. das »Institut zur Förderung qualitativer Drogenforschung, akzeptierender Drogenarbeit und rationaler Drogenpolitik e. V.« in Münster) beschränkt sich weitgehend auf die Unterstützung der Selbsthilfe der Konsumenten und ist in seiner Funktion dem Verbraucherschutz vergleichbar.

Werner Gross

Jeder Rausch ist gefährlich, umgekehrt aber kann auch die Gefahr rauschhaft sein. Körpereigene Endorphine, in ihrer Struktur dem Heroin ähnlich, sorgen für eine Steigerung des Selbstbewußtseins in Extremsituationen. Diese endogene Form des Rausches, ausgelöst durch die Mobilisierung aller Kräfte des Körpers im Augenblick der Gefahr, beschreibt Werner Gross.

Auf der Suche nach
dem »Kick«

> »Wer mit dem Wagnis paktiert,
> hofft auf neue Wirklichkeit.
> Ob aus Verzweiflung, Neugier oder
>   Sehnsucht –
> er ist bereit, mit seinem Leben
> der Erstarrung zu trotzen.
> Es sind meist die Sensibleren und
>   immer die Suchenden,
> die sich der Droge anvertrau'n.
> Mein Herz schlägt für die
>   Süchtigen.
> Sie verschreiben sich dem Leben,
> ohne es besitzen zu müssen.
> Sie leben mit ihrer Schwäche.«
>
> KONSTANTIN WECKER,
> *Ketzerbriefe eines Süchtigen*

Die Suche nach Extremsituationen ist so alt wie die
Menschheit. Sich selbst überwinden, die eigenen Grenzen
überschreiten, Neues erforschen, es genauer wissen wollen,
experimentieren mit riskanten Situationen – all das gehört
zur Evolution der Menschheit. »Testing the lines« nennen
es die Psychologen, »die Grenzen testen«. Und dieses Ab-
checken der eigenen Grenzen gibt es bis heute. Wenn Leute
über glühende Kohlen laufen (Feuerlaufen) oder aus fahrenden S-Bahn-Zügen klettern, um dort Graffiti anzubrin-
gen (S-Bahn-Surfen), wenn sie sich an Gummiseilen von
hohen Türmen stürzen oder sich auf riskante Bergtouren
begeben, dann ist der Streß für sie Lust. Ob das ganze
Wahnsinn ist, ob Todesmut oder Lebensmüdigkeit – wer
will das schon sagen? Auf jeden Fall geht es bei diesen
selbstgewählten Angstsituationen darum, das Risiko in den
Griff zu bekommen. Man bezeichnet diese Reizsucher deshalb auch als »Kontra-Phobiker«, die nach dem Motto le-

ben: »Wo die Angst ist, geht's lang.« Für viele sind diese Extremsituationen wie ein Ritt auf dem Tiger. Und das Gefühl, vom Rücken des Tigers jederzeit in dessen Maul landen zu können, macht ihnen diese »Angst-Lust«, diesen Thrill. Der Reiz des Risikos:

Die Psychoanalytiker deuten die Ambivalenz dieser Personen dem Risiko gegenüber als den Versuch, die als verschlingend erlebte Mutterfigur unter Kontrolle zu halten. Einerseits lieben und brauchen sie die Mutter, andererseits fühlen sie sich von ihr dominiert, verschlungen. Deshalb müssen sie gegen das geliebte Objekt kämpfen, um es zu bezwingen. [...]

Grenzerfahrungen und ihre Grenzen

Und die Mobilisierung aller Kräfte des Körpers im Augenblick der Gefahr eint sie alle: die Bergsteiger und die Rennfahrer, die Drachenflieger und Ozeanruderer, die Tiefseetaucher und die Snowboarder. Der Körper signalisiert Alarm, und alle Energien werden bereitgestellt: höchste Anspannung, höchste Wachsamkeit. Und dieser Zustand ist auch euphorisierend. Adrenalin wird ausgeschüttet, die Endorphine haben das Sagen. Im Augenblick eines Sturzes zum Beispiel hat ein Motorradfahrer durchschnittlich eine Pulsfrequenz von 190 (im Ruhezustand 70–80, beim normalen Autofahren 100–130). Er kommt – um in der Rennfahrersprache zu bleiben – in den roten Bereich des Drehzahlmessers. Sich bis nahe an die Bewußtlosigkeit unter Kontrolle zu haben, während der Körper auf Hochtouren läuft, gibt vielen das Gefühl, »total zu leben«. Gefühle von grenzenloser Freiheit, ekstatische Momente, Erlebnisse von höherem Bewußtsein, atemberaubende Glücksgefühle, Erlebnisse von Einheit mit Gott werden von den Extremsituations-Suchern beschrieben. Der Arzt Hannes Lindemann, der 1955 in einem Einbaum den Atlantik überquerte, schwärmt: »Manchmal vernehme ich Stimmen aus meinem

Inneren, während es draußen mäuschenstill ist ... Ich bin glücklich, unendlich glücklich – wie auf einer anderen Welt, auf einer sonnigen Welt, auf der es keinen Körper gibt. Eine ätherische Welt ist das, die mich mit einem nicht faßbaren Wohlbefinden und Wonnegefühl erfüllt. Ich muß bei Gott sein, beim Sinn des Lebens, ich bin ein Es, ein Wesen, das ist zeitlos, kosmisch ...«

Viele beschwören deshalb den Sinn dieser »Grenzerfahrungen«. Charles Lindbergh beschrieb die Gefühle bei seinem Transatlantik-Flug im Jahr 1927 folgendermaßen: »Für einen unbestimmten Zeitraum schien ich von meinem Körper abgetrennt, so als ob ich ein Bewußtsein gewesen wäre, das sich im Raum, über der Erde und im Himmel ausgebreitet hätte. Ungehindert von Zeit und Materie, frei von der Erdanziehungskraft, die den Menschen an die schweren irdischen Probleme der Welt bindet. Mein Körper verlangt keine Aufmerksamkeit. Er ist nicht hungrig. Ihm ist weder warm noch kalt. Er hat sich damit abgefunden, nicht gestört zu werden. Warum habe ich all dies auf mich genommen, ihn hierher zu bringen? Ich hätte ihn wohl besser in Long Island oder St. Louis zurücklassen sollen ... Das ätherische Bewußtsein braucht keinen Körper für seine Reisen. Es braucht kein Flugzeug, keine Maschine, keine Instrumente; nur die Loslösung vom Fleisch, die durch die Umstände, wie ich sie erlebt habe, möglich wird.«

Wenn man Drogenabhängige von ihren *ersten* Erfahrungen mit Kokain oder Heroin berichten läßt, gibt es eine ganze Menge Parallelen. Da wird es nur zu verständlich, daß der Berufsalltag der Extremisten als lasch und langweilig erlebt wird und man immer wieder den »Kick« oder den »kosmischen Schauer« sucht.

Johannes Dirschauer

Dauerlaufen hat sich in den beiden vergangenen Jahrzehnten zu einem Massenphänomen entwickelt, und nicht wenige Freizeitjogger sind süchtig nach den Glücksgefühlen ihrer selbstverordneten Belastung. Johannes Dirschauer (geb. 1962) untersucht das Phänomen »Jogging« aus psychologischer Perspektive.

Der Narr der Moderne – Bruder Jogger

Es gibt Eisenbahnfreunde, die, mit Kursbüchern und Videokameras bewaffnet, Hunderte von Kilometern fahren, nur um der Jungfernfahrt einer neuen Lokomotive beizuwohnen. Es gibt Skatfreunde, die ihre Nächte damit verbringen, Karten zu spielen. Andere wiederum achten haarscharf darauf, daß kein Halm ihres englischen Rasens die beabsichtigte Traufhöhe überragt. Auch gibt es Menschen, die sich an Schreibtischen ihre Welt erträumen und die sich mit unzähligen Büchern von Dichtern und Philosophen gleichsam eine zweite Haut zugelegt haben. Was es auch immer ist, unendlich viele Phänomene zeugen von der Vielfalt des Lebens und seinen Hilfskonstruktionen, ohne die es nicht zu gehen scheint. Man könnte sie für Spleens oder Marotten halten, die allerdings, wenn sie überhaupt Beachtung finden, allenfalls noch ein heiteres oder müdes Lächeln ernten. Auch das Joggen ist eines dieser sonderbaren Phänomene. Während Autos, Busse, Straßenbahnen, Taxis und U-Bahnen die Menschen der Stadt in kürzester Zeit von hier nach dort befördern, absolviert der *homo joggens* fast ur waldnackt oder papageienbunt-lockend bekleidet in der hochgestylten postmodernen Großstadt sein tägliches Laufpensum. Ihm scheint kein Hier und kein Dort zu tangieren. Wieder einmal zeigt sich, wie sehr hochdifferenzierte Moderne und Archaismus zusammenpassen, sich geradezu gegenseitig bedingen und stabilisieren.

So hat sich die moderne Gesellschaft längst auch an die Erscheinung gewöhnt, die sie als nachzivilisatorische Wildnis selbst hervorgebracht hat, und schon ist das rebellisch Entsprungene wieder geschluckt, entschärft, assimiliert. Nicht einmal der Läufer scheint diesem Gesetz entkommen zu sein. Längst erntet auch er nur noch, wenn überhaupt, ein müdes Lächeln. Doch die dünne Haut, die auch über dieses Mal wieder zusammengewachsen ist, kann ebenso wie die kaum vernarbte Wunde des Schocks, den das Joggen noch auszulösen vermochte, jeden Augenblick wieder aufreißen. Immer noch und immer wieder sorgt gerade dieses Phänomen für heftige Affektdurchbrüche. Jeder Jogger könnte von den Spießrutenläufen erzählen, wenn er wieder einmal die Rieselfelder von Beleidigungen und Bösartigkeiten durchlaufen mußte. Joggen reizt nach wie vor zu Spott, zu guten und schlechten Polemiken. Das Bedürfnis, sich gerade mit diesem Phänomen auseinanderzusetzen, ist ungebrochen. Ebenso hält die Nachfrage nach erklärender und verstehender Literatur an.

Warum beschäftigt das Joggen die Gemüter?

Es ist nicht der Ausgleichssport der Trimm-dich-Bewegung nach Feierabend, die kaum jemanden hinterm Ofen hervorlocken konnte. Das war im eigentlichen Sinn noch nicht Joggen. Joggen ist eine exzessive, auch zwanghafte, tabuverletzende, latent suchtartige Angewohnheit. Joggen tendiert zur Ideologiebildung und wird zur Privatreligion des Alltags.

Im gewissen Sinn läuft der Jogger am Rand der Gesellschaft. Man muß auf der Hut sein, den sich ohnehin schon genug schindenden Jogger nun nicht auch noch zum Sündenbock für das zu machen, was ohnehin alle treiben. Während alle jagen, hetzen und eilen, irgendwelchen Arbeiten, die erledigt werden müssen, hinterherlaufen, irgendwelchen Antragsbürokratien, die bewältigt werden müssen, nachrennen, irgendwelchen Streßgeschichten entfliehen, irgendwelche Sonderangebote erhecheln – da ist Jogging die Überbietung all dieser Bewegungen, vielleicht sogar ihre Karikatur. Der Jogger hält all diesen Bewegungen gleichsam den närrischen Bewegungsspiegel vor. Er läuft ohne Ziel am extremen Rand einer sich ebenfalls auf zweckfreie Bewegungen gründenden Gesellschaft. [...]

Jogging und Computer

Erst Anfang der achtziger Jahre, in der Zeit eines erneuten technischen Modernisierungs- und gesellschaftlichen Individualisierungsschubs, als die Computerwelt bis in den letzten privaten Winkel, in alle gesellschaftlichen Bereiche eindringen konnte, entwickelte sich das Laufen zu einem Massenphänomen. Es löste nicht allein die schlappe deutsche Trimm-dich-Bewegung ab, sondern ist auch ein Ausdruck für die Zersetzung des Vereinssportwesens, dessen Untergang die Individualisierung weiter vorantreibt. Vereinssport, das steht für Hierarchie, Konkurrenz und Zwang, aber darüber hinaus für Gemeinschaft, in der geübt wird, diese negativen und ambivalenten Strukturen ertragen zu lernen.

Joggen hat gerade in bewegungsarmen Akademiker- und Angestelltenkreisen Konjunktur und entfaltet dort, wo sich mit der Computerisierung die Arbeitsplätze grundlegend verändert haben, eine enorme Faszination. Im Gegensatz zu den immer neuen Funktionsmöglichkeiten der Computer sind handwerkliche und kreative Fertigkeiten immer weniger gefragt, allenfalls Sache einiger Spezialisten, die gleichsam zu einer neuen esoterischen Priesterschaft werden. Die menschliche Fähigkeit des Erinnerns wird widerstandslos den Megabitspeichern abgetreten. An ihre Stelle treten allgegenwärtige Anspannung und Abrufbarkeit, die niemals nur den Daten gilt. Über die Auswirkungen der Computerarbeit ist bisher noch recht wenig bekannt. Wahrscheinlich

mobilisiert der Computer auf rein körperphysiologischer
Ebene schon permanent Ausschüttung von Streß- und Be-
ruhigungshormonen, ohne daß es zu realen körperlichen
Abreaktionen kommt. So ist der »Computerfreak« im Dau-
erkrieg, wenn er nicht zum Ausgleich einen realen Bewe-
gungsraum sucht, in dem er sein geschundenes physiologi-
sches Gleichgewicht wiederherstellen kann. Tatsächlich
dürfte ein ursächlicher Zusammenhang zwischen hochmo-
derner Computertechnik und relativ simpler Laufbewegung bestehen.

Die These ist, daß das Vorbild der Laufbewegung eigentlich die Bewegung der Computerfunktionen ist. Der Jogger
versucht, sich den Eigenschaften dieser technischen Geräte
durch unendliche Schinderei und Quälerei anzugleichen,
um untergründig die Funktionen und Möglichkeiten wie-
der-zu-holen und aktiv zu erleben, die ihm die Technikwelt
entzogen hat.

Günter Anders hat auf dieses Phänomen zum erstenmal
hingewiesen und es »prometheische Scham« genannt. Er
versucht, mit diesem Konzept den Grundmakel des Menschen im Zeitalter der zweiten industriellen Revolution zu
fassen. Während noch zu Beginn des bürgerlichen Zeitalters
der prometheische Trotz Legitimationsbegriff der bürgerlichen Aufklärer war und, wie im Mythos, mit List und
notfalls Betrug der Religion die Macht streitig gemacht werden konnte, konstatiert Günter Anders für das Ende dieses
Zeitalters das umgekehrte Phänomen. Nicht mehr von einem Selbstbewußtsein der Subjekte ist auszugehen, sondern
ein unheimliches, in der Regel unbewußtes Schamgefühl
prägt ihr Handeln. Zu diesem Schamgefühl kommt es, weil
der Macher sich dem Gemachten, den Geräten und Maschinen, unendlich unterlegen fühlt, da sie kräftiger, schneller,
präziser sind, als er jemals sein könnte. Seine Denkleistun-
gen ebenso wie sein sinnliches Erfassungsvermögen schnei-
den im Vergleich zu den Computern immer kläglicher ab.
So wird der Mensch zur Fehlkonstruktion und nicht die

Maschine. Die Legende vom Ursprung des Marathonlaufs ist im Vergleich zum Computer, der ein Kriegsgeschehen in Bild und Statistik in Sekundenschnelle der ganzen Welt zur Verfügung stellt, allenfalls eine niedliche Geschichte: Von Pheidippides, dem antiken Namenspaten des modernen Langstreckenlaufs, wird erzählt, daß er von Marathon nach Athen gelaufen sei, um die Nachricht vom Sieg der Athener über die Perser zu übermitteln, und daß er nach der Überbringung dieser glücklichen Botschaft tot zusammenbrach. Vielleicht wird derjenige, der von seinem computerisierten Arbeitsplatz aus Botschaften in Sekundenbruchteilen nach irgendwo oder nirgendwo faxen oder wie auch immer übermitteln kann, in seinem Laufen ein Stück die Anstrengungen, Wünsche und Ängste wieder-holen, die einmal mit der Übermittlung von Botschaften verbunden waren. [...]

Jogging und Kultfaszination

Ein solches Maß an Selbstquälerei hat es wahrscheinlich seit den verzweifelten Exzessen der christlichen Mystiker im Mittelalter nicht mehr gegeben. Der Phantasie scheint keine Grenze gesetzt, weil die Wirklichkeit grenzenlos geworden ist. Diese Schinderei schreit geradezu nach Legitimation. Da die Stärkung der körperlichen Abwehr, die Steigerung des persönlichen Wohlbefindens, der Ausgleich zum bewegungsarmen Alltag in keinem Verhältnis zu der öffentlichen Quälerei steht und kein Pragmatismus hinreicht, die Frage zu beantworten, wozu diese Gesundheit gut ist, entsteht der leere Raum, in den erst Laufideologie eindringen kann. Die einschlägige Joggingliteratur schlägt hier mächtig Schaum und verläuft sich allzugern in der Menschheitsgeschichte, vorzugsweise bis in die Stammesgeschichte zurück, um dort die Paten zu finden, die eine legitimationsbedürftige Bewegungsform mit Sinn füllen können. Interessant und abstrus ist allemal die Auswahl des behelligten Geschichtskitts als Geschichtsbiskuit für die geschundene Seele

des Joggers. Vorzugsweise müssen uralte Jagdpraktiken und
Kultrituale herhalten, um ein modernes Phänomen durch
Tradition abzufedern. Lieblingspate ist allemal der faszinie-
rende antike Pheidippides. In fast jedem Beitrag zum Jogging wird er angeführt. Man rekurriert auf seine Anstrengungen auf dem Weg von Marathon nach Athen, auf seine
Erschöpfung, schließlich sein tödliches Ende, welches nirgendwo verschwiegen wird. Sein Ende ist tragisch, und es
verwundert schon, daß dieses Schicksal zum Namensgeber
des modernen Langstreckenlaufs tauglich schien. Doch der
Schauerkitzel des Todes gibt der ganzen Lauferei einen
nicht zu unterschätzenden Reiz. So wird aus einem anstrengenden und monotonen Unternehmen das letzte Abenteuer
in der Moderne, in dem es immer auf Leben und Tod zu gehen scheint. Jeder Lauf wird zum Lebenslauf. [...]

An der Ferse klebt die Not:
Jogging und Angst

»Seine Beine in die Hand nehmen« ist deutlicher Ausdruck
einer Angstreaktion. Doch Angst wird weder von den Joggern als Motiv ihres Laufens noch in der Joggingliteratur
thematisiert. Wo schier alles herbeizitiert wird, um das Jog-
gingphänomen zu erklären, wundert es schon, daß gerade
das Angstmotiv nicht zur Sprache kommt.

Das kann daran liegen, daß Ängste tatsächlich beim Lauf
selbst keine Rolle mehr spielen. Denn bloße Bewegung ist
die wenn auch schlichteste, so doch effizienteste Angstbän-
digung. Doch als Motor des Laufens spielt Angst die entscheidende Rolle, klebt unmittelbar an der Ferse, sitzt in
den Beinen. Wo die Sprache der Beine in Sprachlosigkeit
einstimmt, muß an die aufklärerische Macht der Sprache
etwa im sprichwörtlichen Wissen erinnert werden: »Wer
keinen Mut hat, muß gute Beine haben«; »Furcht macht
Beine«. Immer wieder wird sprichwörtlich Laufen mit
Angst und Schuld in Verbindung gebracht: »Auf den Fersen

liegen«; »Auf die Ferse folgt der Tod«; »Ganz nah an die
Ferse begleitet die Not«; »Fleisch, Tod und Teufel fliehen
und Fersengeld geben«.

Die mittelalterliche Redensart »Fersengeld geben« bedeutet, davonzulaufen, statt zu kämpfen oder zu zahlen.
Während »zahlen« von einem bis in ökonomische Verhältnisse sichtbaren Schuldzusammenhang zeugt (Schulden),
bedeutet kämpfen, positiv gewendet, sich trotz Gefahr der
Konkurrenz stellen, sich in den Konkurrenzen behaupten
zu können. Im gewissen Sinn ist »Fersengeld geben« die al-
tertümliche sprachliche Variante des Joggens. Weder kämpft
der Jogger etwa für eine bessere Umwelt, obwohl beispielsweise wegen der erhöhten Ozonwerte sein abendlicher Lauf
langfristig ein gesundheitliches Risiko darstellt, noch betreibt er seinen Sport in einem Verein, in dem er sich in eine
Hierarchie einordnen und in der Konkurrenz behaupten
müßte. Da der Jogger sich die High-Gefühle aus sich selbst
heraus verschafft, kann er allen zweideutigen Suchtverlok-
kungen einer tendenziell feindlichen Außenwelt trotzen.
Ebenso vermeidet er mit sicherem Instinkt alles, was ihn in
eine Angst- oder Schuldposition rücken könnte. Alles, was
irgendwie zweideutig ist und damit wieder an Angst und
Schuld erinnerte, wird vermieden. Daß der Angstzusam-
menhang des Laufens in der Joggingliteratur und bei den
Joggern selbst überhaupt nicht zur Sprache kommt, hängt
nicht nur mit dem Angstphänomen selbst zusammen, sondern rührt von einer unendlichen, wahrscheinlich nicht allein individuellen, sondern auch gesellschaftlichen Enttäu-
schungsgeschichte her. Die Krux ist, daß alle Versuche,
Angst zu bändigen, nicht ein für alle Male von Angst befreien und den sich Ängstigenden erlösen, sondern daß es
gegen die Angst nur ein mehr oder weniger, meist mehr
schlecht als recht gelingendes Ausbalancieren gibt. Die religiösen Versuche der Bändigung von Angst etwa, nämlich
Angst in Furcht zu verwandeln, wie es in der jüdischen Tradition versucht wurde, oder Angst mit Liebe auszubalan-

cieren, wofür die christliche Tradition steht, haben an verbindlicher Bedeutung verloren. Auch die Sprache, die seit jeher das zentrale menschliche Unternehmen gegen die Angst darstellt, weil in der Mitteilung Ängste mit anderen geteilt werden können, führt aus der Zweideutigkeit nicht heraus. Denn es ist dieselbe unteilbare Sprache, mit der einem Angst gemacht wie Angst genommen wird, bzw. mit der man Angst macht wie nimmt. Die Hoffnung auf ein eindeutiges Jenseits der Angst hat sich auch mit der Moderne nicht erfüllt und wird sich auch mit der vernetzten Welt der Computer nicht erfüllen. Im Gegenteil. Die moderne Gesellschaft scheint, was die Angst angeht, sprachlos zu sein. Die Bewältigung von Angst ist völlig in die Selbstverantwortung der Individuen gestellt. Ihnen kommt nichts mehr entgegen, das Mut macht oder tröstet. Allenfalls stehen mediale oder medizinische Tranquilizer zur Verfügung. So wird das rastlose In-Bewegung-Sein selbst das zentrale Mittel gegen die Angst. Angst selbst wird nicht mehr thematisiert und damit distanzierend gebändigt, und das Sprechen über Angst ist längst wieder ein Tabubruch, der Sanktionen zur Folge hätte.

Eva Zeltner

Übergangslos werden heute aus Kindern Jugendliche und aus Jugendlichen langsam Erwachsene. Die einzig noch gültige Grenze bezeichnet vielleicht der Führerschein. Wenn aber in der menschlichen Entwicklung die Übergangsrituale zwischen Kindheit und Erwachsensein fehlen, werden diese durch andere Grenzerfahrungen ersetzt. Eva Zeltner beschreibt das Bedürfnis des Menschen nach Entgrenzung in Extremsituationen.

Thrill des Extrems

Junge Männer und Frauen begannen, in Turnschuhen, Shorts und im T-Shirt, notdürftig gesichert, senkrechte bis überhängende Felsen zu erklimmen. Sie setzten dadurch neue Standards im Climbing.

Andere zog es zu Brücken, Seilbahnen, Kränen, wo sie sich, an einem Gummiseil hängend, Kopf voran in die Tiefe stürzten. Bungeejumping war anfänglich in einigen Ländern verboten, setzte sich aber rasch durch, als auch ältere Semester der Faszination des Nervenkitzels erlagen. Heute ist das Springen ins Nichts ein beliebtes Vergnügen auf Rummelplätzen. Vertreterinnen jeden Alters können mitmachen, sofern sie den Mut dazu aufbringen.

Von den schönsten Aussichtsbergen werfen sich Drachenflieger über Steilwände ins Tal, und jede Saison erwartet ein Angebot mit noch Atemberaubenderem die nach dem ultimativen Kick Süchtigen.

Riverrafting, das Fahren durch Wildwasser im Schlauchboot, gilt dagegen als Kinderspiel, obschon es immer wieder zu Todesfällen kommt.

Canyoning ist eine Stufe gefährlicher. Dabei wird auf ein Boot verzichtet, und die Adrenalinsüchtigen schlittern, angetan mit einem Spezialanzug und mit Hilfe kundiger Begleiter, über Felsen, Wasserfälle, durch Höhlen und Schluchten.

Was unter der Bezeichnung Extremsportarten zusammengefaßt und ständig erweitert wird – das Berner Oberland bietet zur Zeit 30 trendige Sportarten an –, sind Leistungen, die an körperliche und seelische Grenzen führen, denn unser Dasein verläuft meist ohne existentielle Herausforderungen.

Daß junge Menschen die Erfinder all dieser gefährlichen Sportarten sind, ist nicht verwunderlich, eher schon, daß sich ältere und alte Leute darauf stürzen.

Die »Helden« erleben nach jedem Adrenalinausstoß ein Gefühl der Befreiung. Sie sind bis an ihre Grenze gegangen und haben vor der Angst nicht kapituliert. Jungen Menschen kann dieses Erlebnis einen Zuwachs an Selbstvertrauen bringen. Aber muß eine 45jährige Mutter nachholen, was es in ihrer Jugend noch nicht gab?

Wozu verlangt es immer mehr Männer und Frauen nach physischen und psychischen Grenzerfahrungen? Nach Situationen auf Messers Schneide? Was drängt sie zum freiwilligen realen und symbolischen Sturz in den Abgrund?

Zwei Ursachen ähnlichen Ursprungs können Erklärungen bieten. Zum einen fehlen heute die Übergangs- oder Initiationsrituale zwischen Kindheit und Erwachsenheit, zum andern fühlen sich vor allem junge Menschen im globalen Dorf als Forscher ohne Territorium und suchen unentwegt neue Möglichkeiten, Grenzen zu überschreiten.

Sexuelle und religiöse Tabubrüche provozieren in unserer Gesellschaft ebenfalls höchstens ein müdes Kopfschütteln. Um sich als Entfesselungskünstler zu profilieren, braucht es darum immer härtere Bandagen.

[...] Heute fällt die Faszination des Erforschens und Grenzüberschreitens weg, was vor allem jungen Menschen die Möglichkeit raubt, Abenteuerlust und überschießende Kräfte als Erstüberflieger, Goldgräber oder Seemann einzusetzen und im eigentlichen Sinne neue Welten zu erkunden. Und das Universum ist zum Glück für private Abenteuertrips vorläufig unzugänglich.

Mit Plausch im Stau oder Sardinenfeeling im Charterflug beginnt der jährliche Ferntrip. Überfüllter, verteerter Strand, Feriengetto, Durchfall, Sonnenbrand, eine Masse eigener Landsleute und Einkauf von in Hongkong hergestellten Souvenirs geben Einblick in die vermeintliche Eigenart des Ferienlandes, so prägnant, daß zu Hause manche kaum mehr wissen, ob sie in Afrika oder in Asien waren.

Expeditionen sind weniger eine Sache jugendlichen Mutes und des Auslotens eigener oder fremder Grenzen, als eine Frage des Geldes geworden. Ältere Explorer begnügen sich längst nicht mehr mit Liegestuhl, Sonnenschirm und Strandwandern, sie kreuzen auf dem Segeltörn um die Welt und schlagen auf Kulturtrecks mit ehemaligen Fernsehgrößen Pfade in den Dschungel. Als Ikarus-Gestalten schweben sie von hohen Felsen, tauchen nach Wracks und legen Rekorddistanzen im Ballon zurück.

Wohlhabende, vorwiegend fortgeschrittenen Alters, kreuzen in den vom Tourismus noch unbeleckten Zonen, für über 20000 Franken in der Antarktis, auf modernsten Eisbrechern. Mit Barbecue im Schneesturm und einem Arzt, falls das Herz versagt oder ein morscher Oberschenkelknochen bricht. Die junggebliebenen Alten folgen den Spuren der Entdecker und kolonialen Eroberer mit einem Maximum an Komfort und genießen dabei ein wonniges Kribbeln bei einkalkulierten Pannen.

Das einsame Leben in der Wildnis ist anstelle jahrelangen Erforschens eine Angelegenheit von ein, zwei Wochen geworden. Nicht mehr die Wildnis ruft, sondern die Gruppe. Sogar wer für ein paar Tage in der Einöde Sibiriens oder Lapplands zur Überlebenswoche ausgesetzt wird, kann gewiß sein, daß sein Team wieder eingesammelt wird.

Gefährlich sind auch nicht die realen Bedrohungen durch Raubtiere oder Stürme, sondern vielmehr, was der Seele an Erschütterung durch das hautnahe Beisammensein mit fremden Menschen zugemutet wird.

Was früher ein Privileg draufgängerischer Jugend war, Land zu entdecken, auszukundschaften, Strapazen und Gefahren zu bestehen, ist heute zum Anrecht aller Lebensalter geworden.

Die Jugend sucht keinen Massen- oder Individualtourismus, sondern ein Territorium, das von den Alten noch nicht oder nicht mehr besetzt ist.

Sportarten, die extreme Geschicklichkeit und Mut verlangen, aber auch Spaß machen, sollten ursprünglich eine

Schranke zur älteren Generation errichten, die der eigenen
Fähigkeiten, aber auch des Übermuts. Just Fun.

Was einst die jugendliche Identität festigen sollte, wird
leider immer rascher zum Nervenkitzel ihrer Eltern und
Großeltern. Überall sind sie auf dem Sprung, um die Riten
der Jugend samt ihren Attributen zu klauen. Höher, schneller, weiter genügt nicht mehr. Gefährlich muß es sein.

Und da die Jugend stets ein paar Schritte voraus ist, riskiert sie als erste den Kopf.

Erlebniszwang, schlafen kann ich im Grab

Hochtourige Zeitgenossen vibrieren wie Jumbos vor dem
Start. Sie verachten den nächtlichen Schlaf. Zum Aufput-
schen sind Pillen da. Ecstasy vertreibt jede Empfindung von
Müdigkeit. Prozac, die Glückspille, turnt an.

Der Mensch im Generationen-Mix liebt Grenzüberschreitungen und Kombinationen mit neuen Versatzstük-
ken. Die Vermischung der Entwicklungsstufen Kindheit,
Jugend und Alter ergibt den in seinem Reifeprozeß verhin-
derten Langzeitjugendlichen. Er hat ein Alter zwischen 15
und 40 Jahren, ist von der Biologie nicht vorgesehen und
darum ein Kunstprodukt von Werbung, Wissenschaft,
Technik und Zeitgeist.

Die von Medien und Marketingexperten hochgejubelten
Erlebniswelten sind ebenfalls Konstrukte, die in immer anderen Varianten daherkommen und neue Bedürfnisse her-
vorkitzeln. Sie werden als Bereicherung der Lebensqualität
untergejubelt, bis sie von den meisten als solche empfunden
werden. Der ganze Freizeitsektor wird in Erlebnisbereiche
aufgeteilt. Von Gourmet-Inseln, Einkaufsparadiesen über
Europa- und Jurassicpark, Disney- und Heidiland, bis zu
künstlichen Kletterwänden und Cybercafés.

Immer bizarrere virtuelle Erfahrungen sind möglich in
ebenso unwirklichen Räumen und Gegenden. Stets ausge-

fallener sind die Überraschungen, die eine verwöhnte Klientel aus der Ödnis des Alltags dem Konsumrausch zuführen sollen. Von Astralreisen bis zur Sprache der Zimmerpflanzen, vom Hochstehendsten bis zum Abseitigsten: Alles kann gebucht oder konsumiert werden. Keine Ecke der Welt zu fern, sie wird »erobert«, kein Kult zu ausgefallen, keine Theorie zu banal: Es finden sich Jünger und Anhängerinnen.

Das gespeedete Lebensgefühl wird genährt von der dauernden Unruhe, die der spätadoleszente Langzeitjugendliche in sich hat. Er soll ja von geistiger und vor allem körperlicher Aktivität sein, der Gegenwart zugewandt, denn das Leben hält schon mit Vierzig wenig Attraktives mehr bereit. Deshalb wechseln Werte, Stile und Trends auf dem Markt der Eitelkeiten, in der Mode, den Freizeitaktivitäten und im Vergnügungssektor. Möglichst intensiv, gedrängt soll die Jugend genossen, erlebt und ausgelebt werden. Vor allem, was sich später nicht mehr nachholen läßt.

In den großen Städten der Welt gehen die Lichter der Ereignisse nie aus. Der urbane Zeitgeistsurfer kann von einem Event zum andern flippen. Aufbruch rund um die Uhr. Nach einer im Technorhythmus durchtanzten Nacht, die bis am späten Vormittag dauert, geht mensch zur Vernissage im Undergroundschuppen, hängt sich anschließend an die Bar in einem der vielen Szenelokale oder döst im Kino dem Montag entgegen, zehrt bis Mittwoch vom Wochenende, dann folgt ein Tief, und Trost bringt vielleicht noch eine abendliche Shoppingtour.

All die Freelancer, Gelegenheitsarbeitenden, Musiker, Künstlerinnen, im Partygeschäft Tätigen und Arbeitslosen haben die Nacht längst zum Tag gemacht. Zu ihnen gesellt sich die wachsende Zahl der im Internet Surfenden, die im global village kommunizieren und jede Stunde Schlaf als Verbannung vom weltweiten Small talk empfinden.

Der natürliche Schlaf-Wach-Rhythmus hat sich bei vielen Menschen verändert. Schon kleinste Kinder leiden an Ein-

und Durchschlafstörungen. Das unstete Verhalten der Eltern hat Auswirkungen auf die Kleinen. Die zunehmende Nervosität, Unaufmerksamkeit und Unkonzentriertheit ist vielfach eine Folge unregelmäßigen, gestörten und ungenügenden Schlafs.

Zwei- bis Vierjährige, die bis nach Mitternacht den Erwachsenen Gesellschaft leisten, essen, trinken, Videos gukken, nach einem Fest irgendwo abgeholt und brutal geweckt werden – sofern sie nicht in die Glotze starren –, sind keine Seltenheit, ebensowenig Kinder, welche hinter dem Rücken der Eltern vor ihren Computergames hocken und nächtens spielen.

Wenig Schlaf wird zum erstrebten Zustand einer nimmersatten Generation, die nach den bunten Nächten erschöpft in Apotheken und Schlafkliniken landet und ihren Kids den Griff zur Pille angewöhnt. Dadurch ausgelöste Verhaltens- und Aufmerksamkeitsstörungen treten bei ihnen immer häufiger auf.

Mit Erlebnissucht und dem geringstmöglichen Schlafaufwand überspielt der Mensch im Grunde nur seine tiefsitzende Angst vor dem Tod, der in der antiken Mythologie als Zwillingsbruder des Schlafs galt.

WERNER GROSS

Nicht zuletzt durch Werbung und Medien ist Sex heute enttabuisiert und allgegenwärtig. Vom Motorrad bis zum Schokoriegel werden sexuelle Reize verkaufsfördernd eingesetzt. Daß aus der Lust aber auch eine Last werden kann, beschreibt Werner Gross. Der Drang, sich ständig sexueller Stimulation auszusetzen, ist für ihn eine Form von »Sucht ohne Drogen«.

Porno, Peep-Show, Perversionen:
Sex-Sucht

Sie rennen in Peep-Shows und masturbieren mehrmals täglich. Sie sind ständig auf der Suche nach einem Sexualpartner. Manche fordern von ihrem Partner tagtäglich fünfmal Sexualität. Andere brauchen ungewöhnliche sexuelle Stimuli, um zu sexueller Erregung oder zum Orgasmus zu kommen. Die Rede ist von Personen, die Sexualität wie eine Droge einsetzen. Man spricht deshalb von Sex-Süchtigen.

Sex-Suchtcharaktere

Der Psychologe John Money von der Johns-Hopkins-Universität in Baltimore (USA) unterscheidet heute im wesentlichen drei verschiedene *Sex-Sucht-Charaktere*:

1. Menschen, die *ständig wechselnde Sexualpartner* haben. Sie streifen jeden Abend in Bars oder Parks umher, um jemanden »aufzureißen«. Das können Männer genauso wie Frauen sein, Homo- wie Heterosexuelle. Früher nannte man das »Don Juanismus« bei Männern oder »Nymphomanie« bei Frauen oder »Hypersexualität«.

2. Personen, die *exzessive sexuelle Anforderungen* an ihren festen Partner stellen. Sie wollen z. B. tagtäglich fünf- bis zehnmal mit ihrer Frau schlafen und werden sonst ungenießbar, weil sie »das brauchen«, wie sie sagen.

3. »*Paraphylitiker*« sind Menschen, die im wahrsten Sinne des Wortes *»daneben lieben«*. Sie sind abhängig von ungewöhnlichen sexuellen Stimuli, um sexuelle Erregung zu verspüren oder zum Orgasmus zu kommen. Hierzu zählen Masochismus und Sadismus, Sodomie und Pädophilie, Voyeurismus und Exhibitionismus. Das, was man gemeinhin als Perversionen bezeichnet. Man rechnet hierzu auch die Beziehungen, in denen sich sexuelle Hörigkeit findet.

Die früher so genannten Perversionen gehen auf frühe Stufen der psychosexuellen Entwicklung zurück. Hintergrund ist oft die Unterdrückung lustvoller Empfindungen durch Erziehung, Erlebnisse von starker Scham, von Angst und von Demütigung in der Kindheit. Dies kann die Ursache von Aggressionen, Haß, aber auch von Bedürfnissen nach Strafe sein, wie man sie bei Masochisten findet. Und es ist gerade die spezifische Legierung von Aggression und Sexualität, die die Perversionen mitbestimmt. Andererseits kann in der Kindheit als lustvoll erlebte unreife Sexualität zur Fixierung an bestimmte sexuelle Reize führen. [...]

Übergänge und Stationen

Die Übergänge von lustvollem und aktivem Sexualleben zu sexsüchtigem Verhalten sind fließend. Das unterscheidet die Sex-Sucht nicht von den stoffgebundenen Suchtformen wie Alkoholismus oder Drogenabhängigkeit. Dort spricht man von folgenden Stadien:

1. Prodomalphase;
2. Kritische Phase und
3. Chronische Phase.

Diese Einteilung läßt sich auch auf die Sex-Sucht anwenden. Der amerikanische Psychologe Patrick Carnes unterscheidet folgende drei Stufen der Sex-Sucht:

1. Stufe:
Exzessive Masturbation, häufiger Gebrauch von Pornographie, ständiger Besuch von Peep-Shows oder Prostituierten. Diese Aktivitäten können sowohl homo- wie heterosexueller Art sein. Je nach Ausmaß und Bedeutung der sexuellen Aktivitäten werden sie von der Gesellschaft als tolerierbar und akzeptabel angesehen. Pornographie und Prostitution sind Gegenstand gesellschaftlicher Kontroversen. Die Sanktionen, die gegen Handlungen dieser Art verhängt

werden (wenn es sich um Straftaten handelt), sind wenig effektiv. Da die Behörden mit wenig Nachdruck vorgehen, ist das Risiko für den Süchtigen gering. In dieser ersten Stufe ist das Opfer vor allem der Sex-Süchtige selbst. Die Bedeutung, die das spezifische Sexualverhalten für ihn hat, wächst. Mehr und mehr zentriert sich sein Leben um die Pornohefte, die Peep-Show oder die Prostituierten.

2. Stufe:

Der Sexsüchtige verliert mehr und mehr die Kontrolle über seine Sexualphantasien und sein Sexualverhalten. Er braucht immer stärkere Reize, um den gleichen Gefühlszustand zu erreichen. Bei Sadomasochisten ist das der Übergang von »Soft S/M« zu »Hard-core S/M«. Bei anderen treten Exhibitionismus, Voyeurismus in den Vordergrund oder unsittliche Telefonanrufe und Berührungen von Menschen, die man nicht kennt. Diese Verhaltensweisen werden als öffentliches Ärgernis betrachtet. Für den Betroffenen besteht also ein Risiko. Wenn es zur Anzeige kommt, wird das Delikt strafrechtlich verfolgt.

Auf der 2. Stufe gibt es fast immer ein Opfer, das oft nicht seine Einwilligung zu dem Sexualkontakt gegeben hat. In dieser Stufe wird der Sex-Süchtige zwar als krank, aber als weitgehend harmlos angesehen. Nicht selten ist er Gegenstand von Witzen (»Exhibitionisten- und Voyeuristen-Witze«).

3. Stufe:

Hier steht die Gewalt gegenüber Schwächeren im Vordergrund. Patrick Carnes nennt vor allem Kindsmißbrauch, Inzest, Notzucht. Jede dieser Handlungen stellt eine schwere Verletzung kultureller Normen dar. Da es immer ein schwächeres Opfer gibt, ist die Gefahr der Bestrafung für den Sex-Süchtigen besonders hoch. Die Öffentlichkeit reagiert mit Wut und Empörung. Die Täter werden von der Gesellschaft als »entmenschlichte« Wesen angesehen, die der Hilfe nicht mehr wert sind. Hier entstehen dann Forderungen nach Zwangskastration oder Todesstrafe. Auch diese Sexualtäter sind Opfer. Sie brauchen dringend Hilfe.

Im Jahr 1987 standen in der Bundesrepublik 6527 Menschen wegen »Straftaten gegen die sexuelle Selbstbestimmung« (§§ 174–184b StGB) vor Gericht. Dazu zählen z. B. exhibitionistische Handlungen, Verführung, sexuelle Nötigung und der sexuelle Mißbrauch Abhängiger. 4858 davon wurden 1987 verurteilt. Da die Dunkelziffer gerade in diesem Bereich extrem hoch ist, muß mit einem Vielfachen an Tätern gerechnet werden.

Norbert Bolz

»Bad is beautiful« – das Böse hat heute Konjunktur. In der Langeweile des massenmedial aufgerüsteten Alltags werden die Spielräume des Tabubruchs und der Dissidenz immer kleiner, die Wiederkehr des Verdrängten feiert fröhliche Urständ. Norbert Bolz analysiert die Hintergründe grassierender Katastrophensehnsucht.

Die Renaissance des Bösen

Die Entübelung des Vulgären ist ein deutliches Symptom dafür, daß sich unsere Gesellschaft mit ihrem Verdrängten in Beziehung setzen will. So schreibt Matthias Matussek im *Spiegel* (38/1994) über den »Triumph des Vulgären« in den Neunzigern: »Das exzentrisch Böse wird ebenso gefeiert wie das Peinliche, Groteske, Gemeine. Wie eine mörderische Wiederkehr des Verdrängten werden nun Inzest, Ehebruch, Freßsucht, Verstümmelungen und Perversionen zur Massenunterhaltung aufbereitet.« Das ist nicht nur eine gute Beobachtung, sondern auch ein erster Ansatz zur Erklärung der *neuen Faszination des Bösen*. Matussek gebraucht ja die Denkfigur »Wiederkehr des Verdrängten« – und die stammt bekanntlich aus der Psychoanalyse Sigmund Freuds. Sie besagt im Kern: Unsere Zivilisation zwingt die Menschen, bestimmte Wünsche zu unterdrükken; doch damit sind sie nicht ausgeschaltet, sondern sie suchen unentwegt nach neuen Möglichkeiten des Ausdrucks. Und irgendwann kehrt das Verdrängte in entstellter, oft unkenntlicher Form wieder.

Wenn man Freud wirklich lesen würde, statt immer nur über ihn hinaus zu sein, könnte man das wissen und würde auf die Renaissance des Bösen nicht immer nur mit Kopfschütteln oder Abscheu reagieren. Sehen wir einmal genauer hin. Der Mensch besitzt kein ursprüngliches, natürliches Vermögen der Unterscheidung von Gut und Böse. Das zeigt sich schon daran, daß das, was man ›böse‹ nennt, oft ein ganz unschädlicher Gegenstand des Genießens ist. Daß man nun etwas durchaus Erwünschtes dennoch böse heißt, setzt die Unterwerfung unter ein Diktat von außen voraus. Nun gibt es eine für alle lebensprägende Situation, eine solche Unterwerfung unters Diktat des anderen begründet: die Hilflosigkeit des Babys. Die Anerkennung des Diktats von Gut und Böse aus »Angst vor dem Liebesverlust« wird nun zum Muster menschlichen Verhaltens weit über die Situation infantiler Hilflosigkeit hinaus – deshalb spricht Freud auch von »sozialer Angst«. »Das Böse ist also anfänglich dasjenige, wofür man mit Liebesverlust bedroht wird.«

Unsere Kultur lehrt uns nicht, mit dem Bösen umzugehen. Man könnte auch sagen: *Gesellschaftliches Leben, wie wir es kennen, setzt ein Tabu über Destruktivität voraus.* Seit Freud kann man wissen, welche Folgen das hat: Die verdrängte Zerstörungslust kehrt in entstellter Form wieder – häßlich, schrill, geschmacklos. Das wachsende Interesse am Monströsen, an der Untat zeigt, daß sich die Menschen

heute in ein Verhältnis zum *verfemten Teil* ihrer Welt setzen wollen. Und dieser verfemte Teil steckt im Stolz des
Menschen selbst, seinem Gehirn. Das Gehirn ist nämlich
nicht nur überkomplex in seinen unnachvollziehbar vielen
neuronalen Verschaltungen; es ist nicht nur in die zwei He-
misphären des abstrakt-analytischen und des konkret-ganz-
heitlichen Denkens aufgeteilt. Der Skandal des Gehirns ist
das, was Paul MacLean seine »Dreieinigkeit« genannt hat.
Das Menschenhirn besteht aus drei Gehirnen unterschied-
lichster evolutionärer Entwicklung. Und das heißt konkret:
Unser Gehirn besteht nicht nur aus dem Neocortex, dem
Sitz der begrifflichen Intelligenz. Ein *Säugetiergehirn* sorgt
für unsere Emotionen. Und unsere Aggressionen haben ihren physiologischen Ursprung in einem *Reptiliengehirn*.

Die Anbetung des Teufels

Wir meinen, es gibt ein prinzipielles Problem bei der Diskussion von Themen wie dem Bösen, der Perversität und
der Zerstörungslust. Solange man sie nicht als Mächte der
Wirklichkeit anerkennt, verdrängt man sie. Hat man aber
erst einmal die »Existenz des Bösen« anerkannt, so begreift
man nicht mehr, daß man seine Allgegenwärtigkeit so lange
übersehen konnte. Auch der größte Kenner des Bösen, eben
Freud, konnte sich ja erst spät zur Anerkennung einer autonomen Macht der Destruktion durcharbeiten. Doch diese
Erkenntnis ist stets – übrigens auch in psychoanalytischen
Kreisen – auf »Abwehr« und »Widerstand« gestoßen.
»Denn die Kindlein, sie hören es nicht gerne, wenn die an-
geborene Neigung des Menschen zum ›Bösen‹, zur Aggression, Destruktion und damit auch zur Grausamkeit er-
wähnt wird. Gott hat sie ja zum Ebenbild seiner eigenen
Vollkommenheit geschaffen, man will nicht daran gemahnt
werden, wie schwer es ist, die unleugbare Existenz des Bösen mit seiner Allmacht und seiner Allgüte zu vereinen«, so
Freud weiter.

Schon vor hundert Jahren hat ein Zeitgenosse Freuds, der Soziologe Thorstein Veblen, daran erinnert, daß das Ehrenvolle ursprünglich das Furchtbare war und daß Würde allein dem Übermächtigen zugestanden worden war. Es handelt sich also ursprünglich um ein Lob der *erfolgreichen Aggression. Gewaltanwendung wurde in archaischen Gesellschaften verherrlicht*. Veblen spricht sogar vom »hohen Amt des Mordens«. Statt darüber nur zu erschrecken, sollten wir daraus lernen: *Aggression ist kein Ausnahmezustand, sondern der Normalfall unseres gesellschaftlichen Lebens*. Das gilt für Politik, Beruf und Sexualität gleichermaßen. Darüber hat der Kulturprozeß ein Gespinst von Konventionen ausgebreitet, das heute zu zerreißen beginnt. Wir leben heute in einer *regellosen* Gesellschaft. *Anomie* hat das der Soziologe Émile Durkheim genannt – »das Übel der fehlenden Grenzen«. Das legt eine erste Erklärung für den peinlichen Sachverhalt nahe, warum uns bewaffnete Aggression fasziniert. Denn Waffen sind die archaischen Techniken der Grenzziehung und Distanzsicherung. Der Philosoph Peter Sloterdijk meint gar, der archaische Mensch sei ein »Terminator« gewesen – ein schockierender Kurzschluß von Urmensch und Spätkultur, den Filme wie Oliver Stones Gewaltorgie *Natural Born Killers* zu bestätigen scheinen.

Das ist durchaus auch im weltpolitischen Rahmen zu begreifen. Die Wiederkehr des »alten Adam« scheint logisch und unaufhaltsam zu sein, seit der letzte, nämlich kommunistische Versuch einer »Erlösung durch Gesellschaft« gescheitert ist. Insofern, meinen wir, ist heute die alte Erbsündenlehre realistischer als der Marxismus. Das bedeutet: Der Mensch ist von Natur aus böse – deshalb sollte er eigentlich aus der Natur austreten und »Antiphysis« sein! Doch da von ist unsere offizielle Kultur weiter entfernt denn je. Sie beschwört ja gerade »Natur« als das neue Gottesreich. Und der Teufel, der das Kommen dieses Naturgottesreichs verhindert, heißt dann etwa Sex and Crime.

Warum beten aber so viele Menschen heute diesen *Teufel* an? Wir meinen, das ist eine Folgelast der Aufklärungsideologie, die uns den guten, natürlichen Menschen gepredigt hat. Unsere These lautet also: *Horror, Porno und Crime nähren sich von dem kulturellen Sachverhalt, daß die »guten Menschen« der Aufklärung die menschliche Aggressivität blockieren.* Nur weil wir alle den Teufel im Leib haben, kann Hollywood einen »permanenten Kult des Bösen« (A. Gehlen) zelebrieren. Und dieser Teufel steckt gerade auch im Leib derjenigen, die heute so medienwirksam über Pornographie und Horror, Katastrophen- und Skandaljournalismus lamentieren. Wer vor alldem Angst hat, ängstigt sich nämlich vor sich selbst. Hier kann man von der Psychoanalyse lernen: *Im Angsttraum ängstigen wir uns nicht vor dem Schrecklichen, sondern vor unserem eigenen Wunsch nach dem Schrecklichen.*

In der Wiederkehr des Verdrängten hat unsere Kultur jetzt ein Stadium erreicht, wo die Langeweile des Alltags nur noch durch die *Reizwerte des Untersagten* durchbrochen werden kann. *Faszinierend ist alles, was unsere Zivilisation mit einem Bann belegt.* Das provoziert – um ein Wort des Bosheitsexperten Nietzsche zu zitieren – den »Mut zum Verbotenen«. Man kann das zunächst einmal als reinen Spaß an der Zerstörung deuten. Der freie Geist freut sich über die Unfähigkeit unserer Kultur, gute Gründe für ihre Tabus anzugeben; hier wird Nihilismus zum Glücksgefühl der Intellektuellen. Das haben die scharfsinnigsten Aufklärer auch selbst erkannt. So spielt Juliette, eine Figur aus dem phantastischen Universum des Marquis de Sade, eine Hauptrolle in dem für Studentenbewegung und linksintellektuelle 68er wichtigsten Buch – der *Dialektik der Aufklärung* von Max Horkheimer und Theodor Adorno. Denn Juliette verkörpert die »intellektuelle Freude an der Regression, amor intellectualis diaboli, die Lust, Zivilisation mit ihren eigenen Waffen zu schlagen«. Und wem diese Spiritualität zu intellektualistisch ist, dem bietet sich der Kult des Bösen als eine inverse, umgedrehte Religion an. Denn der Tabubruch ist eine Handlung, die mit der religiösen Handlung, dem Ritual also, konkurriert. Lediglich die Vorzeichen werden hier gewechselt: *Das Sakrament wird durch das Sakrileg ersetzt.* [...]

Ästhetischer Satanismus

Der *Kult des Bösen* ist nicht aus dem Nichts entstanden. Seine Vorgeschichte läßt sich mit wenigen Strichen skizzieren und ist lehrreich. Wir laden Sie also ein zu einer kleinen Reise durchs 19. Jahrhundert. Der ästhetische Satanismus führt uns nämlich bis in die Romantik zurück: Man wird zum Teufel, um die »Hölle« des Schonen auszuschöpfen. »Das satanische Subjekt hat einen gewissen Enthusiasmus der Verworfenheit«, sagt der Hegel-Schüler Karl Rosenkranz – und das gilt für den Teufel des christlichen Dogmas ebenso wie für den Künstler der Moderne. »Aus den unruhig ermatteten, genußgierigen, impotenten, übersättigt gelangweilten, vornehm cynischen, zwecklos gebildeten, jeder Schwäche willfahrenden, leichtsinnig lasterhaften, mit dem Schmerze kokettierenden Menschen der heutigen Zeit hat sich ein Ideal satanischer Blasiertheit entwickelt.«

Wir sind satanisch blasiert, wenn wir meinen, daß böse Gesellschaft besser ist als schlechte. Wir sind satanisch blasiert, wenn wir bekennen, daß uns die Hölle interessanter erscheint als das Himmelreich. Man merkt gleich: *Das Gute ist diffus, das Böse prägnant.* Deshalb sucht der moderne Künstler nach dem Leeren und Schwarzen, nach dem Obskuren und Ungewissen. In diesem Abgrund ist das Göttliche vom Höllischen, die Wohltat vom Verbrechen nicht mehr zu unterscheiden. Und hier entsteht die neue Schönheit.

Ästhetisch souverän ist, wer über den diabolischen Ausnahmezustand entscheidet. 1853 erschien die *Ästhetik des Häßlichen* von Karl Rosenkranz. Vier Jahre später erschei-

nen Charles Baudelaires *Blumen des Bösen*. Der Titel ist
Programm. Was geschieht hier eigentlich? *Der Künstler inszeniert sich als den Helden, der die Kraft hat, sich an den
Reizen des Horrors zu berauschen*. Planmäßig sucht er nach
dem »perfekten Monster«. Er will nur die Crème des Bösen
genießen. Dem entspricht eine Erotik, die nicht Engel ver-
göttern, sondern Hexen verfallen will. Und zwar betet der
Künstler nicht die tödlichen Frauen an, sondern die
schreckliche Leidenschaft, die ihn an sie kettet. Das wird
zum Königsweg auf der Suche nach dem Neuen.

Wer sich von der Moral befreit hat, will das Böse nicht
mehr unschädlich machen, sondern in Dienst nehmen. »Die
schrecklichen Energien – das, was man das Böse nennt –
sind die zyklopischen Architekten und Wegebauer der Hu-
manität«, meinte schon Nietzsche. Und er fährt fort: »Man
soll das Böse schonen, wie man den Wald schonen soll.« Mit
solchen Überlegungen ist Nietzsche zu einer Theorie des
Bösen *jenseits* von Gut und Böse vorgedrungen. Seine ge-
nealogischen Forschungen zielen ja darauf, das Gute, Wahre
und Schöne als Emergenzen des Bösen zu erweisen. Wie der
ästhetische Satanist ist der Genealoge der Moral ein Abenteurer im Bösen. Er zeigt uns: *Jedes lebendige Gute trägt in
sich ein unterworfenes Böses.*

Seither kann man wissen: Das Böse ist ein Atavismus des
ehemalig Guten, und das Gute ist ein in Dienst genomme-
nes Böses von ehedem. Kultur als Triebverzicht aber verwandelt das primitiv Böse ins Soziale: Der Tierquäler wird
zum Tierschützer, der kleine Sadist wird zum Menschen-
freund. »Alles Fruchtbare in Dienst nehmen, einzeln, versuchsweise, schrittweise – so will es die Aufgabe der Kultur.
Überall, wo eine Kultur ihr Böses ansetzt, bringt sie damit
ein Furchtverhältnis zum Ausdruck«; sie markiert damit
den Bereich des Verbotenen und Unheimlichen. Deshalb lautet denn auch Nietzsches entscheidende Frage an eine Kultur: Nimmt sie das Böse souverän in Dienst, oder verdrängt
sie es? [...]

Die Notsüchtigen

Und damit sind wir bei Film und Fernsehen. Sie operieren beide mit der Lust an der Unlust. Das ist aber – bei Kant kann man es nachlesen – charakteristisch für die Erfahrung des Erhabenen. Deshalb meinen wir: *Der Horror ist die Massenkommunikation des Erhabenen.* Das bedarf der näheren Erläuterung.

Gehen wir zunächst einmal davon aus, daß Massenmedien Wünsche erfüllen – oder dies doch wenigstens versprechen. Aber welcher Wunsch wird da eigentlich erfüllt? Unsere These lautet hier: *Massenmedien befriedigen ersatzweise die in unserer Zivilisation freigesetzte, vagabundierende Aggressionslust.* Wir sollen ja Kosmopoliten in der *einen* Welt sein, deren Kernländer schon im ewigen Frieden zu leben scheinen. Nur im Spielfilm darf man noch zwischen Freund und Feind unterscheiden. Nur im Sport darf man noch siegen. Und auch der »mündige Bürger«, der sich täglich durch Nachrichtensendungen über die Übel der Welt informiert – und, wie wir wissen, nur das Üble, Böse hat »News Value« –, ist fasziniert vom Erhabenheitseffekt des Fernsehens: Man kann durch einen Schirm geschützt Katastrophen betrachten. Die Medien präsentieren den Alltag des Schreckens, den Weltbürgerkrieg als Fernsehserie. Hans Magnus Enzensberger bemerkt hierzu: »Wen der Terror der Bilder nicht zum Terroristen macht, den macht er zum Voyeur.«

Technische Medien schützen uns vor der Direktheit der Sinneswahrnehmung. Und so bieten uns die Massenmedien in ihren Nachrichtensendungen eine geschützte Weltwahrnehmung. *Hinter diesem Schirm geborgen wird uns der Schrecken zur Lust.* Seriöse Fernsehsendungen liefern uns Gewaltberichte frei Haus – natürlich unter dem Vorwand der Abscheu vor Gewalt. Damit wird aber nicht ein Informationsbedürfnis befriedigt, sondern *ein Katastrophenwunsch* erfüllt. Wir Fernsehzuschauer sind die »Notsüchtigen«. Und der Bildschirm ist die Wand, an die wir das

Unglück der anderen malen. In einem Aphorismus der *Fröhlichen Wissenschaft* notierte Nietzsche ungemein hellsichtig: »Not ist nötig! Daher das Geschrei der Politiker, daher die vielen falschen, erdichteten, übertriebenen ›Notstände‹ aller möglichen Klassen und die blinde Bereitwilligkeit, an sie zu glauben. Diese junge Welt verlangt, von außen her solle – nicht etwa das Glück, sondern – das Unglück kommen oder sichtbar werden; und ihre Phantasie ist schon voraus geschäftig, ein Ungeheuer daraus zu formen, damit sie nachher mit einem Ungeheuer kämpfen könne.«

Die Frage, warum wir uns am Unglück der anderen ergötzen, ist alt. Schon Lukrez bemerkte (*De rerum natura* II,2), es sei süß, »des anderen mächtige Not vom Lande zu schauen«, weil man eben im Augenblick des Zuschauens vor diesen Leiden und Gefahren sicher ist. Die Götter der alten Welt sind offenbar als Zuschauer des sinnlosen Leidens erfunden worden. Sie haben Spaß an der Grausamkeit des Zufalls, der den Menschen mitspielt. An die Stelle der antiken Götter sind heute die Zeitungsleser und Fernsehzuschauer getreten: »Leiden-sehn tut wohl«, sagt Nietzsche. *Wir betrachten heute die Katastrophen der Welt, als ob wir die unbetroffenen Götter der Antike wären.*

Und gerade diese unbetroffenen Zuschauer sind dann das willige Publikum von Betroffenheitsdarstellern, die sich in Kommentaren und Talk-Shows zu Anwälten des Weltleids stilisieren. So entsteht die Illusion der Weltverantwortung. Doch stabile Ferninteressen gibt es eben nur in einer Medienwirklichkeit. Und ein Weiteres kommt hinzu: Die inszenierte Betroffenheit läßt sich trefflich gegen die eigene Gesellschaft wenden. Schon vor Jahrzehnten hat der Soziologe Helmut Schelsky diese Propagandatechnik des »geborgten Elends« analysiert: Der Fernsehimport des fernen Elends – sei es nun Somalia, Bosnien oder Tschetschenien – wird als Dekadenzsymbol der eigenen Gesellschaft inszeniert.

Solchen Katastrophenbetrachtungen und Betroffenheitsdarstellungen kommt die Sendestruktur der Massenmedien entgegen. Sie sind, genau wie die Politik, auf Harmonie fixiert – gerade weil sie von Streit und Konflikt leben. Sie brauchen dringend das, was zu fürchten sie vorgeben: den Streik, den Rücktritt, den Skandal, die Katastrophe. Das ist das Diabolische, Entzweiende, Verfeindende. *Das Böse macht den Unterschied, der zählt: Bad News.*

4

_____ **Flügel der Phantasie** _____

REINER DIECKHOFF

Drogeninduziertes Schreiben ist eine gängige literarische Praxis, die sich in speziellen Anthologien vom literarischen Betrieb abzugrenzen sucht. Dabei ist der Stimulus durch rauschhafte Substanzen keine Erfindung unserer Zeit. Was in den vergangenen Jahrhunderten religiöse Exzesse auslösten, versuchten die »Opiumesser« um Thomas de Quincey (1785–1859) künstlich zu erreichen. Der Germanist und Kunsthistoriker Reiner Dieckhoff beschreibt, wie Traum und Rausch zum Vehikel einer Dichtung wurden, die sich nicht mehr an der Realität, sondern am Utopischen orientierte.

Zur Ästhetik
von Traum und Rausch

Die Ästhetik des Rauschs hat keine eigene Geschichte. Zu sehr ist sie verwoben mit der Ästhetik des Traums. Ihr gemeinsamer Fluchtpunkt liegt im Ursprung der modernen Poesie und Poetik selbst, verweist also zurück über Baudelaire, dem Dichter der *modernité*, auf die Theoretiker der Frühromantik als die Wegbereiter moderner Ästhetik überhaupt. Keineswegs kann deshalb das Thema Dichter und Drogen in der Art abgehandelt werden, wie sie für die wohl recht nützlichen, aber auch recht beiläufigen literaturwissenschaftlichen Spezialuntersuchungen üblich ist, wie etwa jene innerhalb der kaum mehr überschaubaren Goethebibliographie. Eine Genealogie der Drogenbeeinflussung führt uns vielmehr Dichter vor Augen, die sich literarhistorisch als die Avantgarde auszeichnen: Novalis und Friedrich Schlegel, die geistigen Urheber der deutschen Romantik (der Begriff der romantischen Poesie wurde von ihnen 1798 eingeführt und zum Programm erhoben), Coleridge, als der charakteristischste, sowie Keats, als der begabteste Vertreter der englischen Romantik, E. T. A. Hoffmann, der scharfsinnige Pathologe des modernen zerrissenen Bewußtseins, Edgar Allan Poe, dessen unmittelbare Wirkung auf Baudelaire und die Moderne kaum überschätzt werden kann, Rimbaud, Verlaine, Trakl und die Surrealisten, die Baudelaires postulierte »Verschwisterung von Traum und Tat« am konsequentesten umzusetzen suchten. Alle genannten Dichter haben mehr oder weniger bewußt Drogen, meist Opium, zur Stimulierung ihrer Einbildungskraft eingesetzt. Denn Einbildungskraft oder Imagination ist das neue Zauberwort für mehrere Generationen von Dichtern seit der Wende vom 18. zum 19. Jahrhundert. Dabei wird der Ablauf des Traumgeschehens als Vorbild für das poetische Schaffen hingestellt.

Die Dichter des 18. Jahrhunderts, des Jahrhunderts ohne Staunen, standen dem Phänomen des Traumes noch äußerst mißtrauisch gegenüber. In einem Brief an Herder aus dem Jahre 1788 heißt es bei Goethe: »Man wird selbst zum Traum, zur Niete, wenn man sich ernstlich mit diesen Phantomen beschäftigt.« Goethes berühmtes Diktum: »Das Klassische nenne ich das Gesunde und das Romantische das Kranke« (am 2. 4. 1829 zu Eckermann) bezeichnet den geistigen Umschlagpunkt noch krasser. Wenn die Romantiker im Traum die Offenbarungen einer unsichtbaren Wirklichkeit und zugleich den Ausdruck eines höheren, durch poetische Magie zu erlangenden Bewußtseins sehen, das bestimmt ist, eines Tages die Hauptwidersprüche des Lebens aufzulösen, so ist dies eine Auffassung, die der psychoanalytischen entgegengesetzt ist. Der modernen Psychoanalyse geht für ein solches geistiges Abenteuer, ob mystisch oder romantisch, jedes Verständnis ab, sie vermag darin nichts anderes als einen klaren Fall von Psychose zu sehen. Der Ausspruch von Novalis (1800): »Die Welt wird Traum, der Traum wird Welt«, heißt ja nichts anderes als das, was noch Traum ist, einst totales Bewußtsein sein wird. Den eigentlichen Gewinn aus dem Traum sahen die Romantiker jedoch in der Tatsache, daß wir überhaupt träumen können, daß in uns selbst diese ganze Welt der Freiheit und der Bilder existiert und erfahren läßt, daß die augenfällige Ordnung der Dinge nicht die einzige Ordnung ist. Denn die dumpfe Ahnung, die in jedem Menschen schlummert, vermag im Traum, und erst recht in einem mit Opium stimulierten, auf eine scheinbar weit zurückliegende Zeit zu verweisen, in der der Mensch sich harmonischer und weniger zerspalten in die Harmonie der Natur einfügte. Das mythische Goldene Zeitalter, für das die Erinnerung an die Kindheit oft als Bild herhalten muß, ist aber nur als Zustand der Ungeschiedenheit einer Welt der Wirklichkeit draußen und einer Welt der Phantasie drinnen faßbar. Denn dessen war sich auch der wichtigste Philosoph der romantischen Bewegung, Friedrich Wilhelm Schelling, sicher: »Alles Philosophieren besteht in einem Erinnern des Zustandes, in welchem wir *eins* waren, mit der Natur.« Das grenzenlose Heimweh nach dem Ursprung, die Sehn-Sucht nach dem verlorenen Paradies – das sind Beunruhigungen, die seit der Romantik bis hin in unsere Zeit in der Dichtung zum Ausdruck gelangen.

Die Gefahren dieser Vergötterung des Unbewußten liegen jedoch in dem drohenden Abgrund, der zum Verlust der Individualität im Labyrinth der Seele führt. So oberflächlich Goethes Definition der kranken Romantik auch sein mag, traf sie doch ihren Kern: Im Gegensatz zur Klassik hatte die Romantik das Pathologische und Dekadente entdeckt. So ist in ihr auch der Anfang der europäischen

Dekadenz zu sehen, die in der zweiten Jahrhunderthälfte durch Namen wie Baudelaire, Verlaine, Huysmans, Lautréamont und Oscar Wilde (alle drogenabhängig und dem Satanismus und Dandyismus huldigend) gekennzeichnet ist. Verlaine hat das treffende Stichwort von den *poètes maudits*, den verfemten Dichtern, gefunden. Ihr Leiden als Unverstandene an der von ihnen selbst hervorgerufenen Ächtung durch die Gesellschaft und ihr Rückzug in die mit sich selbst beschäftigte Innerlichkeit wird zum Akt des Stolzes: Die Ächtung meldet sich als Anspruch auf Überlegenheit. Ein Schema, das man unschwer bei Dichtern und Künstlern des 20. Jahrhunderts wiedererkennt. Im Grunde sehnten sich die Romantiker nach einem Leben, in dem Dichtung zur Wirklichkeit wird, was Brentano »poetische Existenz« nannte. Er war der Meinung, daß die Poeten bei der bürgerlichen Natur zugrunde gehen. Die Kunst soll nicht mehr die Realität, sondern die Realität soll die Kunstwerke nachahmen. In der ästhetischen Kritik des Weltlaufs ist die Kunst das Utopikum schlechthin, das als transzendentaler Entwurf des Nichtseienden, das sich zu allem, was ist, wie das total Andere verhält, das Prinzip des revolutionären Umbaus der Welt sein soll. Traum und Rausch, durch Opium seinerzeit am zuverlässigsten herbeigeschafft, wurden zum Vehikel einer Dichtung, deren eigentliche Ästhetik die der Imagination war.

Diese Ästhetik, die sich bis heute nicht grundsätzlich geändert hat, ist einer ganz besonderen gesellschaftlichen Situation entsprungen. Die Destruktion des religiösen Bewußtseins durch die voraussetzungslos, also radikal fragende Vernunft der Aufklärung des 18. Jahrhunderts wurde von dem empfindenden Subjekt als die erneute Vertreibung aus dem Paradies erfahren, da es sich mit der kalten und grausamen Wahrheit des Verstandes nicht abfinden konnte. Es sind im wesentlichen zwei Grundsatzentscheidungen nach dem Wegfall paradiesischer Hoffnungen und Tröstungen der christlichen Religion, die bis heute die Ideen-

geschichte der Moderne bestimmen: die Errichtung einer irdischen Metaphysik mit Hilfe des Traums und des Rauschs
und die Entwürfe einer konkreten Sozialutopie, die von der
Französischen Revolution bis zu Marx der Gesellschaft irdischen Ersatz ihrer paradiesischen Hoffnungen schaffen
wollte. Daß beide Richtungen einander leidenschaftlich be-
kämpften, zeugt eben davon, daß sie gleichen Ursprungs
waren. Dies kann aus einem Brief von Karl Marx an Ruge
aus dem Jahre 1843 deutlich werden: »Unser Wahlspruch
muß also sein: Reform des Bewußtseins nicht durch Dog-
men, sondern durch Analysierung des mystischen, sich
selbst unklaren Bewußtseins, trete es nun religiös oder politisch auf. Es wird sich dann zeigen, daß die Welt längst den
Traum von einer Sache besitzt, von der sie nur das Bewußtsein besitzen muß, um sie wirklich zu besitzen. Es wird sich
zeigen, daß es sich nicht um einen großen Gedankenstrich
zwischen Vergangenheit und Zukunft handelt, sondern um
die *Vollziehung* der Gedanken der Vergangenheit.« Diese
Sätze vermögen kaum, zumindest nicht im Vokabular, ihre
geistige Herkunft aus der Romantik zu verbergen. »Die
Vollziehung der Gedanken der Vergangenheit« – eben
darum ging es ja gerade den Theoretikern der Frühromantik, wenn sie auf die dunklen Schriften Jakob Böhmes, Meister Eckharts oder Plotins, also auf die esoterischen Traditionen zurückgriffen. Gerade die Mystik (d. h. die »negative
Theologie«) war es ja, die sich im Unterschied zur dogmati-
schen Religion dem Rationalisierungsprozeß der Aufklärung weitgehend entziehen konnte, da sie auf ureigenster
subjektiver Erfahrung beruht. Weltentsagung und Suche
nach dem verlorenen Paradies sind die Essenz der Mystik,
idiosynkratische Regung gegenüber der Wirklichkeit und
die Flucht in den Traum und den Drogenrausch, in den Bereich des inneren Ichs, den sie zu einem totalen auszubauen
strebte, sind das Programm der Romantik, mit dem sie die
absonderlichsten Grübeleien alter Gnostiker und Mystiker
aufgreift und überbietet. Idiosynkrasie ist die Affektion der

Sensibilität, die auf etwas mit unüberwindbarem Widerwillen, mit Abscheu, ja Ekel reagiert. Die Wahrheit der Kunst ist somit nichts anderes als die Wahrheit des Ekels, mit der sich die sensible Subjektivität gegen die verdinglichte Gesellschaft wendet.

Die Romantik hat die tiefe Verwandtschaft zwischen den dichterischen Zuständen und den Offenbarungen religiöser Art erkannt und bekräftigt. Der Dichter als Seher oder Visionär übernimmt die Aufgabe, Zeugnis abzulegen für die gemeinsame Angst aller, die Urangst der Kreatur, die in ihr zeitliches Dasein eingesperrt ist, und Sehnsucht zu wecken nach den Möglichkeiten des Glücks, die im Innern schlummern. Aus »trostloser Einsamkeit«, aus »der tiefsten Tiefe der Traurigkeit, die uns dem Leben entfremdete«, ist für Hölderlin, den Verkünder des »wunderbaren Sehnens dem Abgrund zu«, der selber dem Wahn verfiel, »heiliger Wahnsinn höchste menschliche Erscheinung«. Heiliger Wahnsinn meint aber nichts anderes als das, was Platon in seiner Ästhetik mit *mania* bezeichnet, einen rauschhaften Zustand, in welchem das Subjekt seiner selbst enthoben ist. So stellt sich am Ursprung der modernen Poesie, in einer nur halb aufgeklärten Welt die Gestimmtheit der mythisch-archaischen Weltverfassung wieder her, wie sie Pindars achte *Pythische Ode* beispielhaft auszudrücken vermag:

> Wir Flüchtigen! Was wir sind,
> Schon sind wir's nicht mehr. Ein Traum
> Des Schattens, das ist der Mensch.
> Aber, kommt nur ein Strahl von
> Gott her, gleich ist es hell, und das
> Leben dünket uns freundlich.

GOTTFRIED BENN

Gottfried Benn (1886–1956) war Facharzt für Haut- und Geschlechtskrankheiten und einer der bedeutendsten deutschen Lyriker des 20. Jahrhunderts. Seine frühen Gedichte prägt der expressionistische Ekel vor der Welt, ihr Thema ist der Verfall der geistig-moralischen Werte des Menschen. Die Droge ist für ihn ein Mittel der Negation. Sie kann dabei helfen, sich von seinem Ich zu trennen.

Kokain

Den Ich-Zerfall, den süßen, tiefersehnten,
den gibst du mir: schon ist die Kehle rauh,
schon ist der fremde Klang an unerwähnten
Gebilden meines Ichs am Unterbau.

Nicht mehr am Schwerte, das der Mutter Scheide
entsprang, um da und dort ein Werk zu tun,
und stählern schlägt –: gesunken in die Heide,
wo Hügel kaum enthüllter Formen ruhn!

Ein laues Glatt, ein kleines Etwas, Eben –
und nun entsteigt für Hauche eines Wehns
das Ur, geballt, Nicht-seine beben
Hirnschauer mürbesten Vorübergehns.

Zersprengtes Ich – o aufgetrunkene Schwäre –
verwehte Fieber – süß zerborstene Wehr –:
verströme, o verströme du – gebäre
blutbäuchig das Entformte her.

Ernst Jünger

Ernst Jünger (1895–1998) beschreibt in seinen Romanen und Tage-
büchern die Entwicklung der konservativ-bürgerlichen Intellek-
tuellen in Deutschland nach dem Ersten Weltkrieg. Rauschhaft
schildert er Kriegserlebnisse, durch die der »heroische Mensch«
erst zu seinem wahren Wesen heranwachse. Eine ähnliche Erfah-
rung scheint ihm durch künstliche Stimulantia möglich zu sein.

Der Rausch:
Heimat und Wanderung

Daß Drogen Gebiete unter sich aufteilen und bestimmte
Herrschaftsbereiche abgrenzen, ist oft bemerkt worden. Die
Lotophagenträume gedeihen im Orient. Der Geist schweift
aus, während der Körper auf dem Lager ruht. Die Bilder
sind nicht nur schön und heiter; sie können auch schrecklich
und grausam sein. Die Droge spielt die Rolle der Schehera-
zade, die dem Sultan während der Nacht »die wachen Stunden vertreibt«.

Der Abendländer zieht die stimulierenden und aktivie-
renden Einflüsse vor. Der Unterschied fällt selbst dort auf,
wo er sich der gleichen Mittel bedient. Dort der Mann in
der Chelabyja, der sich vor einem Café in Damaskus die
Wasserpfeife bringen läßt – hier der Typ, der in der Pause
zwischen zwei Arbeitsgängen hastig die Zigarette »stößt«.

In einer solchen Landschaft muß der Konsum von Mitteln zunehmen, die eine bildlose Steigerung der Lebenskraft
einbringen, ein vitales Behagen bei beschleunigtem Puls.
Dabei werden wie beim Kettenrauchen die Pausen geringer;
die Droge wird zum Treibstoff degradiert. Dazwischen Öl
für das ausgeleierte Getriebe: die ebenso farblosen Beruhi-
gungs- und Schlafmittel. Von der Festseite des Rausches,
der Annäherung an neue Welten und dem damit verknüpf-
ten Wagnis, ist keine Rede mehr.

Mit dem Einsickern reiner Phantastica in die westliche Welt verbindet sich nur ein geringes Wagnis, falls sie nicht, wie das Opium, durch chemische Prozeduren ihrer Bildwirkung beraubt werden. Ihr Genuß setzt das stille Behagen an der Bildwelt voraus und damit eine Neigung, die dem Stil der Epoche widerspricht. Die beiden berühmten Fälle, in denen das Geheimnis des Mohns erfaßt wurde, sind die de Quinceys und Baudelaires. Auch Novalis sollte man nicht vergessen in dem Zusammenhang. Die Romantiker sind für das Fremde an sich anfällig. Einige Verse der Droste lassen vermuten, daß der Mohn zum mindesten hineinrankte. Ich denke besonders an »Durchwachte Nacht«. De Quincey hat starken Genuß an der Macht und ihrem Gepränge, auch ihren Schrecken – das bezeugt die berühmte Stelle seiner »Bekenntnisse«, die dem Consul Romanus gewidmet ist. So sehen Götter die Welt.

Der Träumer zieht die Einsamkeit vor; er möchte nicht überrascht werden. Die reale Welt trägt ihm Gefahren, zum mindesten den Fluch des Lächerlichen ein. Baudelaire hat das im Symbol des Albatrosses als Augur erfaßt. Schon durch dieses Gedicht hat sich sein Ausflug in den Fernen Osten für ihn, und mehr noch für uns, gelohnt. Die Götter dort verharren eher in der Haltung von Träumern als in der von Helden oder Leidenden. Die Meditation ist eine Form des Geistes, in der Traum und Gedanke sich sehr nahe kommen – wo sie sich völlig durchdringen, können neue Welten entstehen.

Die Phantastica können bei uns nicht zur Massenbedrohung werden wie die an- und ausspannenden Mittel – also wie Tabak und Alkohol einer-, Tabletten und Morphium andererseits.

Der Haschisch steht auf der Grenze, weil er nicht nur eidetisch, sondern auch motorisch wirkt. Der kollektive Genuß des Opiums ist selten; er setzt eine Gemeinsamkeit entweder musischer und meditativer oder abenteuerlicher Nei-

gungen voraus. Immer wieder hört man in dieser Hinsicht
von den Literaten des Hôtel Pimodan und von den Marine-
offizieren bei Farrère, Mirbeau und Loti – doch nur deshalb, weil sich kaum Vergleichbares findet, also der Rarität
halber.

Die Stimmung solcher Séancen muß man sich als die einer
kultivierten und sich verdichtenden Sympathie vorstellen,
verbunden auch mit diffusen Anwesenheitsgefühlen, wie sie
bei Spiritisten auftreten. Die Bilder werden mit dem inneren Auge gesehen; sie sind unteilbar und von anderer Art,
als sie unsere Traumfabriken oder selbst gute Schauspiele
darbieten. Baudelaire geht ins Theater nicht als Zuschauer,
sondern um das Stück als Motiv zu benutzen, das er in seine
Traumwelt einfügt und ihrem Stil unterwirft. Die Kunst
wird dem Rausch gegenüber zur Collage, zur geringeren
Stufe der Annäherung. Man könnte sich das auch so vorstellen, daß sich das Verhältnis von Wüste und Oase umkehrt
– die Oase bleibt smaragden, doch der Sand der Wüste wird
Diamant. Das Land gewinnt Edelsteincharakter, wohin
auch der Blick fällt; es schwindet der Unterschied zwischen
Fassung und Juwel.

Die Phantastica finden also im Abendland eine esoteri-
sche Aufnahme. Es rankt sich eine eigene Literatur um sie,
die sich von der frühen Romantik bis zum Fin de siècle verfolgen läßt. Ein Hauch des Dunklen, Heimlich-Unheim-
lichen umwittert den Kundigen. Es ist eigentlich kein Laster, dem er frönt, auch kein Verbrechen, zu dem er sich
hinreißen läßt. Eher ist es ein Raub an der Gesellschaft, der
verübt und verübelt wird – ein Raub, dessen extremste
Form der Selbstmord ist. Man ist der Gesellschaft müde –
so stößt man mit leichtem Boot aus dem Gewimmel der
Häfen ab. Bald bläst Wind in die Segel, und am Gleicher
brauchen die Inseln nicht mehr gesucht zu werden; sie steigen nach Belieben aus der Tiefe auf. Übrigens gewährt die
Einsamkeit an sich bereits ein Gefühl, das dem Rausch äh-

nelt – die Segler, die allein den Ozean überqueren, suchen weniger das andere Ufer als diese unerhörte All-Einigkeit.

Solche Neigungen sind angeboren wie auch die zu anderen sozialen Abweichungen, etwa den politischen und erotischen. Früher zählten sie zu den Kennzeichen der Outcasts, der unehrlichen Leute, die man vor dem Tor in den Mühlen, Gerbereien, verdächtigen Wirtschaften traf. Dort war der Wechsel der fahrenden Sänger und Pfeifer, der Zigeuner und Venediger, der Goldmacher und Schatzgräber. Dort hegte man Stechapfel und Bilsenkraut und grub den Alraun aus, der unter dem Galgen wuchs.

Zwei Unbekannte treffen sich im Zuge oder auf einer Parkbank; es fällt der Name eines Autors, der Titel eines Buches, und sie wissen übereinander Bescheid. Meist freilich erkennen sie sich heute, wie Bouvard und Pécuchet zu Beginn ihres Romanes, als aufgeklärte Spießbürger.

Die Jahrhunderte geben einen groben Raster, der den Stilwandel nicht präzise deckt. Oft gewinnen sie erst in der Mitte ihren typischen Aspekt. So auch das unsere. Allerdings gibt es Keime, Anklänge schon vor dem Beginn, doch formten sie die Landschaft nicht. Das Röntgenbild, der Funk, der Übergang vom Dampf zum Treibstoff, vom Impressionismus zum Kubismus, Nietzsches Visionen, Lilienthals Flügel – das alles scheint punktuell, als ob Viren sich ansetzten. Die Einzelheiten werden verdeckt und übertönt durch den Lärm gewaltiger Verschrottungen. Vor allem bringen die beiden großen Kriege weltweite Planierungen. Doch nun wird auch der Weltstil sichtbar, als ob vom heißen Rohguß der Mantel abspränge – erst insulär wie im System der Flughäfen. Dort laufen schon andere Uhren, gilt eine neue Zeit. So horstet Brobdingnag sich im Bereich der Liliputaner ein – mit den brutalen Ansprüchen der Titanenkraft.

Der neue Weltstil bezieht auch Droge und Rausch in sich ein. Der große Strom der anregenden und betäubenden

Pharmaka fließt weiter, verbreitert und beschleunigt sich sogar. Die Grenze verwischt sich, an der sie hier der Gesundheit, dort dem Vergnügen dienen, bis sie unentbehrlich geworden sind. Inmitten der Arbeitswelt und ihrer Spannung werden sie vielen zur Nervenkost. Von der Massendrogierung kann man in den pharmazeutischen Fabriken eine Vorstellung gewinnen angesichts der Zentrifugen, die in schneller Folge Tabletten herausschleudern. Das vereinigt sich zu vielfarbigen Flüssen, die sich wiederum verzweigen bis in die entlegensten Dörfer und Haushaltungen. Auch hier wird die Ambivalenz insofern spürbar, als die Chemie sich fortwährend an die Grenze herantastet, an der das Heilmittel euphorische Wirkungen abspaltet. Dort kommt es zu großem Konsum. Die Tabuierung durch das Gesetz bleibt im Kielwasser.

Dagegen verliert sich mit der Kultur der stille Genuß an den Rändern der Hanf- und Mohngärten. Einerseits wird die Beschleunigung zu stark, zum anderen genügen innerhalb des Schwundes – oder scheinen zu genügen – die mechanisch produzierten und reproduzierten Bilder, die kulissenhaft das Blickfeld umstellen und einengen. Die kollektiven Träume verdrängen die individuellen, die innere Bildwelt wird durch die äußere überdeckt.

Freilich bleibt immer ein Durst, ein mahnendes Gefühl der Leere zurück – die Ahnung, daß die Tage unfruchtbar verbraucht werden.

Damit ist der Abschnitt des langen Marsches erreicht, an dem neue Bedürfnisse erwachen, die mit der Titanenwelt in Einklang stehen. Das erklärt den Übergang zu jenen Drogen, die man »Psychopharmaka« nennt. Der Name ist unzureichend; wahrscheinlich wird er durch andere ersetzt werden.

Noch einmal: Die Stimulantia sind zum Treibstoff geworden, die Somnifera wurden entkeimt. Die eigentliche Gefahr ist darin zu vermuten, daß sie traumlosen Schlaf geben.

Die Phantastica hingegen verloren mit der Kultur des bürgerlichen Zeitalters ihr inneres Gegengewicht. Wenn das Haus zerstört ist, wird auch der Garten unwirtlich. Mit den Lilien, Seerosen, Herbstzeitlosen des Jugendstils und ihren Verschlingungen welkt auch der Mohn mit seinen Träumen dahin.

Nun kommt etwas Neues, auch um die Mitte des Jahrhunderts, dem Titanismus maßgerecht: eine Gruppe von Stoffen, deren Kräfte und Formeln sich um die des Meskalin ordnen. Sie sind organischer Herkunft, gehören zu den »secretis herbarum« des Albertus, doch wurden sie bald dem Zeitstil gemäß synthetisch umrissen und nachgeahmt. Auch ihnen ging, ähnlich wie dem Motorenflug Lilienthals Flügel, eine Reihe von tastenden Berührungen voraus. Der Meskalinrausch wurde in Beringers Institut auf die psychischen Wirkungen hin untersucht. Die Berichte (1927) ergaben eine umfangreiche, doch wenig tiefgründige Monographie. Hanns Heinz Evers, den man als einen der Neugierigen ohne Hintergrund bezeichnen könnte, ließ sich auf seinen Reisen auch einen Meskalinrausch nicht entgehen. Dabei gewann er noch nicht einmal die Stufe, die Maupassant durch den Äther erreichte – es blieb bei einer reinen Farbensymphonie.

Mexikos Erde verdanken wir eine Reihe titanischer Varianten; der Boden ist urträchtig. Der Truthahn, der Mais, die Sonnenblume: das Huhn, die Weizenähre, die Marguerite scheinen nach Brobdingnag versetzt. Die Nachtschatten fallen durch Riesenknollen und -früchte auf. Ein Grund für Pyramiden und Cäsaren, Adler und Schlange, Zauberer und Wahrsager, Hexen und Giftmischer.

Das Meskalin und seine Verwandten wirken brutaler, herrischer als die Opiate; sie führen nicht nur in die Bildwelt und ihre Paläste, sondern tief in die Gewölbe hinab. Sehr frühe Wahrnehmungen werden wieder glaubwürdig. Die Stimulantien und Narcotica manipulieren mit der Zeit, die sie ausdehnen oder beschleunigen. Hier aber spaltet sich die Erde; Zeit schaffende Macht wird ursprünglich.

Für Ärzte lag der Gedanke nahe, Kranke auf diese Weise aufzumuntern, vielleicht sogar zu heilen wie durch ein Fieber oder einen Schock. Für den musischen Menschen, den Dichter mag es noch andere Gründe geben, zum Brunnen hinabzusteigen, in dem Styx und Lethe sich vereinen; dort entspringt auch der kastalische Quell. Vergessen und Vernichtung gehen der Initiation voraus. Das läßt sich auch an der Entwicklung der Malerei ablesen.

HARRY SHAPIRO

Harry Shapiro hat den komplexen Wechselbeziehungen zwischen Musik, Bands und Fans in der Geschichte der Popkultur nachgespürt, um darzustellen, daß Drogen nicht nur die Wahrnehmung der Musik veränderten, sondern auch einen ganz eigenen Stil schufen. In Andy Warhols Factory reichte das weit über die Grenzen des rein Musikalischen hinaus.

Sky High – Andy Warhols Factory

Sie waren wie Maulwürfe, leere Schatten, die nur nachts in ihren supercoolen und absolut angesagten schwarzen Sachen unterwegs waren und einen elegant abgefuckten Look draufhatten (den sich Keith Richards später patentieren ließ), weil sie solche Unmengen Speed nahmen, der den außeren Blutgefäßen das Blut entzieht. Schlafen und Essen fielen völlig unter den Tisch. Auch Heroin erzeugt dieses fahle, unterernährte Aussehen, bei dem das Gesicht nur mehr aus Haut und Knochen besteht, mit stark betonten Wangenknochen und tief in den Höhlen liegenden Augen.

Wie modisch, hip und »kreativ« diese Leute auch immer waren, in Wahrheit waren die meisten Factory-Typen irgendwie beschädigte, labile und launenhafte Unpersonen, die wie verrückt Speed einwarfen, um genügend Mut zu haben, ihr gewünschtes Image nach außen zu projizieren. Sie schliefen nicht, weil sie nichts versäumen wollten. Jeder quatschte alle anderen stundenlang an und erzählte von seinen großartigen Plänen, Schrullen und Launen, die im selben Augenblick vergessen waren, in dem sie ausgesprochen wurden. »Uptight« (angespannt) war das Schlüsselwort für diese Szene; Speed machte sie alle total paranoid, was ihre Stellung in der Factory-Hierarchie betraf – warum hatte Andy ihn/sie nur lieber als mich? Dieser Begriff traf im Jahre 1966 auch auf das gesamte Musikbusineß zu – jeder versuchte, sich eine möglichst gute Position zu erkämpfen und war hungrig nach Publicity. Niemand sah, wohin er unterwegs war, weil alle so damit beschäftigt waren, ängstlich über die Schulter zu schauen.

Die Factory war nichts anderes: Man fand irgendwelche Leute, gestaltete sie um und warf sie den gierigen Medien, die sich wie die staunenden Menschen im Märchen von des Kaisers neuen Kleidern verhielten, zum Fraß vor. Später wurden sie wie leere Suppendosen wieder weggeworfen. Manche von ihnen wurden vertrieben oder bemerkten, daß ihre Realitätswahrnehmung eine einzige Drogenvision war. Wenn sie beispielsweise aufhörten, Speed zu nehmen, dann bekamen sie unerträgliche Depressionen, und viele von ihnen griffen zur Flasche, zu Heroin oder zu Barbituraten.

Edie Sedgwick war der klassische Warhol-Schützling. Ihre traurige Biographie erzählt die Geschichte eines schönen, zum Scheitern verurteilten, armen, kleinen, reichen Mädchens, das auf Speed durch den Strudel der Warholschen Welt unterwegs war, »Star« in seinen Filmen sein durfte und halbverrückt nach Ruhm und Bewunderung war.

Irgendwann ekelte sie das Factory-Leben an und sie schloß sich dem Dylan-Clan an, wo sie noch mehr Drogenirrsinn durchmachen mußte und dann fallengelassen wurde. Mit 28 starb sie an einer Überdosis Barbiturate. Joel Schumacher, der Regisseur von Filmen wie *The Wiz, Car Wash* und anderen, gab den folgenden Kommentar dazu ab: »Sie war die vollkommene Verkörperung der Zersplitterung, der Explosion, der Unsicherheit und des Irrsinns, die wir alle in den Sechzigern durchmachten. Je verrückter man war, desto eher wurde man als Held betrachtet.«

Wenn Warhol Gott war, dann war Dr. Charles Roberts sein Erzengel. In seinem Sprechzimmer in der 48th Street verteilte er Methedrininjektionen an die Reichen, Berühmten und nicht ganz so Berühmten. Er verordnete die Droge, ohne irgendwelche Unterschiede zu machen und offensichtlich aus nichtmedizinischen Gründen, an alle, die genug Geld besaßen. Sein Sprechzimmer war immer voller Schauspieler, Models, Geschäftsmänner und Musiker, die sich bei einem Arzt um ihren Schuß anstellten, der (um noch einmal Schumacher zu zitieren) »selbst die ganze Zeit stoned war«. Er hatte seine Lieblinge, die einfach in seine Praxis schlendern, und die Horden, die schon ziemlich entnervt dort warteten, verächtlich angrinsen konnten und sich dann direkt zu Doc Roberts begaben, um sich ihr Speed zu holen. Abgerechnet wurde von einem zuvor bereits eingerichteten Gebührenkonto. Edie Sedgwick war eine dieser bevorzugten Patientinnen.

Injiziertes Methedrin ist so etwas wie eine Turboladung Amphetamin; nimmt man die Droge über längere Zeit hinweg, dann kann das zu einer paranoiden, schizophrenieartigen Psychose, zu Wahnvorstellungen und Halluzinationen führen. Chronische User bleiben oft tagelang wach, essen fast nichts und nehmen bis zu 5000 mg am Tag – wobei eigentlich schon 250 mg tödlich sein können. Wenn man die Droge einige Monate lang konsumiert hat, dann kann es einige weitere Monate dauern, bis man sich von der depressi-

ven Stimmung des Entzugsstadiums erholt hat. Manche
schaffen es nie. Aber darum schien sich kein Mensch zu
scheren; vielleicht war diese Angewohnheit nur eine Ex-
tremversion des normalen Lebens in New York.

Doc Roberts spritzte der ganzen Besetzung von Warhols
Film *Ciao Manhattan* Methedrin, damit der Streifen schneller gedreht werden konnte. Auf dem Video des Films kann
man Edie Sedgwick hören, wie sie über die Schrecken und
die Freuden, die Speed gleichzeitig für sie darstellt, redet:

»Dieses Acryl-High, schreckenerregende, jodelnde, sich
ewig wiederholende Echos einer Unendlichkeit, die so brutal und quälend ist, daß Worte die Verwüstung und die
Stimmung, die so ein böser Alptraum in einem anrichtet,
gar nicht wiedergeben können … [trotzdem] ist es schwierig, sich zwischen den höchsten Ekstasen von Speed und
Kokain für eine von beiden zu entscheiden … oh, sie sind
so sagenhaft. Dieses phantastomatische sexuelle Kitzeln …«

Jene, die es am besten schafften, den reißenden Strudel
des Bohemelebens, der Edie Sedgwick und andere wie sie
verschlang, auszudrücken, waren wahrscheinlich die Velvet
Underground, die mit dem echten musikalischen Talent eines Lou Reed gesegnet waren. Die kalifornischen Musen
der Rockmusik mit ihren acidgetränkten Texten boten nur
Flucht und die Hoffnung auf eine bessere Welt voller Frieden, Liebe und Harmonie; was Lou Reed anzubieten hatte,
war eine Einbahnfahrt in die Hölle. Mit den Velvet Underground gab es keine Möglichkeit zur Flucht.

1966 fand Tony Conrad, ein Freund der Band, in einem
Rinnstein der New Yorker Bowery ein Taschenbuch, einen
sadomasochistischen Roman mit dem Titel *The Velvet Underground*, und verhalf der Band so zu ihrem Namen. Im
selben Jahr wollte Andy Warhol eine Multimedia-Show
aufziehen, die auf Tour gehen und bei der die Band vor einem Hintergrund aus Tänzern, Dias, Filmen und Lichtern
auftreten sollte. Warhols berühmtester Schauspieler, Paul
Morrisey, erinnert sich, wie er damals mit dem Tänzer und

Poeten Gerard Malanga und einer Factory-Type namens Barbara Rubin herumsaß:

»Ich hob irgendeine Platte vom Boden auf, auf deren Backcover Barbara zu sehen war, wie sie Bob Dylans Kopf massierte (*Bringing It All Back Home*). Bei diesem Bild stand auch ein Begleittext, irgend so ein Amphetamin-Bob-Dylan-Geschwafel. Ich schaute ihn an, ohne ihn genau zu lesen, und sah diese Worte erscheinen: etwas, das explodierte (›exploding‹), etwas das aus Plastik war (›plastic‹), und etwas, das unvermeidlich (›inevitable‹) war.«

Und so geschah es, daß aus Andy Warhol's Uptight Show die »Exploding Plastic Inevitable« wurde. In den Jahren 1966/67 ging sie auf Tournee. Die Band an sich hatte schon genug theatralische Wirkung: ein manischer Geiger, ein geheimnisvoller Punk, der lange genug auf der Straße gewesen war, um alles zu wissen, ein normal aussehender Typ, ein Schlagzeuger unbestimmbaren Geschlechts und eine Zeitlang noch dazu Nico, die überwältigend blonde deutsche Sängerin. Sie hätten die Light-Show, die Filme und das degenerierte Getanze gar nicht gebraucht. Es war zwar in dem Augenblick in Ordnung und erzeugte Atmosphäre, aber was für die Nachwelt davon überblieb, sind einzig und allein die Musik und die dämonischen Texte Lou Reeds. Die Songs zeigen eine Frische, die einem Großteil der restlichen Musik dieser Zeit abgeht. Heute ist der Hippie-Traum tot und begraben, und wir leben immer noch Reeds öde und hoffnungslose Sicht des Großstadtlebens. Drogen sind Krankheit und Liebe, Leben und Tod.

In jedem Lied der Velvets waren es nur ein paar Noten, die immer wieder aufeinanderkrachen, bis zum Feedback – dem Kreischen, dem Aufschrei des Amphetamins –, das unweigerlich kommen muß. Der Rhythmus ließ einen nie frei, er hielt den Zuhörer nieder, während die Texte ihn mit Bildern von der Straße überschütteten. Der Sound der Gruppe war die hörbare Umsetzung der Amphetaminerfahrung. Das war der Kontext, in dem diese Band existierte, der Rahmen, in dem sie arbeitete; Reed Reed, Lou baute in »Sister Ray« das Amphetamingestotter ein, um das noch zu unterstreichen. Aber Reed präsentierte auch die Gegenseite: Er sang über einen weißen Jungen, der nach Harlem ging, um sich dort Heroin zu besorgen (»Waiting for the Man«), und über die allesverschlingende Liebesbeziehung zwischen einem Heroinsüchtigen und seiner Droge (»Heroin«). Trotz seines Titels baut der Song auf dem Kamm einer Methedrin-Welle auf: »When I'm rushing on my run / And I feel like Jesus' son«. Dann windet er sich ganz nach unten, dorthin, wo der Junkie die Erlösung von einer Welt sucht, in der er einfach nichts begreift (»I just don't know«). Durch das Heroin befindet er sich in einem endgültig scheinenden Widerspruch: »... Heroin / will be the death of me«, aber »it's my wife / and it's my life«. Am meisten schockierte der Song auf der Bühne; Gerard Malanga zeigte dort den vollständigen Vorgang des Fixens, vom Erhitzen des Löffels über das Abbinden und den Schuß, bis er am Schluß am Boden lag und Lou Reed aus leeren Augen anstarrte.

Daß er Lieder wie »Heroin« schrieb, trug Lou Reed den Ruf des ärgsten Junkies weit und breit ein. Seine Kommentare zu diesem Thema waren immer zwiespältig, und meistens beließ er es bei Aussagen wie: »Nur weil ich darüber schreibe, heißt das noch lange nicht, daß ich es auch tue.« Auf seiner 1975er-Platte *Metal Machine Music* war zu lesen: »Was ich in einer Woche erlebe, schlägt dein ganzes Jahr«, und Mitte der Achtziger sagte er dann (in einem Interview im *Melody Maker* vom 1. März 1986): »Ich habe mit Dope nichts zu tun. Ich rauche weder Gras, noch mag ich Dinge, die jedermann von einem Tisch snieft. Das ist so gewöhnlich.« Dennoch – während einer Periode seines Lebens, in der es ihm besonders schlecht ging, Mitte der Siebziger nämlich, gab Reed zu, daß er Speed schoß. Und Drogen waren *tatsächlich* eines der wichtigsten Themen seiner Musik. In seiner depressiven Zeit ließ er sich ein Eisernes Kreuz in die Haare färben und stellte bei seinen Soloauftritten »Heroin« nach, komplett mit Aderpresse und Spritzennadel. Das zentrale Thema seiner LP *Berlin* (1973) war die zum Scheitern verurteilte Beziehung zwischen zwei Speedfreaks, und der Titelsong von *Street Hassle* (1978) erzählte von einem jungen Mädchen, deren Leiche auf der Straße abgeladen wird, nachdem sie sich eine Überdosis gesetzt hat.

Die erste Platte der Velvet Underground wurde ursprünglich von Ahmet Ertegun von Atlantic Records wegen ihrer Drogentexte abgelehnt. Verve veröffentlichte das Album 1967 in den USA. Als die LP im Oktober desselben Jahres gerade in England herausgebracht wurde, tauchten Lou Reeds dunkelste New Yorker Vignetten im sonnigen Kalifornien auf. Der Bezirk Haight/Ashbury in San Francisco, der sich schon auf dem Abstieg zur schmierigen Touristenattraktion befand, erlebte die Anfänge einer Speed/Heroin-»Epidemie«. Die Blumenkinder bestiegen Jim Morrisons Kristallschiff aus Methedrin, und die Hippiegemeinde begann unterzugehen.

Diese Tatsache war der Grund für die »Speed-Kills«-(Speed-tötet)-Kampagne, die an der Westküste entstand. Die Gegenkultur hat stets versucht, Drogenprobleme selbst in den Griff zu kriegen: 1969 verbreiteten einige erleuchtete Rocksender die Warnung, daß gestreckte Drogen in Umlauf wären. Die Haight Ashbury Free Clinic, die 1967 gegründet wurde, um sich der Drogenopfer der Gegend anzunehmen (und heute noch existiert), erhielt vom Monterey Pop Festival eine 5000-Dollar-Spende, und der Rockveranstalter Billy Graham organisierte einige Wohltätigkeitskonzerte für die Klinik, als sie finanzielle Schwierigkeiten hatte.

Streng medizinisch gesehen tötet Speed nur sehr selten, aber der Slogan war wirksam genug, um damit das Musikbusineß um Unterstützung angehen zu können. In Hollywood zog man einen Straßen-Informationsdienst namens »Do It Now« auf, der Drogenkonsumenten wahre und präzise Informationen liefern sollte. Das Radio teilte der Bewegung Sendeplätze zu, in denen Musiker über die Gefah-

ren der Drogen sprachen. In einem dieser Beiträge sagte
Frank Zappa: »Ich möchte euch empfehlen, kein Speed zu
nehmen, und zwar aus folgenden Gründen: Es wird eure
Leber und eure Nieren zerstören und euren Verstand ver-
faulen lassen. Alles in allem wird euch diese Droge in genau
dasselbe verwandeln, was eure Väter und Mütter jetzt schon
sind.«

ROCK SCULLY / DAVID DALTON

*Der »Sommer der Liebe« in San Francisco war 1967 zugleich ein
Höhepunkt rockmusikalisch induzierter Drogenexperimente.
Nicht nur in den Hippie-Kommunen von »Haight Ashbury«
lockten LSD- und Acid-Trips Jugendliche auf psychedelische
Reisen. Bands wie Grateful Dead lieferten dazu den Sound-
track. Rock Scully, zwanzig Jahre lang Manager der Deads,
erinnert sich an eine typische Reise- bzw. Trip-Begleitung.*

Den Drachen jagen

1981. Lufthansa-Flug 607 nach München. Nur ein Katzen-
sprung. Vielleicht vierzig Minuten. Was sollte auf einem
Vierzig-Minuten-Flug schon passieren?

Kaum verlischt das FASTEN YOUR SEATBELTS, begleitet
von dem mystischen *Ping!*, hat Garcia seinen Gurt auch
schon gelöst und eilt die Schneise hinauf. Mit seinen hun-
dertfünf Kilo ist er ein Wunder an Beweglichkeit. Sein ganzes Wesen konzentriert sich auf eines: vor allen anderen
aufs Klo zu kommen. Und ist er erst mal drin, bringt ihn da
nichts auf der Welt wieder raus. Ich versuche, seinen irren
Blick zu erhaschen, als er auf den Gang flitzt.

»Jerry ... nicht doch, Mann! JERRY! Der Flug dauert nur vierzig Minuten. Bitte, alles nur nicht verschwinden!«

»Was sagst du? Ja, ich nehm' zwei.«

Scheiße!

Nachdem Garcia so um die zwanzig Minuten drinnen ist und sich vor der Toilette der ersten Klasse eine lange Schlange ebenso reicher wie erzürnter Passagiere gebildet hat, kommt mit gequälter Miene die Stewardeß an.

»Geht es Ihrem Freund gut?« ist das erste, was sie fragt.

»Keine Sorge«, sage ich, »er hat nur einen schlimmen Durchfall. Wir sind erst seit einigen Tagen hier, und er ist das Essen nicht gewöhnt.«

Der Wahnsinnsquotient in 20 000 Fuß Höhe ist beträchtlich, und die Leute auf kommerziellen Flügen sind weitaus abgedrehter, als man gemeinhin wahrhaben will. Das hat eine Reihe von Gründen: die dünne Luft, das lausige Essen, Platzangst, die allgemeine Geilheit, die Angst, das Ding, in dem man da reist, könnte bei einer Bruchlandung in Flammen aufgehen, und der übliche Horror des endlosen Smalltalks mit monomanen Chemiefasermagnaten. All diese verspannten, sexuell erregten Passagiere rasen, in eine Metallröhre gepfercht, mit 500 Meilen die Stunde durch den Raum. Es ist ein verdammtes Pulverfaß knurrender Gereiztheit und Agoraphobie. Das ganze ist einfach nicht natürlich, und jedem nur halbwegs gesunden Menschen sagen seine Instinkte, das Beste, was er tun kann, ist, sich so vollzuknallen wie nur möglich und es bis zur Landung dabei zu belassen. Und genau so hält es Garcia.

Er hat sich ins Klo eingeschlossen mit seiner Pfeife aus Silberpapier, einem Bic, ein paar Bings Perser und Koks. Die deutsche Stewardeß, die ihn da rauslockt, ist noch nicht geboren. Er könnte ebensogut in Marokko sein. Durch die Tür glaube ich ihn mit Neal Cassady neben dem mexikanischen Schienenstrang reden zu hören.

Nach weiteren zwanzig Minuten grenzt die Hektik in der Schlange langsam ans Fieber. Meuterei liegt in der Luft. Es

ist ein schrecklicher Mob. Mächtige multinationale Typen
auf dem Weg zu Gipfeltreffen mit schrecklichen globalen
Auswirkungen – und kommen hier nicht ins Klo! Die großen Khans von Busineß und Industrie in Anzügen von Car-
din und Stufenröcken von Fath, Treibhauspflänzchen auf
Shopping-Safari mit sagenhaft teuren Täschchen. Alle müssen sie warten, und das nur wegen *ihm*.

Die Stimmung wird grimmig. Glatte, gepflegte Gesichter
geben unter diesem Druck nach. Werden rachsüchtig, rat-
tenhaft, schäumen vor Wut. Eine Art zweites Gesicht – das
wahre Insekt unter der Haut – scheint jetzt durch. Das Rasen der Untoten! Ein häßlicher Anblick. Jeden Augenblick
kommt der Knacks. Es juckt sie in allen Fingern, sich die
Feueräxte zu greifen. Tod dem bärtigen Knallkopf im Klo!

Holt einer die Schlüssel zum Notwerkzeugkasten! Her
mit dem Sprengstoff für die Angeln, dem Preßluftbohrer
fürs Schloß … ROCKSTAR TOT IN FLUGZEUGTOILETTE
GEFUNDEN. Notlandung auf einem amerikanischen Luft-
waffenstützpunkt. Das würde ihnen gefallen. Wellen der
Hysterie überrollen sie. Die werden richtig *high* auf den
Scheiß. Was, so frage ich mich, werden die Spießer noch alles tun, nur um keine Drogen zu nehmen?

»Lotte« – unsere Stewardeß – kommt den Gang entlang
zu meinem Platz. Die Tochter irgendeines Panzerchauf-
feurs, aber wen kümmert's, ich finde ihre Tüchtigkeit sexy.
Ich möchte ihre Beine in einem 24-Spur-Studio aufnehmen.
Sie gibt die Empörte. Wie's scheint, ist diese Situation im
Fliegerhandbuch der Lufthansa nicht vorgesehen.

»Würde es ihnen was ausmachen zu fragen … Bitte!«

Ich löse den Gurt, stehe auf und klopfe so laut, daß es
auch jeder hört.

»JERRY, BIST DU IN ORDNUNG DA DRIN, MANN? DIE
MACHEN SICH LANGSAM SORGEN HIER DRAUSSEN.«
Rumoren von drinnen. Ein Fluch.

»Er kann einfach nichts unten behalten«, erkläre ich niemand speziellem.

Schließlich macht die Stewardeß eine Ansage übers PA: »Wir haben in der vorderen Toilette einen kranken Herren. Bitte benutzen Sie die Toilette im hinteren Teil der Maschine.« Wir sind nicht sehr beliebt in der ersten Klasse, und wir wissen, warum. Wir haben sie zu einem erbärmlichen Schicksal, dem Topf der Touristenklasse, verdammt.

Die Absaugevorrichtung in den Toiletten kommerzieller Linienmaschinen sind ausgesprochen praktisch zum Rauchen von Dope. Man lehnt sich mit einer Hand auf den Hebel und pafft mit der anderen sein Dope; den Rauch bläst man ins Becken, und der Sog zieht ihn raus. Die Methode hält die Toiletten richtig geruchsfrei, nur daß der Rauch sich in den Klamotten hält und die Haare nach Marihuana riechen auf dem Weg zurück auf den Platz.

Das hier freilich ist persische Base, und da verrät dich kein Geruch. Der Perser ist ein Opiat, logisch, aber er ist feiner als Heroin. Er tendiert eher zum Morphium hin. Die Methode, ihn zu »rauchen«, nennt sich »den Drachen jagen«. Man schmilzt das braune Pulver mit einer kleinen Flamme unter einem gebogenen Stück Silberpapier, bis es zu einer gold- bis honigbraunen Flüssigkeit wird, die man dann die Rinne aus Alufolie – den »Laufsteg« – entlanglaufen läßt, indem man sie neigt. Beim Verbrennen gibt der Perser Rauch frei, den man mit einem zweiten, zu einer »Pfeife« gerollten Stück Alufolie – »Rampe« genannt – inhaliert. Man bewegt den brennenden Perser ständig hin und her, so daß er sich nirgendwo festsetzen kann. Wenn die qualmende Pfütze flüssigen Persers am Ende des Laufstegs angelangt ist, kippt man diesen einfach in die andere Richtung. Man folgt ständig dem Rauch, bleibt ihm dicht auf den Fersen und atmet ihn ein, bis man ans andere Ende kommt, daher der Name »den Drachen jagen«. Dann dreht man den Laufsteg rasch um, hält den Atem an und bereitet sich, da der Stoff jetzt wieder oben ist, auf die nächste Rutschpartie vor.

Die Droge, zusammen mit der Methode, sie zu rauchen, nimmt dich voll und ganz in Anspruch. Das ganze Leben steckt in dieser kleinen Sisyphus-Pfütze von Perser, die den Folienhügel hinauf- und auf der anderen Seite wieder hinunterläuft und dabei ihre betäubenden Dämpfe abgibt.

In der Concorde, wo es nur eine Toilette für die ganze Maschine gibt, ist die Situation auch schon kritisch geworden. Es kommt zu internationalen Zwischenfällen. Im Gegensatz zum üblichen Flug mit dem üblichen Sortiment subnormaler Eurofreaks, die einander Kugellager und Kondome verkaufen, sind in der Concorde nur wirklich wichtige Leute, die ernsthaft angestrengt sind. Staatsoberhäupter, überbezahlte Diskjockeys, Exkönige von Jugoslawien, Sonny Bonos Großmutter, Großvisiere des Erhabenen Ordens der Elche, der Mann, der die Plastiktütchen erfunden hat. Ganz zu schweigen von richtigen Hollywoodstars. Alle wummern gegen die Tür des Klos, verlangen, daß der Kapitän die Maschine umdreht ... und drinnen sitzt kein anderer als Garcia, und das für die ganzen dreieinhalb Stunden eines qualvollen Transatlantikflugs.

5

_____ **Genuß und Verlangen** _____

KOSTIS PAPAJORGIS

Vom Alkohol wird behauptet, er befördere die Sprache der Wahrheit: »in vino veritas«. Dem setzte das Christentum sein asketisches Ideal entgegen. Kostis Papajorgis, einer der bekann testen griechischen Philosophen der Gegenwart, beschreibt den Alkoholrausch in seinem »philosophischen Aperitif« eher als »Verzicht auf die Herrschaft über sich selbst«.

Trost und Trunkenheit

Wer trinkt, gefällt sich, labt sich, und er leidet. Doch es verlangt ihn nach diesem Seelenzustand, dessen Geheimnis im Verzicht auf die Herrschaft über sich selbst verborgen ist. In diesem Widerspruch liegt das Rätsel. Der sich Berauschende verabscheut, was ihn ausmacht: Er wehrt sich gegen das gleichmäßige Licht der Wahrnehmung seiner selbst, gegen das unerklärliche Gleichgewicht des Ich. Im ungleichmäßigen Hin und Her dieses Widerspruchs findet der Trinkende seine Identität.

Handelt es sich folglich um ein pathologisches Verhalten, dem nur theoretische Bedeutung zukommt, weil es Material für einen weiteren Paragraphen in den Handbüchern der Psychiatrie liefern kann? Um eine typische und alltägliche Selbstzerstörung von Menschen, die den Zustand

des Unterworfenseins verinnerlicht haben und selbstquäle-
risch das ewige Drama von Täter und Opfer inszenieren?
Und wirklich – wenn es nicht eine Leidenschaft so vieler
Berühmtheiten wäre, wenn seine Glaubensgemeinschaft
nicht eine ganze Menschheit innerhalb der Menschheit bil-
dete, die den Planeten zugrunde richtet, dann könnte man
leicht zu dem Schluß kommen, das Trinken sei eine absto-
ßende Schwäche der Schwachen und Lebensunfähigen. Etwas, das (wie man so schön sagt: künstlich) Trost spendet,
in Stimmung versetzt, für einige Zeit die Dimensionen der
Wirklichkeit verändert und einem den Schlüssel zu nicht
vorhandenen Schlössern schenkt – was kann es anderes sein
als Balsam für lädierte Seelen?

Doch wenn die vielgeprüfte Gesundheit das Laster des
Rausches verachtet, bestätigt sie sich nur selbst. Der Betrunkene, ein Stiefbruder des Wahnsinnigen und ein Verwandter
aller Unmäßigen, sieht so aus, als träte er sein wahres
Ich mit Füßen, indem er den Versuchungen wider die
Natur nachgibt. Also müßte er sich der Realität stellen, und
das schnell! Der Grund dafür liegt auf der Hand: Wie alles,
was in Überschwang und Wallung geschieht, nimmt der
Rausch nichts ernst und spricht auf seine Weise allen Konventionen Hohn. Er feiert die Ausnahme, die der Regel
spottet, und kultiviert gleichzeitig eine Krankheit – wahrscheinlich die einzige Krankheit, die sich nicht nach Gene-
sung sehnt.

Außer sich und in scheinbarer Stärke verkörpert der Betrunkene eine Reihe von Unfähigkeiten. Er taugt als homo
sapiens genausowenig wie als homo faber, als homo religio-
sus oder homo mathematicus. Es gelingt ihm nicht, ein
Flugzeug zu steuern, einen Gedanken konsequent zu Ende
zu bringen, einen Raubüberfall zu begehen, eine Herzope-
ration durchzuführen oder eine Norm zu erfüllen. Er ist das
angeknackste Glied der sozialen Kette; er öffnet den bösen
Geistern der Nüchternheit Tür und Tor – dem Chaos, dem
Abgrund, dem Lächerlichen, eben jedem Wahnsinn.

Kurz: Der Betrunkene wird es nicht müde, seinen Verstand zu verlieren. Doch die ständige Sorge, es möge ihm besser gehen, ist diesem Ausnahmezustand nicht angemessen, auch wenn die Besorgnis über ein stattliches Arsenal von Zwangsjacken verfügt. Nicht nur weil die Zivilisation, als Vater aller und Stiefvater eines jeden, den Betrunkenen vieles verdankt (Kreativität, Leidenschaft, Pathos, Passion), sondern hauptsächlich weil die seelische Wiedertaufe, die der Alkohol großzügig spendet, etwas zutiefst Menschliches ist und sich deshalb jedem Bann entzieht. Beim Anblick des krummen Holzes denken nur Pyromanen der Logik an das Feuer. So ist es nicht verwunderlich, wenn Baudelaire bedenkenlos den Rausch empfiehlt: »Man muß immer trunken sein. Vom Wein, von der Poesie oder der Tugend, nach eurem Belieben.«

Über diesen »moralischen Imperativ« hinaus sind der Rausch und seine Welt es wert, entdeckt zu werden. Doch der Versuch einer Annäherung wird in den meisten Fällen – ob nun mit Absicht oder nicht – durch eine Tücke der Heimlichkeit behindert. Die Lebenden sprechen für die Toten, die Demagogen für das Volk; der Wahnsinn ist das Mündel seiner ärgsten Feinde; und der Rausch fällt als Metapher dem Gerede zum Opfer. Im geschwätzigen Eifer sind solche Vergleiche den Liebhabern der Rhetorik wohlfeil. Sie sprechen vom Kantischen Rausch der Tugend, von der sinnlichen Leidenschaft, welche die Becher von Aphrodites Kindern zum Überschäumen bringt, oder etwa vom napoleonischen Rausch der Eroberung. Rausch der Aktion, Rausch der Identifikation, Rausch der Schöpfung, Rausch der Macht!

Alles, was das Leben lebenswert macht, überschreitet Grenzen; deshalb gleicht es auch so sehr dem Rausch. Doch jede Idealisierung (welche die Blüte bewundert und die Wurzel vergißt) ist verblendet; und sie leiht sich – oder, besser, gesagt, pfändet – vom Rausch nur das Bild. Orest dürstet nach Rache, Faust dürstet nach Erkenntnis, Vautrin ist berauscht vom Bösen – Geschichten der Trunkenheit also, die ihre Autoren und ihren Ruhm haben. Der profane Rausch hingegen [...], der Rausch, der ausschließlich auf das Trinken zurückzuführen ist und nicht von höheren und eitlen Gedanken protegiert wird, kommt nur selten zu Wort. Die Bank seiner Verteidiger ist gewöhnlich leer. [...]

Der Trinkende stärkt sein Ich und wird gesellig, während der Trinker sein Ich genauso aushöhlt wie seine Umgebung. Deshalb kann der Rausch nicht sehr vielen gehören. Er ist ein Privileg der edlen oder ordinären Seelen, welche die Leidenschaft zur Selbstzerstörung besitzen. Eben diese isolierten Seelen – allesamt Verkörperungen des Trinkens, die den Tod in sich tragen – wollen wir darstellen. Und unterstützen.

Auf den Ausruf: »Um Gottes willen, was hat er nur!«, den man von Nüchternen angesichts eines Betrunkenen hört, kann es nur eine Antwort geben: »Er hat getrunken.« Im Perfekt. Das Wieviel, das Was und natürlich auch das Wo spielen keine Rolle. Dem Betrunkenen kommt es nur auf die Zeit und auf den Schlaf an. Wenn man den Lebenden grob definieren kann als einen Menschen, der lebt und (noch nicht) gestorben ist, kann man den Betrunkenen beschreiben als einen, der getrunken und (noch nicht) geschlafen hat. Dieser Vergleich wird zwar jedem Bauchschmerzen bereiten, der unzählige Metaphern der Gelehrsamkeit beibringen möchte. Und doch ist es so.

Wenn der Betrunkene in den Schlaf sinkt und es ihm danach wieder gelingt, ins Leben repatriiert zu werden, ist alles zu Ende. Und naturgemäß fängt alles wieder an:
– Der Kitzel auf dem Gaumen, der mit dem ersten Schluck und dem Geschmack einer wohltuenden, aber vagen Bitterkeit kommt. Dieses Gefühl ist von Getränk zu Getränk verschieden; aber es bleibt das gleiche, so wie der Liebesakt mit einer Frau sich vom Liebesakt mit einer anderen unterscheidet und trotzdem wieder der gleiche ist. Auf jeden Fall ist der erste Schluck der bedeutende; er ist die Einführung in ein neues Element. Noch zittert die Magnetnadel der Nüch-

ternheit nicht. Doch der Kompaß bekommt schon blinde
Flecken.

– Das Wohlbefinden, das sich durch die Anregung des
Blutkreislaufs einstellt, erinnert ein wenig an ein Orchester,
dessen Stimmen sich probend aufeinander einspielen. Irgend etwas fängt an, sich in der Tiefe zu regen, und weil sich
nun einmal die Gelegenheit bietet, wird es gewiß auch von
sich hören lassen. Und wenn dieser Gelegenheit die Haare
genialisch in die Stirn hängen, damit sie, wie man so schön
sagt, leichter beim Schopf gepackt werden kann, braucht das
Trinken doch keine Bühne. Die Flasche läuft nicht davon.
[...]

– Trinker sind taub. Das leise, gleichmäßige Schnarren einer
Schneiderwerkstatt ist ihnen fremd. Sie reden immer laut,
gleichgültig über welches Thema. Jeder Anlaß zu debattieren ist ihnen recht und billig. Ob man will oder nicht, das
Trinken ruft das Leuchtturmwärtersyndrom hervor: Als
habe er eine lange Zeit der Einsamkeit hinter sich, stürzt
sich der Trinker auf den Erstbesten.

– Während die Flaschen sich leeren und die Aschenbecher
sich füllen, wie Ernst Jünger schreibt, schleicht sich die Illusion lautlos an den Trinkenden heran. Plötzlich ist er der
Mensch, der er schon immer sein wollte. Er fühlt sich stark
und verführerisch – ein Beweis dafür, daß das Zentralnervensystem den ersten Schlag schon bekommen hat.

– Als hätte er eine weitere Gehirnrinde dazubekommen,
wird der Trinkende von einer sich steigernden Fähigkeit ergriffen, selbst die unglaublichsten Nuancen zu unterscheiden – vor allem dort, wo es sie nicht gibt. Durchdringendes
Flüstern läßt ihm die Ohren klingen. Die Wahrheit hat ihn
zu ihrem Sachwalter erwählt. Wie kann er da schweigen?
Wie kann er sich der Stimme enthalten, wenn er doch offenkundig unfehlbar ist? Er sucht sich sein Publikum, gleich
wo er sich aufhält.

Als wäre er nach Jahren der Krankheit wieder genesen,
verspürt er die Freude eines Menschen, den unsichtbare

Hände von ebenso unsichtbaren Fesseln befreien. Er ist wie
ein Schiff, das flußabwärts fährt. Die Dinge dringen in ihn
wie in einen riesigen Spiegel, und die Erinnerung kehrt zurück – manchmal tosend, manchmal wie mit dem Hauch eines Fächers, den ein blindes Mädchen bewegt. [...]

– Die Verwandlung vollzieht sich nun mit gewaltigen Gesten. Der Feige bekommt wieder Mut, der Verlorene wieder
Hoffnung, der Stotterer hört auf zu stottern, und die Luft
wird zu schwebendem Gold. Die Gegenwart hat sich nun
vollständig durchgesetzt. Vergangenheit und Zukunft werden großzügig ins Jetzt aufgenommen.

– Obwohl der Trinker einem Schauspieler gleicht, der seine
Rolle nicht gelernt hat und sich immer wieder an den Souf-
fleur wenden muß (an seine Flasche), hat er doch das Gefühl, daß alles nach Wunsch läuft. Ohne daß er es weiß, befindet er sich in der Loge seiner selbst. Alles ist von einer
seltsamen Feuchtigkeit durchtränkt, als näherte er sich einem Wasserfall.

– Vor dem Schreihals ist kein Lied sicher. Je grölender, desto überzeugender. Der einsame Trinker dagegen singt
nicht. Er hat jedoch innere Vibrationen. Er singt mit den
Augen. [...]

– Der Barde in uns, der immer mehr Aufhebens von sich
macht, als daß er Talent besäße, ist erwacht. Er gräbt in der
Vergangenheit, wie es ihm beliebt, er erfaßt die großen Gedanken. Alles muß die unbewachte Schranke der Zunge
passieren. Alles ist im Fluß, alles ist möglich. Sogar die ab-
surde Verwandlung von Erregung in Charakterstärke.

– Der Augenblick ist gekommen, da die Beichte in Verges-
senheit gerät. Die Wunschvorstellungen sind wie Schäfer-
hunde, die an einen Bindfaden angeleint sind. Wer könnte
solchem Überschwang standhalten? Der Betrunkene fühlt
drei Seelen in seiner Brust. Zeit, sich Feinde zu suchen. Wer
sucht, der findet.

– Im Durcheinander seiner Ausbrüche, in denen zwar oft
das Schwert der Genialität in kostbarem Glanz erstrahlt,

die aber meist von dichten Rauchschwaden streitsüchtiger
Geschwätzigkeit eingenebelt sind, wallt funkensprühend
glühende Liebeslust auf. Der Betrunkene fordert von
Aphrodite den Löwenanteil für sich. Bald wird selbst das
dringlichste Gebot (mit Bezug auf das Weib unseres Nächsten) als lächerlich angesehen, und die Augen werden eifer-
süchtig auf die Hände.
– Gleichzeitig erwacht ein anderer Sinn im Betrunkenen.
Er kann ihn zwar nicht erklären, doch ihm gilt nun seine
große Leidenschaft. Sie ist der Berührung einer geheimnisvollen Tiefe, eines anderen gewidmet. Dieser neue Sinn erinnert ein wenig an die Fähigkeit der homerischen Hunde,
Götter in menschlicher Gestalt zu erkennen. Stimmen rufen
ihn aus den Tiefen seines Lebens und aus diesem hinaus.
– Meist geht der Rausch den Weg alles Organischen. Er erhebt sich langsam und fällt nach einem Zucken auf der
Höhe wieder in sich zusammen. Die meisten verlassen ihn
kurz oder weit vor dem Gipfel. Doch so, wie die Katharsis
im Drama dem letzten Akt zugehört und nicht dem Höhepunkt der Handlung, liegt der wahre Rausch ganz im letzten Akt – und nicht in der Klimax, wo er pulsiert wie das
Leben. Der wahre Rausch liegt im Fall. [...]
– Jeder wirkliche Rausch endet im völligen Zusammenbruch. Im Absturz. In einem kleinen Tod. Daher ist die
Heimkehr – denn es ziemt sich nicht, sich zu Hause zu be-
trinken – immer ein kleines Abenteuer. Wir sollten Achtung
vor diesen Leichen haben, die sich gerade noch auf den Beinen halten: Wohin unser Weg auch führt – sie werden immer unsere Vorläufer sein.
– Der Betrunkene will nun nichts mehr. Wieder hat er gespielt, wieder hat er alles gewonnen und, natürlich, alles verloren. Er ist ein Kind des Untergangs. Wie alle seine Geschwister – nur wollen die anderen nichts davon wissen. Er
wird in einen traumlosen Schlaf sinken, wo Leben und Leb-
loses unbedeutend sind.

Antoine de Saint-Exupéry

Der französische Schriftsteller und Flieger Antoine de Saint-Exupéry (1900–1944) huldigte in seinem Märchen »Der Kleine Prinz« nicht nur dem Ideal eines heroischen Lebens, er entwarf auch die Grundzüge eines modernen Humanismus. Die folgende Episode entlarvt in wenigen Sätzen die fatale Dialektik einer Sucht.

Der kleine Prinz und der Säufer

Den nächsten Planeten bewohnte ein Säufer. Dieser Besuch war sehr kurz, aber er tauchte den kleinen Prinzen in eine tiefe Schwermut.

»Was machst du da?« fragte er den Säufer, den er stumm vor einer Reihe leerer und einer Reihe voller Flaschen sitzend antraf.

»Ich trinke«, antwortete der Säufer mit düsterer Miene.

»Warum trinkst du?« fragte ihn der kleine Prinz.

»Um zu vergessen«, antwortete der Säufer.

»Um was zu vergessen?« erkundigte sich der kleine Prinz, der ihn schon bedauerte.

»Um zu vergessen, daß ich mich schäme«, gestand der Säufer und senkte den Kopf.

»Weshalb schämst du dich?« fragte der kleine Prinz, der den Wunsch hatte, ihm zu helfen.

»Weil ich saufe!« endete der Säufer und verschloß sich endgültig in sein Schweigen.

Und der kleine Prinz verschwand bestürzt.

Die großen Leute sind entschieden sehr, sehr wunderlich, sagte er zu sich auf seiner Reise.

WOLFGANG SCHIVELBUSCH

*Tabak ist ein Rauschmittel. Auch wenn die Wirkung des Nikotins,
vor allem bei regelmäßigem Genuß, kaum noch wahrgenommen
wird, löst sie Entzugserscheinungen aus. In seiner Kulturgeschichte des Tabaks sieht der Publizist Wolfgang Schivelbusch die
Analogie zum Alkohol nicht nur in der Begrifflichkeit des
Rauchtrinkens, sondern auch darin, daß erst die Gewöhnung, die
Überwindung des Ekels, überhaupt zum Genuß führen kann.*

Die trockene Trunkenheit
des Tabaks

Im Jahre 1627 berichtet der kurpfälzische Gesandte Johann
Joachim von Rusdorff über eine neue Mode in den Niederlanden: »Ich kann nicht umhin, mit einigen Worten jene
neue, erstaunliche und vor wenigen Jahren aus Amerika
nach unserem Europa eingeführte Mode zu tadeln, welche
man eine Sauferei des Nebels nennen kann, die alle alte und
neue Trinkleidenschaft übertrifft. Wüste Menschen pflegen
nämlich den Rauch von einer Pflanze, die sie Nicotiana
oder Tabak nennen, mit unglaublicher Begierde und unaus-
löschlichem Eifer zu trinken und einzuschlürfen.« Von den
Genußmitteln, die in der frühen Neuzeit Eingang in die europäische Kultur finden, ist der Tabak zweifellos das bizarr-
ste. Er bringt vollkommen neue Formen der Konsumtion
mit sich. In dieser Hinsicht sind die Getränke Kaffee, Tee,
Schokolade weniger revolutionär. Die einfache Tatsache,
daß sie getrunken werden, stellt einen Anknüpfungspunkt
an die bis dahin in Europa bekannten Genußstoffe dar. So
fremdartig ihr Geschmack und ihre Wirkungen, die *Form*
ihres Genusses ist vertraut.

Für das, was man mit dem Tabak macht, gibt es lange
Zeit keinen eigenen Begriff. Das Wort »Rauchen« setzt sich

erst im Laufe des 17. Jahrhunderts im allgemeinen Sprach-
gebrauch durch. Bis dahin behilft man sich mit der Analogie des Trinkens, man spricht vom »Rauchtrinken« und
»Tabaktrinken«. Noch im Jahre 1658 veröffentlicht der je-
suitische Prediger und Schriftsteller Jakob Balde seine Satire
gegen das Rauchen unter dem Titel *Die truckene Trunkenheit.*

Die Analogie mit dem Trinken ist zunächst also eine
Hilfskonstruktion, mittels der man ein sonst unfaßbares
Novum in den Griff zu bekommen sucht. Darüber hinaus
jedoch hat sie einen realen Grund in der pharmakologischen
Wirkungsweise des Tabaks. Dessen Hauptbestandteil, das
Nikotin (genannt nach dem französischen Gesandten am
portugiesischen Hof, Jean Nicot, der um die Mitte des
16. Jahrhunderts den Tabak nach Frankreich bringt), läßt
sich in seiner Wirkung eher mit dem Alkohol als mit dem
Koffein vergleichen. Nikotin stimuliert nicht, sondern
lähmt das Nervensystem. Toxikologisch ist es ein Nerven-
gift. Die Nikotinmenge, die ein Gewohnheitsraucher über
einen Tag verteilt zu sich nimmt, würde, auf einmal genommen, tödlich wirken. Der Vergleich des Tabaks mit dem Alkohol drängt sich auch insofern auf, als er auf Neulinge eine
durchaus unlustvolle Wirkung ausübt. Schwindelgefühl,
Übelkeit, Schweißausbrüche sind die Folge erster Rauchver-
suche. Erst durch die Gewöhnung kommt es – ähnlich wie
beim Alkohol – zum Genuß.

Wenn das Rauchen im 17. Jahrhundert als trockenes Trinken verstanden wird, so bedeutet das noch mehr als bloß
die Aneignung der bizarren Genußform durch die Analogie
mit dem Trinken. Die Eigenschaft »trocken« stellt eine un-
terirdische Verbindung zu dem anderen neuen Genußmittel
her, dem Kaffee. [...]

Die Ähnlichkeiten gehen bis hinein in die Formulierun-
gen. Wie der Kaffee so trockne auch der Tabak insbesondere
einen Körpersaft aus, den Schleim. So heißt es in einer Flug-
schrift, die das Rauchen, d. h. das »Tabaktrinken« propa-

giert: »Dieses Tobacktrinken … führet auch den Schleim und die phlegmatische Feuchtigkeit aus; ist gut für die Wassersucht, welches daraus zu schließen weil dieser Rauch die Feuchtigkeit ausführet und den Leib dünn und mager macht; dieser Rauch durch die Tabakpfeifen empfangen, ist eine gewisse und treffliche Arznei wider das Keuchen und kurzen Atem, für die Lungensucht und alten Husten, auch wider alle zähe, dicke, phlegmatische Flüsse und Feuchtigkeiten.« Auch die antierotische Wirkung des Kaffees findet sich in den medizinischen Beschreibungen des Tabaks wieder. So heißt es in einer französischen Schrift aus dem Jahre 1700 *Le bon usage du Tabac en Poudre*: Der Tabak »macht das Gehirn und die Nerven trockner und beständiger. Daraus folgt eine sichere Urteilskraft, eine klarere und umsichtigere Vernunft und eine größere Beständigkeit der Seele … Gleichzeitig schwächt er aufgrund derselben trocknenden Wirkung die erotischen Leidenschaften und lenkt die lüsterne Einbildungskraft, die so viele müßige Männer beschäftigt, in andere Richtungen.«

Wie beim Kaffee, so wird auch beim Tabak diese trocknend-entschleimende Wirkung je nach der weltanschaulichen Position des Autors positiv oder negativ gesehen, und wie in der Auseinandersetzung um den Kaffee verläuft die Frontlinie zwischen dem bürgerlich-fortschrittlichen Bewußtsein, das in der antierotischen Trockenlegung die wahre Gesundheit (sprich: Produktivität) des Körpers sieht, und der konservativen Anschauung, die in der manipulativen Störung des Säftegleichgewichts die Zerstörung des Körpers (sprich: der überlieferten Verhältnisse) befürchtet.

So verblüffend analog das 17. Jahrhundert die Wirkungen von Kaffee und Tabak sieht, stellt es auf der anderen Seite doch auch deren ganz unterschiedliche Eigenschaften fest. Gilt der Kaffee als wachhaltend, geistig stimulierend, im Extremfall *nervös*, so beschreibt man die Wirkung des Tabaks von Anfang an mit Stichworten wie Ruhe, Behäbigkeit, Kontemplation, Konzentration usw. Die chemische

Grundlage dieser Wirkung ist, wie gesagt, das Nikotin, das im geraden Gegensatz zum Koffein des Kaffees nicht stimuliert, sondern tendenziell lähmt. Doch die beruhigende Wirkung des Rauchens hat vielfältigere Quellen. Zur Pharmakologie kommt Motorik und Psychologie. All dies zusammen erst führt zu dem Genuß, den ein moderner medizinischer Autor (Kurt Pohlisch) in seiner Komplexität so beschreibt: »Die Tätigkeit des Rauchens gestaltet sich zu einem überaus reichen und wechselvollen Zusammenspiel von Zweck- und Ausdrucksbewegungen ... Bereits *motorisch*, also nicht allein nikotinbedingt, löst das Rauchen schlagartig psychomotorische Spannungszustände; es lenkt Erregungen in eine beruhigende Motorik ab. Die nervös unruhige Hand betätigt sich rauchend zweckvoll ... Rauchen verschafft Beschäftigung in der Muße und Muße in der Beschäftigung ... Motorisch, pharmakologisch und sinnespsychologisch schafft Rauchen lustvolle Stimmungslage, Zustandsgefühle recht verschiedener Tönung, behagliche Anregung zu geistiger Arbeit, angenehm empfundene Beruhigung, zufriedene Wunschlosigkeit, gemütliche Geselligkeit.«

Stellt man dieser Beschreibung Texte aus dem 17. und 18. Jahrhundert gegenüber, so findet man denselben Tenor. So etwa in einem Text aus dem 18. Jahrhundert: »Um einer Sache nachzudenken, ist über das Tobackschmauchen nichts besseres auszusinnen, denn hierunter werden die zerstreueten Gedanken zurückgerufen, welches denen Studierenden ganz zuträglich, indem sie bei dem Rauchen alles recht wohl zu überlegen sich angewöhnen können. Oftmals sind die Sinne zerteilet, darbei es unmöglich, von einer schweren Sache recht zu urteilen; unter den Tobackrauchern hingegen werden die Gedanken zusammengesetzt, auch hernach die bei allzu großem Fleiß sich wiewohl selten ereignenden Schwachheiten vertrieben. Man bleibet in sich ruhig und geschickt denen angelegensten Sachen den Ausschlag zu geben.«

Rauchen und geistige Arbeit, das ist für die Autoren des 17. und 18. Jahrhunderts ein eng zusammengehöriges Paar. Wie der holländische Arzt Cornelius Bontekoe (der Propagandist von Kaffee, Tee und Tabak) es formuliert, das Rauchen ist eine Tätigkeit, die »allem Ungemach, das eine sitzende Lebensart mit sich zu bringen pflegt, vorkommen und abwehren kann«. Etwa zur gleichen Zeit schreibt der holländische Arzt Beintema von Palma: »Einer der studiert, muß notwendig viel Tabak rauchen, damit die Geister nicht verloren gehen, oder da sie anfangen zu langsam umzulaufen, weshalb der Verstand, sonderlich schwere Sachen nicht wohl faßt, wieder mögen erweckt werden, worauf alles klar und deutlich dem Geiste überliefert wird, und er wohl überlegen und beurteilen kann.«

Obwohl der Tabak und der Kaffee seit dem 17. Jahrhundert als besonders geeignet für geistig tätige Menschen gelten, stehen ihre Wirkungen doch in einem merkwürdigen Widerspruch zueinander. Der Tabak *beruhigt*, der Kaffee *stimuliert*. Normalerweise würde man annehmen, daß diese gegensätzlichen Eigenschaften einander aufheben. Doch das Gegenteil ist der Fall. Tabak und Kaffee ergänzen sich. Das gemeinsame Ziel, zu dessen Erreichung sie angewandt werden, ist die Neueinrichtung des menschlichen Organismus unter dem Primat der geistigen Arbeit. Das Gehirn ist der Teil des menschlichen Körpers, der die bürgerliche Kultur am meisten interessiert. Es allein wird im 17. und 18. Jahrhundert entwickelt, gehegt und gepflegt. Der restliche Körper dient nur als Untersatz des Kopfes, als ein notwendiges Übel. Die Aufgabe, ihn zu diesem Zwecke neu einzurichten, übernehmen Kaffee und Tabak auf ihre je eigentümliche Weise. Der Kaffee wirkt *positiv*, als Anregungsmittel und Nährstoff des Gehirns. Der Tabak wirkt *negativ*, indem er den Restkörper beruhigt, d. h. seine Motorik auf das Minimum reduziert, das bei geistiger, d. h. sitzender Tätigkeit gefragt und erforderlich ist. Im Rauchen reagiert der geistig arbeitende Mensch die funktionslos, ja dysfunktional

gewordenen körperlichen Energien ab, die der vorbürger-
liche Mensch in körperlicher Arbeit, auf der Jagd, bei Tur-
nieren usw. los wurde. In diesem Sinne ist das Rauchen Ersatzhandlung. Daß es genußvoll ist, ändert nichts daran. Es
sind die alten Lust- und Genuß-Instinkte, die sich hier wie
in einem Reservat niederlassen.

[...] Der Tabak ist, wie der Kaffee, lange Zeit ein Symbol
der patriarchalischen Gesellschaft. Wie das frühe englische
Kaffeehaus den Frauen verschlossen ist, so sind diese auch
nicht zum Rauchen zugelassen. Die rauchende Frau ist zwischen dem 17. und 19. Jahrhundert ein Gegenstand der Karikatur. Im 19. Jahrhundert erhält das Rauchen für die
Emanzipationsbewegung eine neue symbolische Bedeutung. Blaustrümpfe wie George Sand und Lola Montez rauchen demonstrativ in der Öffentlichkeit. Das Recht zu rauchen wird ebenso gefordert wie das Recht, Hosen zu tragen.
Wie verständnislos die patriarchalische Gesellschaft dem ge-
genübersteht, davon vermittelt ein gezwungen-humorvoller
Zeitungsartikel aus den 1840er Jahren einen Eindruck: »Die
Frauen-Emanzipation schreitet in Deutschland, vorzüglich
aber in Berlin, der intelligentesten Stadt Deutschlands, auf
eine merkwürdige Weise vorwärts. Sie hat die überra-
schendsten Resultate. In den dortigen glänzenden Zirkeln
sprechen Mädchen von 19 bis 20 Jahren mit einer Sicherheit
über Guizot, Thiers, Kammer- und Durchsuchungsgesetze,
die ans Fabelhafte grenzt. Viele dieser Miniatur-George-
Sand verschmähen schon jetzt die Zigarre nicht; neulich
kam es sogar vor, daß eine elegante Dame einen Herrn mit
brennender Zigarre auf offener Straße anhielt, um die ihrige
anzuzünden. Alles köstliche Aussichten! Wie lange wird's
noch dauern, so legen sie Hosen an, treiben die Männer mit
der Reitpeitsche in die Küche und säugen ihre Kinder zu
Pferde! Kleinigkeit für Emanzipierte! Ein öffentliches Da-
men-Kaffeehaus wird auch schon eingerichtet, dort sollen
zugleich Debatten über das Verhältnis der Frauen losgelas-

sen, dabei Zigarrchen geraucht, die neuesten Journale gelesen, genug – ein Herrenleben geführt werden. Wie sich die Berliner Ehemänner freuen werden, wenn sie ihre liebenden Weiber mit brennender Zigarre an die klopfende Brust drücken! Auf jeden Fall – pfui Teufel!«

Seit Ende des 19. Jahrhunderts und in offenkundigem Zusammenhang mit den ersten Erfolgen der Emanzipationsbewegung ist die rauchende Frau sozial akzeptiert – solange sie Zigaretten raucht. Wie zäh sich die überkommenen Vorstellungen halten, kann man noch heute daran sehen, daß Pfeifen- oder Zigarrenrauchen bei Frauen als exzentrisch-unweiblich gilt. Die Zigarette dagegen wird geradezu Symbol des Femininen – freilich nicht in der Sicht der feministischen Emanzipation, sondern im herrschenden Bewußtsein, am deutlichsten in der Zigarettenwerbung. Dazu bietet sich ihre äußere Erscheinungsform an. Ihre Leichtigkeit, ihre Schlankheit, das zarte weiße Zigarettenpapier. »Sie gehört zum Sekt, zu Hasardspiel und Liebe, zum Leichtsinn, zur Sünde, zur Poesie des Genießens«, assoziiert ein Wiener Literat des Fin de siècle (Paul von Schönthan), »ihr aromatischer, duftender, sich in zarten Ringen und Wölkchen verflüchtigender Nebel ist das Parfum der Boudoirs.«

Diese feminine Bedeutung hat die Zigarette inzwischen ebenso abgelegt wie das Mundstück, das dabei ein bedeutsames Requisit gewesen ist. Das Mundstück oder der – außergewöhnlich lange – Zigarettenhalter machen bis in die 30er Jahre hinein das Rauchen der Frau zu einer fast theatralischen Selbstdarstellung. Kulturhistorisch-psychoanalytisch reizvoll wäre es, das oral-erotische Element in dieser Selbstdarstellung als spezifischen Ausdruck der Periode zwischen 1890 und 1930 zu verstehen.

Gleichzeitig mit der *sozialen* Verallgemeinerung des Rauchens durch die Zigarette findet eine *räumliche* Expansion statt. Beide Bewegungen hängen natürlich so eng zusammen, daß sie sich nicht säuberlich trennen lassen. Solange das Rauchen mit Pfeifen und Zigarren eine starke Rauch-

entwicklung im Gefolge hat und exklusive Angelegenheit
der Männer ist, bleibt es auf bestimmte Räumlichkeiten beschränkt. Die bürgerliche Wohnung im 19. Jahrhundert enthält einen Raum, das Rauch- oder Herrenzimmer, der eben
diesem Zweck vorbehalten ist. Außerhalb dieses Raumes ist
das Rauchen verpönt. Das gilt insbesondere für die Öffentlichkeit unter freiem Himmel. Hier herrscht lange Zeit ein
ausdrückliches Rauchverbot. Es ist ursprünglich sachlich
gerechtfertigt durch die Feuergefahr in den weitgehend aus
Holzhäusern bestehenden Städten. Als diese Begründung
nicht mehr zutrifft, wird das obrigkeitliche Verbot, in der
Öffentlichkeit zu rauchen, zu einem Symbol politischer
Unterdrückung. Die ›Eroberung‹ von Straßen, Plätzen und
Parks für das Rauchen führt dazu, daß es ähnlich politischen
Symbol-Charakter erhält wie in der Emanzipationsbewegung. Im Katalog der politischen Forderungen im Vormärz
nimmt, insbesondere in Preußen, das Rauchen in der Öffentlichkeit einen wichtigen Platz ein; umgekehrt gilt es der
Obrigkeit als Zeichen politischer Aufmüpfigkeit. »Ebenso
wie jeder, der bei der damaligen Zylindermode einen Filz-
hut trug, sich schon einer revolutionären Gesinnung ver-
dächtig machte, so witterte man auch in jedem Raucher auf
der Straße einen gefährlichen Demokraten« (Corti). Zu dieser politischen Bedeutung des Rauchens, d. h. konkreter:
der Zigarre als dem damals herrschenden Rauchgerät, mag
auch die Tatsache beitragen, daß in dieser Zeit die Zigarren-
dreher die militante Avantgarde der Arbeiterbewegung bilden. Sie gründen in Deutschland die erste und radikalste
Gewerkschaft. Eine kuriose Wendung nimmt die Symbolik
der Zigarre später, als sie Statussymbol des kapitalistischen
Unternehmers wird – eine Inversion der ursprünglichen Bedeutung, die sich vergleichen läßt mit dem Schicksal der
Schokolade im 19. Jahrhundert.

In Preußen wird das Rauchverbot in der Öffentlichkeit
1848 aufgehoben, in den meisten anderen europäischen
Staaten viel früher. Seitdem ist das Rauchen keinen räum-

lichen Einschränkungen mehr unterworfen. Lediglich aus Sicherheitsgründen sind einige Lokalitäten davon ausgenommen wie Theater, Kinos, Versammlungsräume. (Die neuesten Tendenzen, das Rauchen einzuschränken, können hier unberücksichtigt bleiben.)

An dieser Allgegenwart des Rauchens läßt sich der Stand der Zivilisation ablesen. Definiert man das Rauchen als Ersatzhandlung, welche die zunehmende zivilisationsbedingte Nervosität des Menschen pharmakologisch und motorisch bindet, dann zeigt die Durchdringung unserer Kultur durch das Rauchen, wie tief sie von dieser Nervosität durchsetzt ist.

DIETER LADEWIG

Wie schädlich ist Nikotin und wie abhängig kann man davon werden? Der Suchtexperte Dieter Ladewig von der Psychiatrischen Universitätsklinik Basel skizziert kurz und knapp das Problem des Rauchens.

Eine Tasse Teer

Einerseits bezeichnen sich heute viele Raucher als abhängig. Andererseits muß man festhalten, daß es beim Rauchen nicht um eine Abhängigkeit geht, die bis zur Beschaffungskriminalität führt. Rauchen ist nicht mit einem sozialen Abstieg verbunden, und die Schädigung betrifft – abgesehen vom Passiv-Rauchen – vor allem das betroffene Individuum, während der intoxikierte Alkoholabhängige oder die Person unter Einfluß bestimmter psychoaktiver Substanzen wie Kokain, Amphetamin oder Halluzinogenen auch fremdgefährlich sein kann. Das Problem des Rauchens ist weniger unter dem Aspekt der Abhängigkeit als unter jenem der Gesundheitsschädigung zu sehen. Wenn ich mein Herz gern habe, rauche ich nicht. Lebenslaufbezogene Untersuchungen haben ergeben, daß sich das Rauchen vor allem über bestimmte Phasen des Lebens erstreckt, heute bereits in der Jugend beginnt und meist in der Lebensmitte endet. Für das Aufhören sind oft eine Vielzahl von Anläufen zu nehmen, die in unterschiedlichem Maße fremd- oder selbstmotiviert sind und mit oder ohne Therapie oder Hilfsmittel ablaufen.

Man kann heute teilweise geradezu von einer Feindseligkeit gegen Raucher sprechen. Rauchen wird als Selbstverstümmelung, als Selbstmord auf Raten, als Drogengenuß oder sogar als Drogensucht verstanden und die Inhalation nikotin- und teerhaltiger Produkte sowohl als Innenwelt- wie als Umweltverschmutzung interpretiert. 20 Zigaretten pro Tag ergeben am Ende eines Jahres eine Tasse Teer; 20 Zigaretten über 20 Jahre täglich ergeben für die Lunge soviel Teerstoffe, wie in 10 Briketts mit 1,8 kg Teer enthalten sind, und zusätzlich 6 kg Rauchstaub. Was heißen solche Zahlen für einen Schüler, was heißen sie für einen 50jährigen Mann? Der Schüler steht am Anfang seiner Entwicklung, er kann das Ausmaß dieser Zahlen nicht ermessen, kann sich mit diesen Zahlen nicht identifizieren; für den 50jährigen Mann kommen sie zu spät, seine Lebenserwartung ist kurz. Förderung des Nicht-Rauchens muß von einem positiven Gesundheitsbegriff ausgehen und muß Kinder, Jugendliche und junge Erwachsene differenziert mit erlebnispädagogischen Ansätzen ansprechen und motivieren, Nichtraucher zu bleiben. Darum: wer sein Herz liebt, raucht nicht.

Irmgard Müller

*Die Geschichte des Kaffees und seines Genusses ist vor allem
deshalb mit der Geschichte der Kaffeehäuser eng verbunden,
weil kaum eine andere Droge derart zum Gespräch und zur
Geselligkeit anregt. Irmgard Müller, Professorin für Geschichte
der Pharmazie und der Naturwissenschaften, erforschte die
Heilpflanzen der Klostergärten. Wie alle Drogen stieß auch der
Kaffee in einigen Kulturen zu Beginn auf vehemente Ablehnung.*

Kaffeelegenden

Wie bei vielen Pflanzen mit geheimnisvollen, das Bewußtsein beeinflussenden Wirkungen ist auch die Entdeckung
des Kaffeestrauches, um das Unbegreifliche verständlich zu
machen, mit einer Legende verwoben. Nach einer im
17. Jahrhundert verbreiteten Erzählung sollen Ziegen zuerst
von dem Strauch gefressen und arabische Hirten an ihnen
die sonderbare, wachhaltende Wirkung beobachtet haben.
Daraufhin entdeckten wandernde Bettelmönche nach dem
Genuß der Früchte die anregende Kraft, und sie empfahlen
die roten Beeren ihren Ordensbrüdern gegen die Müdigkeit
während der nächtlichen Gebetsstunden; ja, selbst der Pro-
phet Mohammed soll durch das bitter schmeckende,
schwarze Getränk von schwerer Schlafsucht geheilt worden
sein. Die Legenden enthalten den ohne Zweifel richtigen
Kern, daß der Kaffee, der heute zwar in der Weltwirtschaft
nächst dem Petroleum die wichtigste Stelle einnimmt, ursprünglich eine der islamischen Kultur eigene Droge gewesen ist, welche der Antike, die den berauschenden Weinge-
nuß bevorzugte, durchaus fremd war. Die Kaffeelegende
demonstriert überdies die in der Arzneimittelgeschichte
nicht selten zu beobachtende Tatsache, daß die Naturvölker

die in ihrem Lebensraum vorkommenden Pflanzen unabhängig voneinander fanden und als Genußmittel verwendeten. Denn der Hauptwirkstoff des Kaffees, das Koffein, kommt nicht nur in *Coffea*-Arten, sondern in verschiedenen anderen Gattungen des Pflanzenreichs vor, die, obwohl sie keine taxonomische Verwandtschaft haben und über die drei Erdteile Asien, Afrika und Amerika verteilt sind, von den Eingeborenen dennoch entdeckt und als Stimulantien genutzt wurden. [...]

Untrennbar mit der Geschichte des Kaffees ist die Entwicklung der Kaffeehäuser verbunden, fordern doch die Eigenschaften des Kaffees wie kaum eine andere Droge zum Gespräch und geselligen Zusammensein heraus. Schon aus der älteren arabischen Literatur geht hervor, daß sich die Freunde des Kaffees in bestimmten öffentlichen Lokalen oder Kaffeeschenken, die auch »Schulen der Weisheit« oder »Schulen der Erkenntnis« hießen, in gemeinsamer Runde zusammenfanden, aber auch schon durch heftige Diskussionen und politische Agitationen gelegentlich Anstoß erregten, so daß die ersten Kaffeehäuser wiederholt geschlossen wurden. Für die Kaffeehäuser in Mekka ist ein derartiges Verbot aus dem Jahre 1511 überliefert, wodurch zugleich belegt wird, daß zu jener Zeit dort bereits derartige Einrichtungen bestanden. Obwohl die mohammedanischen Geistlichen an der Sitte des Kaffeetrinkens mehrfach Anstoß nahmen und sie zu verhindern suchten, ließ sie sich nicht mehr ausrotten. Bereits im 16. Jahrhundert hatten sich die Kaffeehäuser zu unentbehrlichen Bestandteilen des öffentlichen Lebens entwickelt, und sie bürgerten sich auch in anderen Städten des Nahen Orients ein. Um 1554 ist das erste Kaffeehaus in Konstantinopel nachweisbar, und ein Jahrhundert später entstand in Venedig, dem Zentrum des Orienthandels, das erste Kaffeehaus auf europäischem Boden. Während die erste Gründung auf englischem Boden, 1650 in Oxford, glücklos verlief, hatte zwei Jahre später der englische Kaufmann Daniel Edwards, als er in London das erste Kaffeehaus errichtete (1652), das er mit einem eigens zu diesem Geschäft mitgebrachten erfahrenen Kaffeekoch aus Ragusa betrieb, weitaus größeren Erfolg. Seine Einrichtung fand großen Zulauf und zahlreiche Nachahmer, so daß schon 1693 John Ray von dem »sehr verbreiteten Kaffeegenuß« »... als einer allgemein bekannten Sitte« sprechen konnte. Ebenso schnell scheint sich auch in Frankreich nach Eröffnung des ersten Kaffeehauses in Marseille (1671) die Zahl der Cafés vermehrt zu haben, denn schon wenige Jahre später, 1676, wurden in Paris die Cafetiers gemeinsam mit den Limonaden- und Likörverkäufern in einer Zunft zusammengeschlossen, ein Jahrhundert später verfügte Paris bereits über mehr als 800 Kaffeehäuser. Eine führende Rolle in der Entwicklung der Kaffeehauskultur nahm auch Wien ein, dessen erste Kaffeehausgründung gewöhnlich mit der Türkenbelagerung in Wien 1683 in Zusammenhang gebracht wird. In Deutschland hingegen, das zu jener Zeit weder über eine nennenswerte Handelsflotte noch über Kolonien verfügte, breitete sich der Kaffeegenuß nur zögernd aus. Über Holland, wo 1666 das erste Kaffeehaus in Amsterdam nachweisbar ist, kam zwar um 1670 der erste geröstete Kaffee nach Hamburg, die ersten Kaffeehäuser entstanden jedoch nicht vor 1686 in Nürnberg und Regensburg, 1687 in Hamburg, 1694 in Leipzig und erst 1721 in Berlin.

Die Kaffeehäuser bedeuteten weit mehr als nur einen Ort, um Kaffee zu trinken, sondern sie entwickelten sich schon bald zu einer Stätte der Begegnung und des angeregten Gesprächs, einem Treffpunkt der Künstler, Literaten und Dichter. Dort wurden nicht nur Geschäfte und Versicherungen abgeschlossen, Stellen vermittelt, Zeitungen gelesen und Informationen gesammelt, sondern auch die öffentliche Meinung gebildet und politische Entscheidungen getroffen. Einen lebendigen Eindruck von dem bunten Treiben an diesen Stätten vermittelt Carlo Goldonis (1707–

1793) Theaterstück *La bottega del caffè* (1750), eine meisterhafte Schilderung des Kaffeehausmilieus jener Zeit.

Manch ein Café erlangte Weltruhm auf Grund seiner bevorzugten Lage und prominenten Gäste, die es beherbergte, wie das 1720 am Markusplatz in Venedig gegründete Café Florian, das Goethe, Rousseau, Casanova und Goldoni, um nur einige zu nennen, zu seinen Besuchern zählte. Andere hingegen wurden bekannt als Umschlagplatz revolutionärer Ideen und Ausgangspunkt oppositioneller Bewegungen. Die Rolle des Kaffeehauses als Provokateur aufklärerischer Bestrebungen kommt deutlich zum Ausdruck, wenn 1764 in Paris eine literarische Zeitschrift mit dem Titel *Il Caffè* gegründet wurde, die sich mit der gleichlautenden Stätte wie mit dem stimulierenden Getränk durch das gemeinsame emanzipatorische Band der Aufklärung verbunden fühlte und zu ihrem Programm erhob, nicht nur die öffentliche Meinung zu bilden, das Publikum zu Wissen, Glück und Tugend zu führen, sondern auch die überkommenen Traditionen durch die Errungenschaften und Fortschritte der Vernunft zu ersetzen.

JÖRG ADOLPH

Gibt es eine Videosucht? Fördern die mit immer neuen Illusionseffekten durchgestylten Clips auf MTV und VIVA das Verlangen nach einer Art »Seh-Orgasmus«? Der Medienwissenschaftler Jörg Adolph (geb. 1967) beschreibt in seinem Beitrag die optischen Ekstasen des Musikfernsehens.

Neulich im Cyberspace

»Welcome to Tomorrow« heißt der 94er Hit von Snap (Deutschlands erfolgreichstem Pop-Exportartikel). Das computergenerierte Video dazu demonstriert, wie wir uns den entwickelten Cyberspace vorstellen können. In diesem *Cybertronic-TV* werden zwar weiterhin lineare Geschichten erzählt, doch in ihnen simulieren echte Pop-Figuren zukünftige Aktionsmöglichkeiten in perfekten Illusionsräumen. Sie gehen für uns vorab auf Erkundungsfahrt, indem sie in die Welt der Computer-Fiktionen probeweise eintauchen.

Im Snap-Video fliegen zwei Amazonen in Mini-Lederkluft mit Stirnband und Armbrust (ohne Datenanzug-Schnickschnack!) auf einer Kreuzung zwischen Surfbrett und Bügeleisen durch Sternenhimmel und Spiralnebel. Allerlei Seltsames bewegt sich mit ihnen: Heißluftballons, ein Leuchtturm, etwas mit Schaufelrad – pralles Technobarock. Schließlich erscheint auch ein Schloß mit irre vielen Säulen und einem großen Fluggefährt-Paternoster. Etwas *Blade Runner* noch (die filmische Cyberpunk-Urzelle), große Monitor-Wände, die Frauen wackeln angestrengt zur Musik, dann klingt das Video in einer Schleife aus. Das war schon alles und kommt so ignorant daher, als hätte es Jules Vernes und Georges Méliès nie gegeben.

Nun könnte man sich einfach angeödet zurücklehnen, an die tröstlich überdreht-digitalen Pet-Shop-Boys-Videos denken (z. B. besonders trickreich *Go West*) und annehmen, daß dieses Snap-Ding bestenfalls ein ödes Telespiel-Opening abgibt. *Im Cyberspace gewesen; gegähnt.*

Doch das den Musikvideohintergrund bildende »aufwendig arrangierte Szenario« wurde von 20 (*Jurassic-Park*-)Hochleistungsrechnern in ganzen vier Wochen errechnet und gilt schlichtweg als Beispiel für die unaufhaltsame »Entmenschlichung der Bilder« (*Spiegel* 10/1994) Und damit nicht genug: »Selbst uns hat das umgeworfen, was mit Computern inzwischen möglich ist«, so die Snap-Macher zu ihrem Werk. Haben die ihr Video überhaupt betrachtet, oder welche virtuellen Drogen begünstigten diesen Eindruck? Ich rekapituliere: Während die einen anmahnen, daß durch die digitalen Bildtricksereien immer perfidere Weltfluchten provoziert würden und wir schließlich unserer Wirklichkeit ganz verlustig gehen, reden die Promoter der Technokultur von einer längst fälligen Befreiung der Bilder, von einem Geburtsvorgang mit unvorstellbaren Dimensionen.

Snap-Video ist kein im Nu erzeugter Techno-Kitsch, kein unsensibler Jules-Verne-Verschnitt, sondern High-Tech, der Stand der Dinge, perfekte Vorwegnahme eines zukünftigen Mediums. Der ganze Cyberspace eine sanft gleitende Bewegung vorbei an allerlei pittoresk schwebendem Gerümpel.

Ich übersetze mir den simplen Text und dann heißt es: »Folge mir zu einem Platz, wo Du noch nie gewesen bist ... ich zeige Dir Dinge, die Du Dir nicht vorstellen kannst ... Hokuspokus ...« – Einsetzende Verzauberung – yes, »I'm ready«: Deutlich steht es vor mir, das virtuelle Zukunftsgespenst, welcome to tomorrow singend, und hat es jeden Schrecken verloren. Es sind doch nur mittelmäßige, synthetische Bilder, dazu Dancefloor-Beats und zwei Frauen, die Hokuspokus singen. [...]

Sucht nach dem Seh-Orgasmus

Es existiert ein ungeheurer Bedarf nach optischen Illusionseffekten. Unglaublich modisch wie das *Magic Eye*. Ende 1994 führten ganze sechs vergleichbare Titel (*Phantastische Bilder, Das magische Auge, Die dritte Dimension*) die Sachbuch-Bestseller-Liste an, erst dann folgte bezeichnenderweise Ulrich Wickerts *Der Ehrliche ist der Dumme*.

Auf Postern, Postkarten, T-Shirts, Kaffeetassen etc. finden sich die wirren computergenerierten Muster, die bei entsprechender Guck-Technik ihre dreidimensionalen Inhalte offenbaren. In Aussicht gestellt wird – und nur darum geht es – der Seh-Orgasmus, auf daß uns noch ungeahnte Datenströme elektrisieren mögen. Gesucht wird der G-Punkt des Schauens, den wir hinter dem Offensichtlichen uns erträumen. Im Vorwort zum zweiten Teil des *Magischen Auges* schreibt Tom Baccei, wovon die Snap-Frauen im Video gesungen haben: »Die Bilder entführen den Betrachter in eine geheimnisvolle Welt: in eine Welt der Farben, der Phantasie und der verborgenen Sinne ... Öffnen Sie ihr magisches Auge, und lernen Sie, die Welt aus einer ganz neuen Sicht zu sehen!« D. h., unsere momentane visuelle Praxis erscheint als recht armselig und die neuen Illusionstechniken versprechen verlockende Aussichten und Einblicke, sollen wie Drogen Bewußtseinsräume öffnen. Mit weit aufgerissenen Augen erstarrt man sich folglich den Anblick von dreidimensionalen Herzchen, Glöckchen, Fabelwesen, Delphinen – blickt also auf die ganze Kitsch-Ikonographie, die auch in den Techno-Videos zu sehen ist.

Meint jemand ernsthaft, daß wenn sich der Verblüffungs-Effekt abgenutzt hat, diese magische Auge-Geschichte eine Daseinsberechtigung hat, daß womöglich verlockende Inhalte oder neue Universen durch die Computerbilder schimmern werden? Faszinierender Inhalt sind die individuellen Seh-Träume selbst, die Möglichkeiten, die Menschen in die Bilder hineinprojizieren. Die Sehnsucht überdauert jeden Hard- und Softwarewechsel.

Perfekt animierte Tapete

Die meisten Techno-Videos sind buntbewegte Computergraphiken, die in Verbindung mit der Musik den sich selbst vergessenden Blick, das hypnotische, den Bildschirm durchschauende Sehen provozieren wollen. Die perfekte, animierte Tapete als liquide, hochgradig flüchtige Umgebung: Wegtreten zum eigentlichen Wahrnehmen.

Ein Video von George Barber (der durch seine *Greatest Hits of Scratch Videos* legendär geworden ist) greift programmatisch für dieses psychedelische Schauen elementarer Eindrücke zurück: »*Curtain Trip* entstand, als ich drei Tücher aus bunter Seide an die Decke hängte, mich darunterlegte und zusah, wie sie von der Zugluft bewegt wurden. Dann kam ich darauf, daß ich das zwar wunderschön fand, aber niemand anderer meinen Eindruck teilen konnte.« Folglich wurde die Essenz des Bildeindrucks mittels Hochtechnologie digital verfeinert und als Computeranimation auf der Ars Electronica 1993 (Text aus dem Katalog) ausgezeichnet. Ein kaleidoskopisches und synästhetisches Grundverlangen nachvollziehend, kreist, spiralt, sprudelt, pulst, pocht, nebelt, wabert oder morpht es in den meisten Techno-Videos derart vor sich hin, daß es schon keine Freude mehr ist, sondern nur langweilig.

So sieht sie definitiv nicht aus, »die Zukunft des Fernsehens«. Und als Gegenbewegung zu den vielen digitalen Achterbahnfahrten, Monstrositäten-Shows und dem mythenwabernden Kram aus Atlantis oder 1001 Nacht sind auch wieder grobkörnige S/W-Clips mit wenigen Schnitten möglich.

Interessantere Videos integrieren ohnehin analog gewonnenes Bildmaterial: gut strukturierte, kleine Kader, rhythmisch montiert z. B. bei *Auto Radia* (von Uzect Plaush) oder Verfallsstrukturen, Kratz-, Störbilder und Len Lye-Adaptionen beim *Future Dub* (von Mouse on Mars).

Einige Zeit waren die abstrakten Videos eine willkommene Abwechslung zum sonstigen Angebot. Wer mag schon immerzu tanzenden, posenden Menschen zuschauen. Schnell wurde ein Mangel an Konzept hinter dem neuen Look deutlich: Schön daß es kreist, spiralt, sprudelt, pocht ... nur warum immer alle Effekte auf einmal, wo bleiben Stringenz und Grazie?

Vielleicht bin ich nur enttäuscht, nicht selbst an den vielen Knöpfen spielen zu dürfen, aber in den meisten Videos scheint keine Ahnung davon zu existieren, daß sich dieses hoffnungsvolle Techno-Wunderland auf bereits erschlossenem Gebiet bewegt. Als Malerei mit Zeit, als absoluter Film und Augenmusik haben in den zwanziger und dreißiger Jahren Ruttmann, Eggeling, Fischinger, Moholy-Nagy (um nur die bekanntesten zu nennen) die ausgereifteren Techno-Videos konzipiert und lassen die Epigonen heute blöd aussehen. Im Kinospielfilm wurden die Bildwunder in Kubricks *2001 – Odyssee im Weltall* bereits 1968 realisiert.

Vieles erinnert heute nur an besonders scheußliche Teppichmuster aus den siebziger Jahren oder an die bunten, gestaffelten Leuchtkreise, die manche Menschen sich um die Weihnachtszeit ins Fenster hängen. Die Techno- und Ambient/Trance-Videos wollen appetitanregende Happen sein, die von einem neuen Medium künden. Doch wahrscheinlich handelt es sich längst um die Nachspeise und danach wird nur noch verdaut.

Ekstase der Werbewirtschaft

Richtig in Erregung angesichts der Techno-Visionen gerät hauptsächlich die werbetreibende Industrie. Im Juli 1994 titelte die Fachzeitschrift *werben und verkaufen*: »Techno macht Marken munter«. Was als farben- und hoffnungsfroher Trend begann, ist längst normales Massenphänomen geworden, bei dem brachliegende Kaufkraft gewittert wird. Daß die Jäger die Fährte aufgenommen haben, wird von den Trendmakern als Symptom fürs Ableben, nicht als Normal-Verlauf subkultureller Bewegung unter forciertkapitalistischen Bedingungen verstanden. Starke Symbole und Kulte werden systematisch aufgegriffen, verallgemeinert und inflationiert (falls nicht, war die Bewegung keine) und damit für die alten Protagonisten untauglich gemacht.

Beleidigte Großstadt-Raver, die ihren Hipster-Traum schwinden sehen, verachten den »Bauern-Tekkno«, jene strategisch geschickten Trendadaptionen, die ihre simplen

Reime auf den Zeitgeist machen: »Ich und Du spielen blinde
Kuh, 1, 2, Polizei ... ja, ja, ja, was ist los, was ist das.«

Meine favorisierte Trend-Werbung aus dem Dezember
1994 ist eine doppelseitige Opel-Anzeige. Links sieht man
einige Männer mit Kurzhaarfrisuren und auffälligen Brillen. Die Kulisse ist in ein magisches Blaugrün getaucht,
Funken sprühen vor geometrischer Stahlarchitektur. Rechts
daneben der Spruch: »Techno-Nächte in Rüsselsheim«. Erst
auf den zweiten Blick (und nach der Lektüre des Kleinge-
druckten: »Wenn Opel-Mitarbeiter nachts die Funken fliegen lassen, dann mit Freude an der Sache und ganz ohne
Zwang ...«) habe ich bemerkt, daß es sich im Bild nicht um
einen hochgestylten Tekkno-Event handelt, sondern daß
vielmehr ein nächtliches Montageband abgebildet ist, auf
dem gerade im Akkord der neue Omega zusammenge-
schweißt wird. »Tausend bunte Sachen, die gibt es überall
zu sehen ...«

Auch die Publizistik (re)agiert unter aufpushenden Mar-
keting-Bedingungen: beschleunigt und inflationär. Was vor-
mals interner Medien-Slang war, wird nun in der *Hörzu*
verhandelt. In den Schlagwort-Charts ist der Futuro-alles-
ist-*Interaktiv*-Remix vom Präfix-*Hyper*-Rap abgelöst worden. Einer der größten Ausverkaufshits heißt folgerichtig –
»Hyper Hyper« – und endlich wird der Hype (»Mediensu-
perhypeway« a road to nowhere) zum Ohrwurm gemacht.

Zurück zur *Welcome to Tomorrow*-Einladung von Snap.
Deren Plattenpräsentation fand als Licht- und Special-Ef-
fects-Show im ultramodernen Planetarium im Forum der
Technik (Deutsches Museum München) statt, um später
auch in das normale Tagesprogramm aufgenommen zu werden. Die Lasertechnik ist aufwendig, in 3-D spricht ein sti-
lisierter Roboterkopf, viel Nebel wird ins Publikum geblasen
und die Musik schallt surround aus der 12 000-Watt-An-
lage.

Im letzten Drittel wird auch das Musikvideo an die Kup-
pelwand projiziert: Trotz Vergrößerung wirkt es lächerlich

winzig und die Graphik verschwimmt zur Unkenntlichkeit. Nur einmal ist die Show wirklich beeindruckend: Wenn der simple Sternenhimmel sich rasend schnell zu drehen beginnt, gibt das zu Sehende dem zentralen Nervensystem eine echte Nuß zu knacken.

Black hole – Löcher in der Kulturpanzerung

Die wirkliche digitale Bilder-Revolution findet eher im Unschein-, wenn nicht im Unsichtbaren statt, eher bei *Forrest Gump* als in *Die Maske*. Durchschlagende Effekte sind nicht so penetrant wie bei Snap, eher kommen sie unterschwellig daher wie im Soundgarden-Video zu *Black Hole Sun*. Hier sind die digitalen Tricks gerade an der Grenze zum Auffälligen. Inszeniert wird der alte David Lynchsche Kitschalptraum mit direkten Bildzitaten aus *Blue Velvet*, *Wild at Heart* und *Twin Peaks*. Nur gibt es kein angehängtes Happy-End, sondern das Bilder-Universum explodiert. In der apokalyptischen Vision fegt ein kosmischer Sturm über die *hyper*reale Vorstadtidylle, und die Menschen scheinen sich aufzulösen. Ihre Augen und Münder werden vom Computer ins Groteske verzerrt, aber nur so, daß man sich auch kurz verguckt haben könnte. Die (Haut-)Oberflächen scheinen extrem gespannt. Sie könnten jeden Moment aufreißen und sicherlich würde Verfaultes sichtbar werden.

Die Menschen agieren wie hilflos zappelnde Insekten unterm Vergrößerungsglas, während die (black hole-)Sonne Löcher in die (Kultur-)Panzerung brennt. Sparsam eingesetzte Computermanipulationen erzeugen den Eindruck von Unsicherheit und finaler Orientierungslosigkeit. Die Bilder sind so falsch wie die dargestellten Menschen, lautet die bittersüße Wahrheit.

Vorzuziehen ist die Zukunfts-Darstellung im Beasty-Boys-Video *Sabotage*: Hierbei handelt es sich um eine perfekte Trailer-Parodie für eine siebziger Jahre Krimiserie. Die Kamera ist brechreizerregend bewegt, es gibt Titel im

Styling der unsäglichen Katastrophenfilme, permanente falsche Aktion und dämliche Kung-Fu-Einlagen, komische Wischblenden und diese besonders demonstrativen Schärfeverlagerungen. Die Beasty Boys rennen dazu mit fettigen Helmfrisuren, Monsterkoteletten, Schnauzbärten und in Schlaghosen hintereinander her.

Sie sind tatsächlich in einer zwanzig Jahre alten Serie gelandet, im virtuellen Raum ohne jeden Computereinsatz. Da stimmt alles und man kann darüber lachen, weil man jede Einstellung kennt, sie durchschaut und trotzdem mag. Es ist mehr als ein Retro-Trend, wenn die Beasty Boys sich in alte Krimiserien hineindenken (sie bezeichnen diese Technik als »ill communication«), hier entsteht der realistischere Cyberspace.

Denn das Fernsehen ist gefangen in einem Netz von Selbstreferenzen. Fernsehen, das nicht hauptsächlich von sich selbst handelt und in erster Linie nur Aussagen über sich selbst zu treffen in der Lage ist, scheint in der Thematisierung des nächsten Mediums möglich. Die erträumte Form des zukünftigen Mediums, des »Cyberspace«, wird im Fernsehen somit zu einem kitschigen Utopie-Flucht-punkt gegen die Anzeichen von Langeweile und Ermüdung erklärt. Doch dies geschieht so marktschreierisch und gleichzeitig derart unüberzeugend, daß man nur skeptisch bezüglich der Realisation werden kann.

In der Literatur, dort wo die Fiktion ihren Anfang nahm, hat sie kürzlich eine Wendung genommen. Cyberspace-Entdecker William Gibson wendet sich etwas von seiner virtuellen Welt ab und thematisiert wieder die »alten Medien«. Im Roman *Virtuelles Licht* verehren die mächtigsten Religionsgemeinschaften alte Hollywoodstars und speisen ihren Glauben aus TV-Serien.

Welcome to tomorrow – Sabotage!

WERNER GROSS

Es ist einer der vielen Widersprüche unserer Zeit, daß in der so-
genannten Kommunikationsgesellschaft Isolation und Einsam-
keit ein immer größeres Problem werden. Daß umgekehrt der
Wunsch, mit einem anderen Menschen symbiotisch zu ver-
schmelzen, auch eine Art der Sucht sein kann, beschreibt Wer-
ner Gross.

Droge Mitmensch

> »Liebe ist die schönste Sucht.
> Es gibt keine Überdosis.«
>
> AKIF PIRINCCI,
> *Tränen sind immer das Ende*

Es ist merkwürdig: Gerade im Jahre X nach Aids, in dem
frisch gewaschene Züchtigkeit, neue Prüderie, aseptische
Vereinzelung und kondomisierte Sexualität propagiert werden, in dem den promiskuitiven Sturmtruppen der sexuellen Revolution die Angst vor Infektion in der erogenen
Zone zum Verhängnis wird, gerade da wird in den Massenmedien ein neuer Begriff gehandelt: Liebessucht.

Er ist vor allem der amerikanischen Partnertherapeutin
Robin Norwood zu verdanken: Ihr Buch *Wenn Frauen zu*
sehr lieben. Die heimliche Sucht, gebraucht zu werden, von
dem in den USA 2,5 Millionen Exemplare verkauft wurden,

war auch bei uns monatelang auf Platz 1 der Bestsellerliste. Viele Frauen scheinen sich in den Fallgeschichten des Buches wiederzufinden: Innerhalb von zwei Jahren haben sich Selbsthilfegruppen für Liebessüchtige gegründet – in München ebenso wie in Hamburg, in Frankfurt ebenso wie in Stuttgart oder Berlin. Die These von Robin Norwood ist einfach. Sie schreibt:

»Wenn Liebe für uns gleichbedeutend ist mit Schmerz und Leid, dann lieben wir zu sehr. Wenn Gespräche mit unseren engsten Freundinnen sich häufig nur um unseren Partner drehen, um seine Probleme, seine Gedanken, seine Gefühle – wenn fast alle unsere Sätze mit ›Er ...‹ anfangen, dann lieben wir zu sehr ... Zu sehr lieben, das bedeutet: blind zu sein für die eigenen Bedürfnisse und sich nur noch um die Probleme und Ansprüche des anderen zu kümmern. Zu sehr lieben kann bedeuten: sich in der Beziehung zum Partner derart zu verzehren, daß die eigene seelische und körperliche Gesundheit Schaden nimmt.«

Liebessüchtige lieben also über ihre Verhältnisse. Maria-Luise, 27, bezeichnet sich als liebessüchtig:

»Ich lerne einen Mann kennen. Irgendwas springt über. Ich habe immer geglaubt, das wäre der Funken der großen Liebe, und habe mir eingebildet, das sei Verliebtsein. Nachdem dieser Funke gesprungen ist, gibt es für mich nichts Wichtigeres, als die Zuwendung von diesem Mann zu erlangen. Es ist nicht wichtig für mich, ob ich diesen Mann nun geliebt habe. Es geht mehr darum, etwas zu bekommen. Wie so ein Loch, was zu füllen ist. Ich habe immer erwartet, daß irgend jemand kommt und mich erfüllt. Je mehr dieser Mann sich dagegen sträubt und nicht will und mir signalisiert, daß er mich nicht will, desto schlimmer wird der Wunsch, gerade von diesem Mann Zuwendung zu bekommen. Ich habe eigentlich immer gespürt, daß da irgend etwas nicht stimmt, daß ich diesen Mann nicht loslassen kann, daß in meinen Gedanken nichts anderes mehr Platz hat, ja, daß dieser andere mir wichtiger ist als ich selber ...«

Robin Norwood hat mit ihrem Liebessucht-Buch eine regelrechte Lawine auf dem Buchmarkt losgetreten. Von Wilfried Wiecks *Männer lassen lieben* (inzwischen auch ein Bestseller) über den »Casanova«- und den »Cinderella«-Komplex und das »Brave-Mädchen-Syndrom« bis hin zu bindungsunwilligen bzw. bindungsunfähigen Zeitgenossen (*Bindungsphobien, Die Angst vor der ewigen Liebe*) reicht die Palette. Und das wirft natürlich ein Schlaglicht auf die seelischen Verfassungen in den bundesdeutschen »Beziehungskisten«. [...]

Bis heute wird Liebessucht verklärt als »romantische Liebe«. Der symbiotische Wunsch nach Verschmelzen mit dem Partner, das Verlangen nach dem Aufgehen im anderen wird zu »Rettet die Zärtlichkeit«. Welch ein Anspruch! Doch was in der Phase des euphorischen Verliebtseins wie die Rettung aus dem Alltag beginnt, endet oft als Salto-Mortale mit Bruchlandung. Ulla, 32jährige Lehrerin, erzählt von ihrer Sehnsucht:

»Bei meinem Freund war es so, daß ich eine wahnsinnige Sehnsucht nach ihm hatte, obwohl wir zusammenlebten und wir uns fast jeden Abend geliebt haben. Aber die war einfach nicht zu stillen. Ich habe tagsüber am Schreibtisch gesessen, und die Zeit, wo er immer nach Hause kommen sollte, da habe ich am Fenster gestanden und habe gewartet, und manchmal ging ich tagsüber durch die Wohnung und habe nach ihm gerufen, also richtig bescheuert. Oder habe zum Beispiel im Schrank seine Hemden gestreichelt, habe den Schrank aufgemacht und die Hemden gestreichelt, obwohl er vielleicht in zwei Stunden nach Hause hätte kommen können. Obwohl er wirklich da war, habe ich ihn immer nur als in der Ferne erlebt, und nicht erreichbar.«

Nun könnte man denken, Liebessucht sei ein spezifisch weibliches Problem. Weit gefehlt. Andreas zum Beispiel ist 29 Jahre und arbeitet im Krankenhaus:

»Beim Entzug von der Liebe und Sexualität im Frühjahr, als sich meine Freundin von mir trennte, so intensive seelische Schmerzen habe ich nie in meinem Leben vorher erfahren. Der Alkohol- und der Drogenentzug und auch die seelischen Schmerzen am Anfang, die waren schlimm. Aber das habe ich im Vergleich zu diesem Entzug wirklich auf einer Arschbacke abgesessen. Ich kann das nicht vergleichen. Das war so ein tiefer seelischer Schmerz und Entzug, dadurch sind mir auch die ganzen Konflikte mit meinen Eltern hochgekommen.«

Andreas hat eine regelrechte Suchtkarriere hinter sich: mehrere Jahre Alkoholprobleme, Abhängigkeit von Tabletten und sogar Heroin. Er meint, all das waren nur Ersatzstoffe für das, was ihm wirklich fehlte: Liebe, Geborgenheit, Zuwendung, Wärme:

»Ich habe nur immer gemerkt, da stimmt was nicht, mir fehlt was in meinem Elternhaus, und ich habe mich in der Atmosphäre einfach nicht wohl gefühlt. Ich konnte es aber nie konkret oder klar ausdrücken oder war mir selbst da drüber auch nicht im klaren. Ich habe immer nur so einen Schmerz empfunden, Sehnsucht nach Liebe und Wärme und Nähe und Geborgenheit und Sicherheit, Vertrautheit. Das kann ich heute sagen. Damals hätte ich das überhaupt nicht ausdrücken können. Und wie ich meinen ersten Schluck Alkohol im Bauch hatte, da hatte ich genau das Gefühl, wie ich es schon immer gewollt hatte.« […]

Symbiotische Beziehungen

Liebessüchtige sind hochsensible Menschen. Sie spüren intuitiv die Lücken des Gegenübers auf und füllen sie auf – oft ohne das überhaupt selbst wahrzunehmen. Sie gehen, wie man in der Psychologie sagt, eine symbiotische Beziehung ein. Wie im Blindflug finden sie auch den zu ihren unbewußten Mustern passenden Partner. Maria-Luise beschreibt den Zustand folgendermaßen:

»Das ist ein Gefühl von Verschwimmen ineinander. Es gibt keine Grenzen mehr zwischen uns. Ich will auch keine mehr. Ich habe dann Angst vor den Grenzen und habe dann auch die Vorstellung, wenn wir nur richtig verschmelzen würden, dann wäre das das Größte.«

Aber: Liebe ist leicht verderblich. Wenn aus der Liebe eine Beziehung wird, kann der Bund fürs Leben zum Gefängnis werden. Maria-Luise:

»Zu Anfang habe ich das Gefühl, der andere braucht mich. Die nächste Station ist dann, ich brauche ihn. Und wenn das dann so weiterläuft, findet irgendwann ein Mißbrauch statt. Dann merkt er meine Abhängigkeit und mißbraucht die, und irgendwie habe ich auch das Gefühl, daß ich den anderen mißbrauche, weil plötzlich keine wahre Zuneigung besteht, sondern Abhängigkeit.«

Die Frage, die dahinter steht, heißt: »Liebe ich dich, weil ich dich brauche, oder brauche ich dich, weil ich dich liebe?« Erst ist es Liebe. Dann kommen die Ansprüche. Und schon bald fühlt man sich eingeengt und abhängig. Es türmen sich Schutthalden von Schmerz, Trauer, Haß auf, und die Liebe verendet langsam in einer Beziehung. Die Beziehung als Gefängnis – zwei Leute in der Paarzelle. Was es dann braucht, ist mehr Luft für die Liebe. Maria-Luise sieht das Hauptproblem in folgendem:

»Ich kann in einer Beziehung keine Eigenständigkeit zeigen. Ich bin immer darauf bedacht, wie der andere das wohl sieht, ob ihm das gefällt, was ich tue. Mein Wunsch ist natürlich, daß ihm das gefällt, wie ich mich verhalte, und daß er stolz auf mich ist und stolz ist, daß er mich als Partnerin hat. Aber ich bin nicht in der Lage, ein erwachsenes Gegenüber zu sein, das sagt, was ihm stinkt, und was ihn auch auf Fehler hinweist. Ich glaube, daß ich sehr genau erkenne, wo andere Menschen auch Schwierigkeiten haben. Aber wenn das Menschen sind, die mir etwas bedeuten, bin ich nicht in der Lage, das zu sagen – aus Angst, die Zuwendung zu verlieren. Und ich glaube gerade durch diese Angst und durch diese Unselbständigkeit, daß ich kein Gegenüber bin und so wie ein Blatt im Wind hin- und herfliege, gerade dadurch verliere ich die Zuwendung. Ich bin nicht mehr spürbar. Ich bin wie ein Buch, das man zur Seite legen kann. Wenn so eine Beziehung dann zu Ende geht und ich begreife, daß ich gehen muß, weil der andere mir das genau so signalisiert, daß ich das selbst merke, stürzt eine Welt ein. Im Grunde habe ich mir dann immer eine neue Beziehung gesucht, um die alte zu überwinden, zu vergessen. Ich brauchte dann immer was, was noch stärker ist. Und beim nächstenmal fängt es dann genauso an.«

Hier zeigt sich dann mitunter der Beginn einer Liebessucht-Karriere: Wiederholungszwang und Dosissteigerung sind ebenso vorhanden wie das Ausweichen vor dem eigentlichen Problem. Dabei ist Liebessucht bei weitem nicht nur ein negativ getöntes Verhalten. »Die Liebe besteht zu drei Vierteln aus Neugier«, sagt einer, der es wissen muß – Casanova, jener galante Italiener, nach dem sogar ein bestimmter Männertypus benannt worden ist.

Und genau hier liegt das Mißverständnis. Dieses Fernweh nach unbekannten Seelen hat mit Liebe wenig zu tun. Schon viel mehr mit *Verliebtheit*. Jeden zu lieben heißt, unfähig zu sein, einen besonderen zu lieben. Diese verzweifelte Suche nach Liebe ist derart überempfindlich und zornig, daß dem kein Partner standhalten könnte. Der Nächste ist immer auch der Begehrenswertere, Bessere. [...]

Ist Liebessucht eine Sucht?

Liebessucht ist in den letzten Jahren zu einem Modewort geworden – aber ist es überhaupt eine Sucht? Man versteht unter diesem schillernden Begriff alles mögliche: von der Beziehung als Fluchtburg vor der rauhen Welt, bis zur hörigen Abhängigkeit vom Liebespartner, von der absoluten Selbstaufgabe in einer symbiotischen Beziehung, bis zur Anonymität der zwanghaften Promiskuität. Der Begriff

»Liebessucht« wird oft für ganz entgegengesetzte Phänomene benutzt. Soviel scheint klar:

Im Zustand überschwenglicher Verliebtheit produziert das Gehirn der Liebenden tatsächlich seine eigene Rauschdroge aus der Gruppe der »Weckamine«, der Aufputschmittel. Der Innsbrucker Arzt Gerhard Crombach hat es in der Zeitschrift »Sexualmedizin« belegt: Der Stoff, aus dem die Verliebtheit ist, trägt den wenig romantischen Namen »Phenyläthylamin«. Daß »Phenyläthylamin« ein waschechtes Suchtmittel ist, zeigen Tierexperimente, in denen Ratten unendliche Entbehrungen auf sich nehmen, um zu einem Schuß »Speed« zu kommen. Genau wie der Liebende, der richtig süchtig nach seinem Liebesobjekt ist und regelrechte Entzugserscheinungen durchleidet, wenn er es verliert. Und so ist es auch nur logisch, wenn von ihrem Suchtmittel entwöhnte Fixer, Alkoholiker oder Tablettenabhängige sich ständig Situationen suchen oder schaffen, in denen der Körper die Suchtstoffe selbst produzieren muß: Beim Spielsüchtigen ist es der »Kick« am Spieltisch oder am Automaten. Der Arbeitssüchtige hat sein »High«, wenn er richtig rotiert, und die/der Liebessüchtige, wenn sie/er entweder total verliebt ist oder aber die Beziehung am Wanken ist. Andreas meint:

»Es mag generell so sein, daß, wenn ich zunächst mal die Suchtmittel weglasse, also Alkohol, Medikamente und Drogen, daß ich mich dann auf andere Süchte erst mal in Ersatzsüchte flüchte. Das Gemeinsame zwischen all diesen Suchtformen, zwischen diesen Suchtstrukturen und zwischen diesen Suchtmitteln, ist die Krankheit Sucht. Es ist egal, welches Mittel ich benutze. Für mich ist heute wichtig zu erkennen, daß ich die Krankheit Sucht habe, damit ich endlich aufhöre, an meinen Symptomen rumzudoktern oder mir unnötig darüber Gedanken zu machen oder damit auch Energie zu verschwenden, mir selbst im Weg zu stehen. Ich bin süchtig, und ich habe eine Suchtstruktur. Ich bin geistig, körperlich und seelisch krank. Und das ist eine Krankheit, eine dreiteilige Krankheit.«

Deshalb ist es auch verständlich, daß Liebessüchtige immer wieder die Verliebtheit mit ihrem Herzklopfen, Sinnestaumel und Nervenkitzel suchen. Sie haben Angst, daß diese Liebe in einer langfristigen Beziehung verendet, die beschwert ist mit der Last der Alltagsprobleme. Sie sind sehnsüchtig nach immer intensiveren Erlebnissen. Der Liebessüchtige hat nach Ansicht der Berliner Psychologin Susanne Jalkoczy den Wunsch, »den Schmerz eigener Begrenztheit aufzulösen in symbiotischer Einswerdung mit dem Liebesobjekt oder in ständiger Suche nach neuen Objekten der Liebe. Die Sucht nach Liebe soll die Verzweiflung über die eigene Endlichkeit immer wieder betäuben.«

Rainer Schwochow

In unserer Leistungsgesellschaft zählt Arbeit zu den höchsten Tugenden. Täglich wächst auch die Zahl der Workaholics, jener Menschen, die von Arbeit besessen sind und nicht mehr abschalten können. Rainer Schwochow (geb. 1952) ist in der DDR aufgewachsen, studierte Physik und Informatik, später Theaterwissenschaften und arbeitet seit 1989 als freier Hörfunkjournalist und Buchautor. In seinem Beitrag beschreibt er Motive und Erscheinungen von Arbeitssucht und liefert eine Typologie.

Workaholics –
Wenn Arbeit zur Sucht wird

>»Ein Mann, dem sein Arbeiten gelingt,
>ist für mich immer ein Mann.«
>   THOMAS CARLYLE

Arbeitssucht ist, entgegen einem weitverbreiteten Klischee, keine Männerkrankheit. Das noch immer dominierende traditionelle Rollenverhalten legt die Vermutung nahe, daß der männliche »Ernährer der Familie« schneller in zwanghaftes Arbeiten verfällt als die Frau. Dieses Rollenverständnis macht es dem Mann leicht, sich voll in seine berufliche Arbeit zu werfen. Wer stößt sich daran, wenn der erfolgreiche Mann das Haus am Morgen um 7 Uhr verläßt und am Abend um 19 Uhr nach Hause kommt? Wer findet es befremdlich, wenn er sich am Sonntagvormittag an den Schreibtisch zurückzieht? Genauso selbstverständlich aber gibt er sich am Abend der Entspannung hin. Die berufstätige Frau dagegen muß in vielen Familien Haushalt und Kinderbetreuung zusätzlich übernehmen. Unter dem Strich kommen schnell mehr Arbeitsstunden zusammen als bei dem vielarbeitenden Ehegatten. Letztendlich ist die Frau durch die objektiven Bedingungen stärker gefährdet als der Mann. Ob diese Gefährdung dann tatsächlich in die zwanghafte Abhängigkeit führt, das hängt von der subjektiven Disposition ab. Besitzt sie die Fähigkeit, die Hausarbeit zu verteilen, sich Hilfe zu suchen oder guten Gewissens großzügig mit Ordnung und Sauberkeit umzugehen, dann wird sie sich Muße gönnen, abschalten und freie Zeit genießen können. Entwickelt die Frau perfektionistische Ambitionen, die sie eventuell von ihrer nicht berufstätigen Mutter übernommen hat, so liegt ein suchtiges Entgleisen gefährlich nahe.

Der Perfektionismus ist gerade bei arbeitssüchtigen Frauen häufig anzutreffen. Selbst Frauen, die »nur Hausfrauen« sind, verfallen mitunter in eine Putzwut, die ausgesprochen zwanghaften Charakter haben kann. Diese Frauen sind durchaus vergleichbar mit den Männern, die morgens um 7 Uhr das Haus verlassen und erst spätabends von der Arbeit zurückkommen. Ein weiterer »Typ« der arbeitssüchtigen Frau wird von dem New Yorker Psychotherapeuten Jay B. Rohrlich beschrieben. Die Frauen entscheiden sich gegen eine Mutterschaft, nicht weil sie in erster Linie Angst um ihre Karriere haben, sondern weil sie mit großer analytischer Fähigkeit oder intuitiv erkennen, daß es sehr viel einfacher ist, eine perfekte Karriere aufzubauen, als ein perfektes Kind großzuziehen.

Zwanghaftes Arbeiten ist nicht berufsspezifisch. Ganz sicher ist die Gefährdung in den Arbeitsbereichen größer, wo das Tagesziel nicht durch eine feste Größe vorgegeben ist. Der Fließbandarbeiter weiß genau, wann seine Arbeit beendet ist, auch wenn das Band noch so schnell läuft und ihm täglich eine übermäßige Kraftanstrengung abverlangt. Der Verkäufer am Postschalter mag ständig eine Kundenschlange hinter der Glasscheibe haben. Kurz vor Schichtende wird er die nahende Schließung anzeigen, Punkt 16 Uhr verläßt er seinen Platz. Trotzdem kann der Postangestellte genau wie der Fließbandarbeiter in ungewöhnliche Arbeitswut verfallen. Gerade wenn die Berufsarbeit als wenig befriedigend erlebt wird und auch die persönlichen und sozialen Beziehungen wenig Bestätigung verschaffen, kann in zwanghafter Feierabend- oder ehrenamtlicher Arbeit der fehlenden Anerkennung nachgejagt werden. Wer in jeder freien Minute Häuser baut wie eine Ameise ihren Hügel, wer Ehrenämtern nachjagt wie Profisportler Medaillen, der sollte zumindest die Frage nach dem Stellenwert von Arbeit in seinem Leben zulassen. So unwahrscheinlich es klingt, auch ein Beamter kann arbeitssüchtig sein. Näher liegt die Gefährdung aber zweifellos bei demjenigen, der sich mit seinen Arbeitsinhalten identifiziert, der Spaß an seiner Arbeit hat. Ärzte, Rechtsanwälte, Pfarrer und Journalisten sind gefährdet, Freiberufler und Wissenschaftler, Lehrer und selbständige Unternehmer. Die Motivation für übermäßig viel Arbeit wird in jedem Fall eine andere sein. Eines trifft bei allen zu: Ihre Arbeit ist schwer einzugrenzen, wenn eine Aufgabe erledigt ist, dann wartet bereits die nächste.

Vor kurzem lernte ich einen Winzer kennen. Er lebt in einem der besten Weinbaugebiete Deutschlands und vermarktet seinen Wein selbst. Wie alle anderen Winzer in dem berühmten Dorf findet er reißenden Absatz für sein edles Getränk. Geldsorgen kennt er nicht. Vor zwei Jahren, da war er 42, hatte er einen Herzinfarkt.

Ein Weinbauer paßt nicht in mein Bild von einem Workaholic. Muß ein Winzer nicht genießen können, Besinnlichkeit und Harmonie verbreiten wie ein guter Wein? Der Mann steht unter dem Druck, jedes Jahr für seine Weine Preise und Auszeichnungen einzusammeln. Wir hetzen gemeinsam durch den Weinberg und probieren von den reifen Beeren. Zu jeder Rebsorte nennt er mir sofort die Medaillen der einzelnen Jahrgänge. Eine Silbermedaille, das bedeutet schon eine Niederlage für ihn. Jetzt, in der Weinlesezeit, kann er überhaupt nicht schlafen, erzählt er mit hektischen Gesten. Er steht nachts am Fenster und schaut nach dem Wetter. Wenn es regnet, wird er panisch, weil die Öchslegrade der Trauben fallen. Im Urlaub war der ehrgeizige Mann noch nie, und das Geschenk zur Silberhochzeit, eine Reise in den Süden, hat er ausgeschlagen. Wein genießen?

Er genießt nur den Medaillenruhm.

Arbeitssucht ist nicht altersabhängig. Betroffen sind Menschen der Nachkriegsgeneration, die aus dem Nichts eine neue Existenz aufbauen mußten, genauso wie spätere Generationen, die vielleicht in sozialer Sicherheit aufgewachsen sind. Psychologen beobachten die Sucht verstärkt in Zusammenhang mit einer Sinnkrise in der Lebensmitte, im Alter zwischen 38 und 52 Jahren. Doch vielleicht wird sie nur in diesem Alter verstärkt sichtbar? Der Körper wehrt sich, wenn Ideale nicht mehr tragen, wenn Träume

zerbrochen sind und die Sinnfrage mit einem wütenden
oder sturen »Nun erst recht« beantwortet wird. [...]

Phasen der Arbeitssucht
und Typen von Arbeitssüchtigen

> »Arbeit ist die Mission des Menschen auf
> dieser Erde. Es kämpft sich ein Tag herauf,
> es wird ein Tag kommen, an dem der, wel-
> cher keine Arbeit hat, es nicht für geraten
> halten wird, sich in unserem Bereich des
> Sonnensystems zu zeigen, sondern sich an-
> derwärts umsehen mag, ob irgendwo ein
> fauler Planet sei.«
> THOMAS CARLYLE

Sucht ist ein Prozeß, kein statischer Zustand. Insofern ist
die mancherorts in der Literatur anzutreffende Unterscheidung in substanzgebundene Süchte und prozeßgebundene
Süchte eher irreführend als erhellend. Wichtigstes Merkmal
einer Sucht ist, daß der Mensch zunehmend die Kontrolle
über den Prozeß verliert. Ob Alkohol, Drogen oder Süßigkeiten, ob Glücksspiel, Sex oder Arbeit, ob stoffgebundene
oder stoffungebundene Sucht: Am Beginn seines Suchtver-
haltens, in der Vorphase, kann der Mensch noch kontrollie-
rend und korrigierend in den Prozeß eingreifen. Im fortgeschrittenen Stadium, der kritischen Phase, verliert er diese
Fähigkeit. Bekommt er Hilfe von anderen Menschen (Psychotherapeuten, Selbsthilfegruppen), kann er unter glücklichen Umständen den weiteren Verlauf noch positiv beeinflussen beziehungsweise stoppen. Im Endstadium, der
chronischen Phase, ist Hilfe kaum noch möglich.

Jede Phase der Arbeitssucht ist von Verhaltensmerkmalen
bestimmt, die in unterschiedlichen Kombinationen zu finden sind.

Meist beginnt es damit, daß ein Mensch mit hochgelobten
Eigenschaften wie Zielstrebigkeit, Erfolgsorientierung und
Ehrgeiz an seinem Arbeitsplatz auffällt. Er wird belohnt,

besondere Aufgaben werden ihm anvertraut. Irgendwann gelangt er an einen Punkt, an dem die selbstgesteckten oder fremdbestimmten Ziele in der normalen Arbeitszeit nicht mehr zu erreichen sind. Der Feierabend wird herausgeschoben, das Wochenende wird zur Zeitreserve, später zur selbstverständlich verplanten Arbeitszeit. Nichtabgeschlossene Aufgaben sind ihm ein Greuel. Aus Mißtrauen in die Zuverlässigkeit anderer beginnt er, Arbeiten an sich zu ziehen. Da verliert sich ein Chef schon mal in den Abrechnungen, die die Sekretärin machen könnte. Kontrolle der Mitarbeiter sei schließlich seine Pflicht, verteidigt er seine unkollegiale Verhaltensweise. Mitunter arbeitet er heimlich, gibt zum Beispiel arbeitsbedingtes Lesen als Freizeit aus. Er nimmt Arbeit mit in den Urlaub, auch hier muß die Selbsttäuschung helfend einspringen: Aus reinem Interesse geschieht dies und selbstverständlich völlig unverbindlich.

Gespräche mit Anspielungen auf Überarbeitung vermeidet er, sucht aber vordergründig interessiert das Gespräch über die Arbeit der anderen. In seinen Gedanken jedoch ist er ständig mit der eigenen Arbeit beschäftigt.

Es bleibt nicht aus, daß unser »Arbeiter« außergewöhnlich ausgepowert ist bei diesem Arbeitspensum. Entweder er ignoriert seine physischen und psychischen Erschöpfungszustände, oder er greift zu Gegenmitteln: Alkohol, Kaffee, verschwenderisches Geldausgeben. Er befindet sich in der zweiten Phase. Das Familienleben und Freundschaften vernachlässigt er zwangsläufig. Sie stören bei der Arbeit und werden, so gut es geht, einfunktioniert in den Arbeitsablauf, oder sie zerbrechen. Schlafprobleme, Kopf- oder Rückenschmerzen und Apathie machen ihm zu schaffen. Er versucht, die Kontrolle über sein Arbeitsverhalten wiederzuerlangen: Er stellt Arbeitspläne für den Tag auf, hakt Listen ab und schafft sich ein strenges Zeitregime: Jedes zweite Wochenende ist arbeitsfrei, Feierabend täglich um 19 Uhr. Mit diesen Mitteln bekommt er die Arbeitsmenge nicht mehr in den Griff, er resigniert und gerät tiefer in den Strudel seiner Arbeit. Ohnmachtsgefühle stellen sich ein.

In der Endphase sind schwere körperliche oder psychische Schädigungen zu erwarten. Wie viele Herzinfarkttote auf das Konto von Überarbeitung gehen, ist statistisch nicht erfaßt. Wie viele Menschen ihre dauerhaften Depressionen nur mit Psychopharmaka ertragen können, ließe sich feststellen. Wie viele von ihnen arbeitssüchtig sind, kaum.

Die amerikanische Psychologin Diane Fassel nennt die Phasen Stadien einer fortschreitenden Krankheit.

Das frühe Stadium:
Hetze, Geschäftigkeit, Sorgen und Helfersyndrom
Unfähigkeit, nein zu sagen
Ständiges Denken an die Arbeit
Besessenes Aufstellen von Listen
Überschätzung der eigenen Fähigkeiten
Keine freien Tage
Ständig mehr als 40 Wochenstunden Arbeit

Das mittlere Stadium:
Andere Süchte nehmen zu: Essen, Alkohol, Beziehungen, Geld und so weiter
Das soziale Leben schrumpft oder existiert gar nicht
Man fängt an, Beziehungen und diesbezügliche Verpflichtungen zu vernachlässigen
Versuche, sich zu ändern, schlagen fehl
Körperlich erschöpft, Schlafprobleme
Phasen von Apathie, Luftlöcher starren
Blackouts bei der Arbeit, im Straßenverkehr
Chronische Kopfschmerzen, Rückenschmerzen, hoher Blutdruck, Magengeschwüre, Depressionen

Das Endstadium:
Schwere Krankheiten, Gehirnschlag oder Herzinfarkt, Krankenhausaufenthalte
Alle Emotionen abgestorben
Moralischer und spiritueller Bankrott
Tod

Diane Fassel stellt den Krankheitsverlauf in Trichterform dar, was mir problematisch scheint. Wer einmal im Trichter drin ist, rutscht unweigerlich abwärts. So weit, so richtig. Nur ist ein Herauskommen aus dem Trichter nahezu unmöglich. Nehmen wir dagegen das Bild eines Satelliten, der auf einer stabilen Bahn um die Erde kreist. Die Situation entspricht einem gesund arbeitenden Menschen. Durch einen technischen Defekt gerät der Satellit aus der Bahn. Er kommt ins Schlingern und nähert sich in Spiralbahnen dem Gravitationszentrum, der Erde. Ein schnelles Zünden der Steuerungstriebwerke kann den Kurs vielleicht korrigieren und den Satelliten zurück auf eine stabile Umlaufbahn führen. Gelingt dies nicht, nähert er sich mit steigender Geschwindigkeit der Erde und stürzt in die Atmosphäre. Ein Teil verglüht, der Rest zerschellt beim Aufprall auf die Erdoberfläche.

Vergleichbar dem Menschen, zerbrochen an seiner Sucht.

Den typischen Arbeitssüchtigen gibt es nicht. Dennoch gibt es eine Reihe von Versuchen, verschiedene Kategorien von Arbeitssüchtigen nach inneren Ursachen oder nach äußeren Verhaltensweisen zu bestimmen. Der New Yorker Psychotherapeut Jay B. Rohrlich kommt sogar auf zwölf Typen, die er nach den treibenden Kräften unterscheidet, die die psychische Konstitution der Arbeitssüchtigen beschreiben. Die Frage erhebt sich, welchen Sinn eine Typologie macht, die nach eigenen Aussagen weder zur Diagnostik noch zur Therapie geeignet ist, sondern lediglich ein en détail letztlich sehr variierendes Ursachenfeld umreißt, zum Beispiel »Der latent homosexuelle Arbeitssüchtige«, »Der sexuell frustrierte oder impotente Arbeitssüchtige«, »Der einsame Arbeitssüchtige« etc. Die Grenze von Rohrlichs Versuch wird meines Erachtens sichtbar, wenn er neben den obengenannten einen »abwehrend arbeitssüchtigen Typ« erkennt, der sich auf seine Arbeit stürzt, um Bedürfnisse, Sehnsüchte oder andere Gefühle nicht zuzulassen. Dieses

Abwehrverhalten trifft letzten Endes auf alle Arbeitssüchtigen zu und führt in der Konsequenz eher zu einer Vermischung der Unterschiede als zu einer sinnvollen Unterscheidung. Bei einer Therapie muß das Defizit in seiner individuellen Ausprägung von Ursache und Erscheinung bearbeitet werden, um die arbeitssüchtige Entgleisung in gesteuerte Bahnen zu lenken.

Am sinnvollsten erscheint die Beschreibung von Marilyn Machlowitz, die geeignet ist, jenseits der schwerwiegenden Entscheidung, ob man ein süchtiger, das heißt zwanghaftkranker Arbeiter ist oder nicht, ein eigenes, im weitesten Sinne problematisches, Arbeitsverhalten zu konstatieren.

Typ 1: Der eingleisige Arbeitssüchtige hat keine anderen Interessen als seine Arbeit. Er ist oft humorlos und brüsk.
(Dieser Typ entspricht dem am stärksten verbreiteten Klischee.)

Typ 2: Der vielseitige Arbeitssüchtige. Auch ihm bedeutet seine Arbeit alles, aber sie schließt andere Interessen ein. Er engagiert sich mit Vorliebe in Berufsverbänden, Politik und gesellschaftlichen Institutionen. Er genießt die sozialen Beziehungen, die diese Tätigkeiten mit sich bringen.
(Für den eingleisigen Arbeitssüchtigen sind soziale Beziehungen sekundär, oft sogar störend.)

Typ 3: Der »Hans Dampf in allen Gassen« hat seine Finger überall, er tanzt auf vielen Hochzeiten in Arbeit und Freizeit. Er verzettelt sich leicht und wechselt oft den Arbeitsplatz und das Betätigungsfeld.
(Der Begabte mit vielen Ideen, er ist sehr unstrukturiert, aber begeisterungsfähig. Er beginnt viele Projekte und Arbeiten, bringt aber nur einen geringen Teil zum Abschluß.)

Typ 4: Der passionierte Arbeitssüchtige betreibt Freizeitaktivitäten mit gleicher Leidenschaft und Intensität wie seine Arbeit. Sein Hobby ist für ihn eine andere Art von Arbeit.
(Was er anfaßt, das wird unter seinen Händen zu Arbeit. Halbe Sachen sind ihm ein Greuel. Das kann die Münzsammlung im stillen Kämmerlein genauso sein wie die soziale Hilfeleistung für notleidende Menschen.)

Die Unschärfe auch dieser Typologie wird sichtbar, wenn es zu Überschneidungen kommt. So besitzen Typ 2 und Typ 4 Verhaltensweisen, die im Sinne einer Abgrenzung nicht unbedingt eindeutig sind. Der Vereinsvorsitzende kann seine Tätigkeit als Hobby oder als gesellschaftlich nützliche Arbeit begreifen, im Ergebnis für sein Verhalten (und seine Gesundheit) bleibt es dasselbe. Zwei Dinge eint sie alle: Sie kennen keinen Unterschied zwischen Selbstverwirklichung und Arbeit, und sie befinden sich in einem andauernden Wettlauf gegen die Zeit.

ULLA FRÖHLING

Warum ruinieren Menschen ihre Existenz, indem sie beim Kartenspiel, Roulette, in Lotterien oder an Glücksspielautomaten ihr gesamtes Vermögen verschleudern? Anders als Drogensucht, Alkoholismus oder auch Magersucht wird Spielsucht immer noch weitgehend verharmlost. Die Journalistin Ulla Fröhling (geb. 1945) schildert an einem Einzelfall die fatalen Folgen dieser Glücksverlockung.

Droge Glücksspiel

Begegnung mit einer Sucht

Nachmittags gegen vier rief sie aus dem Spielcasino an: »Hol' mich hier raus!« Sie hatte also wieder gespielt. Ihre Stimme war fordernd: »Du mußt sofort herkommen, 1200 Mark sind schon weg. Jetzt habe ich nur noch 300 Mark.« Von der Verzweiflung, die Chris Hausendorf sicherlich empfand, war nichts zu spüren.

Am Tag zuvor hatte sie voller Zuversicht erzählt, daß dieser unheimliche Drang, Roulette zu spielen, verschwunden sei. Sie hatte Pläne gemacht – frische Farbe in die Wohnung, eine Reise, ein neuer Arbeitsplatz.

Eine Stunde erst hatte das Casino geöffnet, und alle Pläne waren zunichte. »Wann bist du hier? Fahr' gleich los!« Sie bat nicht. Ihr war es gleichgültig, was der Mensch auf der anderen Seite der Leitung gerade tat, was er empfand.

Seit einem Jahr kannte ich die Not, die sich hinter dem forschen Ton der 31jährigen versteckte, und gab deshalb nach: »Ich komme gleich. Setz' dich ins Restaurant, trink' einen Kaffee, geh' spazieren.« Sinnlose Ratschläge – noch bevor ich dort sein konnte, würde sie auch das restliche Geld am Roulette-Tisch verspielt haben.

Was sagt man einer Frau, die mit gestohlenem Ausweis ins Casino gegangen ist – weil sie unter ihrem eigenen Namen nicht mehr hineinkann? Die Schecks gefälscht hat, um zu spielen? Die gerade das Geld für die ausstehende Miete der letzten zwei Monate verspielt hat? Eine Antwort wußte ich nicht, obwohl mich solche Fragen schon mehr als ein Jahr beschäftigten.

Ein Jahr, in dem ich gelernt hatte, unsere Gesellschaft mit den Augen einer Spielerin zu sehen: Spielhallen schießen wie Pilze aus dem Boden; manche Menschen unterteilen die Woche nach Mittwochslotto und Lotto am Sonnabend; aus den Zeitungen springen ihnen die Nachrichten vom Millio-

nengewinn im Lotto oder Spielcasino ins Auge; aus allen
Medien erklingen die Lockrufe »Glücksspiele«, »Glücks-
quadrate«, »Glückstreffer«, »Glücksspirale«.

Die Werbung hat ein sicheres Gespür für den Zeitgeist,
und »Risiko« ist zum Schlagwort geworden, mit dem heute
für alles mögliche geworben wird.

»Gib dem Glück eine Chance!«, »Wer wagt, gewinnt« –
überall begegnen uns diese verführerischen Aufforderungen. Aber wehe dem, der hierbei die Kontrolle verliert und
den Verlockungen nicht widerstehen kann.

Glücksspiel* ist nicht so ungefährlich, wie es immer dargestellt wird – manchmal stehen erhebliche Vermögens-
werte auf dem Spiel. Daher hat der Staat, dessen Aufgabe es
ist, seine Bürger zu schützen, die Kontrolle übernommen.
Andererseits aber hat der Staat durchaus ein Interesse
daran, daß Glücksspiele stattfinden, denn schließlich kas-
siert er fleißig mit. Des Bürgers unverdrossenes Hoffen auf
das schnelle Geld brachte dem Staat 1983 weit über zwei
Milliarden Mark ein, rund doppelt soviel wie ihm durch den
ebenfalls steigenden Alkoholkonsum an Biersteuer zufloß.

Bodenlose Hoffnungsfähigkeit

Sein Glück im Spiel zu suchen, Geld einzusetzen, in der
meist trügerischen Hoffnung darauf, Geld zu gewinnen, dafür gibt es in der Bundesrepublik viele Möglichkeiten. Und
– typisch für Zeiten wirtschaftlicher Rezession – es werden
immer noch mehr.

Man kann seine Kreuzchen auf dem Lottoschein machen
und dabei mindestens eine Mark riskieren. Aber erst wenn
man 268 000 Jahre lang jede Woche einen anderen Lottotip

---

* Nach dem Gesetz ist ein Spiel dann ein Glücksspiel, wenn sein Ausgang allein oder hauptsächlich vom Zufall abhängt (RGSt 62, 165) und wenn die
Gewinne »nicht ganz unbedeutend« sind (RGSt 40, 33) – das können unter
Umständen schon Groschenbeträge sein. Glücksspiele sind nicht gewerbe-
frei, sie müssen staatlich genehmigt und kontrolliert werden.

abgegeben hat, sind alle möglichen Kombinationen erschöpft, 6 aus 49 Zahlen auszuwählen. Doch noch nicht einmal unter dieser absurden Voraussetzung wäre dem Lottotipper der Hauptgewinn sicher, weil die Chance jede Woche erneut mit 1 : 13 983 816 gegen ihn steht.

Man kann sein Geld auch im Casino bei Roulette oder Kartenspiel aufs Spiel setzen und 100 bis 120 Mark dort lassen – so viel verliert im Durchschnitt jeder pro Abend, der eine der 27 staatlich kontrollierten deutschen Spielbanken besucht.

Man kann sich mit Freunden zum Skat oder Poker um Zehntelpfennige treffen – und dabei auch mal 50 Mark verlieren. In den Vergnügungsvierteln der Großstädte kann man sich von »Kartenhaien« um ein Vielfaches bringen lassen.

Man kann an Fernseh- und Klassenlotterien teilnehmen, auf den Jahrmärkten gibt es Lose zu kaufen, bei Sparkassen und Banken kann man Prämien gewinnen und auf der Rennbahn sein Geld auf Pferde setzen.

Man kann es auch 30-Pfennig-weise in Spielautomaten werfen. 15 Sekunden dauert so ein Spiel am Automaten, im ungünstigsten Fall kann man dabei also 72 Mark pro Stunde verlieren. Da in Spielhallen meist je drei Geräte nebeneinander hängen und viele Spieler an allen dreien gleichzeitig spielen, können es in fünf Stunden – während ein anderer vielleicht ins Kino und zum Essen geht – auch mal 1000 Mark werden. Zwar sollen die Geräte im Schnitt mindestens 60 Prozent des eingeworfenen Geldes als »Gewinn« wieder ausschütten, aber selbst dann muß man in diesen fünf Stunden noch 400 Mark als Verlust abbuchen.

Das sind nur einige der Möglichkeiten, sein Geld auf das trügerische Prinzip Hoffnung zu setzen. Millionen Menschen nutzen sie. 1978 nahmen knapp 50 Prozent der bundesdeutschen Bevölkerung an legalen Glücksspielen teil. 1983 waren es schon 75 Prozent.

Insgesamt riskierten sie weit über zehn Milliarden Mark. Erstaunlicherweise mit Vorliebe dort, wo die Chance eines

großen Gewinns am geringsten ist: beim Lotto, Toto und in
den Fernsehlotterien.

Ein »hohes Potential bodenloser Hoffnungsfähigkeit«
stellte denn auch Prof. Dr. Henning Haase in der repräsen-
tativen Untersuchung »Glücksspiel in Deutschland« fest.
Besonders verblüffend: Die meisten der Befragten gaben an,
es für extrem unwahrscheinlich oder gar unmöglich zu halten, jemals einen großen Gewinn zu machen. Trotzdem
spielen sie immer weiter.

Genau wie Chris Hausendorf, die allerdings wesentlich
mehr verspielt hat als der durchschnittliche Lottotipper.

»300 Mark, gib mir nur einmal 300 Mark«, war ihr erster
Satz, als sie mich im Casino sah. »Ich weiß, jetzt kommen
meine Zahlen!« Sie war aufgeregt, keineswegs traurig.

Doch mein Geld lag in der Redaktion. Ein Jahr Bekannt-
schaft mit einer Glücksspielerin hatte mich gelehrt, meiner
Widerstandskraft zu mißtrauen. Als Chris endlich glaubte,
daß ich weder Geld noch Schecks dabeihatte, brach sie wei-
nend zusammen. Ich war ratlos. [...]

Gegen die Hilflosigkeit

Als Chris Hausendorfs Geschichte in *Brigitte* erschienen
war, machten uns die vielen Briefe und Anrufe von Spielern
und ihren Angehörigen erst das Ausmaß des Problems bewußt. Aus diesen Schilderungen wurde deutlich, wie viele
Menschen dem Problem des Glücksspiels hilflos oder beunruhigt gegenüberstehen:

- Angehörige, die nicht begreifen können, warum der
  Mensch, der sie liebt, sie immer wieder hintergeht;
- Ärzte, die nicht einsehen wollen, daß Psychopharmaka
  keine Lösung bringen;
- Therapeuten, die nicht wissen, wie sie mit Spielern umge-
  hen sollen – sind es Süchtige, die einen Entzug machen
  müssen, oder muß man sie ganz anders behandeln?
- Wissenschaftler, die sogar leugnen, daß es Spielsucht gibt;

– Krankenkassen, die sich weigern, bei der Diagnose
»Spielsucht« Kosten zu übernehmen, weil sie riesige Aus-
gaben auf sich zukommen sehen, falls Spielsucht wie in
Amerika als Krankheit anerkannt würde.

Hilflos sind auch viele Spieler selbst. Sie wollen nicht
wahrhaben oder können nicht begreifen, daß sie es nicht
schaffen, dem Roulette, den Automaten, den Karten zu widerstehen, obwohl sie sich und ihre Familien damit ruinieren.

Vor zwei Jahren, als wir in der Redaktion zum ersten Mal
mit dem Schicksal von Chris Hausendorf, Buchhalterin und
Spielerin, konfrontiert wurden, waren auch wir hilflos. Sie
erzählte von einem Lebensweg, der in seiner Getriebenheit
ungeheuer deprimierte. Chris hatte ihre Arbeit verloren,
war kriminell geworden und hatte die Menschen, die ihr am
meisten bedeuteten, bestohlen, belogen, betrogen. Alles
nur, um zu spielen.

Viele von uns konnten das nicht verstehen. Warum
machte sie nicht einfach Schluß mit Casinos, Spielhallen, illegalen Spielclubs? Schließlich ging es nicht um Alkohol
und Drogen, die körperlich abhängig machen können.

Diese Frage hatte Chris Hausendorf schon oft gehört.
Seit über zehn Jahren versucht sie, ihre Spielleidenschaft in
den Griff zu bekommen. Kaum jemand, bei dem sie Hilfe
suchte, hatte erkannt, wie stark sie psychisch vom Spielen
abhängig war. Immer wieder hatte sie in fassungslose Gesichter geblickt. Die Menschen konnten mit ihrem Satz »Ich
bin süchtig, entzieht mir das Spielen!« nichts anfangen.

Spielen – was ist das?

Die deutsche Sprache faßt mit dem Wort »Spielen« so vieles
zusammen, daß es schwerfällt, klare Grenzen zu ziehen.
Jede Definition, die man aufstellt, läßt sich gleich wieder in
Frage stellen. Die sprachliche Unklarheit führt zu Mißver-

ständnissen und verschleiert das Problem. Spielen ist einerseits etwas, das freiwillig und aus Freude an der Tätigkeit selbst geschieht – im Unterschied zu zweckbestimmter Arbeit. Mein Nachbarskind spielt mit einem Ball, ich spiele mit meiner Katze. Aber auch Schauspieler spielen, wenn sie ihren Beruf ausüben, sie leisten also zweckbestimmte Arbeit.

Wenn etwas spielerisch geschieht, passiert es ohne Anstrengung – doch auch Fußballwettkämpfe und Olympiaden nennen wir Spiele. Spielen kann auch bedeuten, ›so tun, als ob‹: Kinder spielen ›Räuber und Gendarm‹ oder Flugzeug. Ein Klavierspieler aber tut nicht, als ob, er spielt wirklich, obgleich er uns etwas vorspielt. Er täuscht uns ja nicht, wie das Menschen tun, die einander Gefühle vorspielen.

Ein Spiel kann man beenden, wenn man will. »Ich spiele nicht mehr mit«, sagt das enttäuschte Kind beim Murmelspiel zu den anderen. *Doch genau das können viele Glücksspieler nicht, auch wenn ihnen das Glück noch so übel mitspielt. Es muß also ein entscheidender Unterschied vorliegen.*

Leichter mit der Begriffsklärung haben es da die englischsprachigen Länder. Sie unterscheiden zwischen *to gamble* und *to play*. Während »play« ähnlich vielschichtig ist wie unser deutsches Wort »spielen«, bezeichnet »gamble« genau das, worum es in diesem Buch geht: risikoreiches Spielen, das nicht zweckfrei ist, sondern auf ein Ergebnis gerichtet – den Gewinn von Geld –, und das zum größten Teil vom Zufall, vom »Glück« oder »Pech« abhängt und mit dem oft erhebliche materielle Verluste oder Gewinne einhergehen.

Da sich im Deutschen die Begriffe vermischen, erlaubt sich das Automatengewerbe Werbesprüche wie »Spielen ist menschlich«; die Erkenntnis, daß Glücksspiel zur Sucht führen kann, wird lächerlich gemacht mit Äußerungen wie: »Das Spielen gehört doch zur modernen Lebensqualität.«

»Ihr könnt den Menschen doch nicht das Spielen wegnehmen«, heißt es, und von »Spielverderbern« ist die Rede.

Hier werden in unverantwortlicher Weise Begriffe vermischt, denn niemand kann allen Ernstes oder gar guten Gewissens behaupten, ein zerstörerisch gewordenes Glücksspielen, das Familien ruiniert und Spieler kriminell werden läßt, gehöre zur modernen Lebensqualität.

Bei einigen Glücksspielern, die ich kennengelernt habe, ist gerade dieses Grundbedürfnis nach lustvollem, nicht zweckgerichtetem Spielen in einer vielleicht entscheidenden Kindheitsphase nicht wirklich befriedigt worden. Chris Hausendorf verbrachte zwei Jahre ihrer frühen Kindheit im Krankenhaus. Möglicherweise gibt es da einen Zusammenhang. Auch eine starke Selbstkontrolle in Äußerlichkeiten fiel mir bei vielen Spielern auf. Es mag die Folge dieser Selbstdisziplin sein, hinter der sich oft Verzweiflung verbirgt, daß Spieler nicht als krank wahrgenommen werden.

Ich war mit Chris Hausendorf bei Ärzten und Behörden. Immer wieder erlebten wir die gleiche Mischung aus Ungläubigkeit, Abwehr und Hilflosigkeit, wenn Chris Verständnis wollte, nicht Tabletten und Spritzen. Inzwischen weiß ich, daß es anderen Spielern ähnlich ergangen ist, denn viele machen auf die Umwelt keineswegs einen hilflosen Eindruck.

Chris wirkt auf den ersten Blick nicht krank. Sie ist sehr korrekt gekleidet, hat stets frisch gewaschene Haare, ist pünktlich und diszipliniert – wenn es nicht ums Glücksspiel geht. Als ich sie kennenlernte, paßte sie überhaupt nicht in mein Bild von Süchtigen. Dennoch sagte sie: »Ich bin süchtig.« Ich mußte also meine Vorstellung überprüfen.

Was ist Sucht?

Eine allgemein akzeptierte Definition gibt es bis heute nicht. Die anrührendste Umschreibung stammt von dem amerikanischen Psychologen Howard Shaffer. Er nennt Sucht »etwas, das dem Menschen hilft, während es ihn zerstört«, und weist damit auch darauf hin, daß Sucht immer versucht, Abhilfe zu schaffen, wenn sich der Betroffene nicht auf anderem Wege zu helfen weiß. Die entscheidenden Merkmale sind ein unbezwingbares, gieriges Verlangen nach einer Droge oder nach einem Verhalten (zum Beispiel Eßsucht); der Kontrollverlust; die Tendenz zur Dosissteigerung. »Jede menschliche Tätigkeit kann süchtig entarten«, sagt Prof. Gerchow, Direktor des Zentrums der Rechtsmedizin in Frankfurt, und nennt als Beispiel auch die Spielsucht.

Udo Pollmer

Vollkornmüsli, rohe Karotten und dunkles Mehl gelten, wenn sie schon nicht den Genuß steigern, als gesunde Kost. In dem provokativen Buch »Krank durch gesunde Ernährung« schildert der Lebensmittelchemiker und Wissenschaftsjournalist Udo Pollmer die Gefahren einer vermeintlich gesunden Eßweise und zeigt, daß eine Reihe von krankhaften Eßstörungen nicht zuletzt auf den Diätenwahn der Gesellschaft zurückgehen.

Magersucht und Stierhunger

Das Minnesota-Experiment

Die Erkenntnisse über die Probleme, die durch Diäten entstehen, sind durchaus nicht neu. Am Ende des Zweiten Weltkrieges, als in Europa und vielen anderen Teilen der Welt die Nahrung knapp war, wollte man genauer wissen, welche Folgen das Hungern hat. 1944 nahmen 36 junge, gesunde Männer in Minnesota, statt in den Krieg zu ziehen, an einem Experiment teil. Für 3 Monate erhielten sie eine normale, sättigende Kost. Dann folgte die 6monatige Hungerphase, in der ihre Ration halbiert wurde. Anschließend gab's noch einmal 3 Monate lang ausreichend zu essen.

Diese Studie ließ damals schon erahnen, welche Probleme später durch die Diäten auf uns zukommen würden. Und sie zeigte, daß Kalorienrechnen keinen Sinn hat, da der Körper versucht, dem drohenden Gewichtsverlust entgegenzuwirken. So kam es, daß die Versuchspersonen im Durchschnitt nur etwa halb so viel abnahmen, wie rein rechnerisch aufgrund der »Kalorieneinsparung« zu erwarten gewesen wäre. Es lag daran, daß ihr Grundumsatz bis zu 40 % erniedrigt war und daß sie ihre körperlichen Aktivitäten verringert hatten.

Aber auch die Eßgewohnheiten der Teilnehmer veränderten sich: Sie sprachen ständig übers Essen, das zum zentralen Lebensinhalt wurde. Sie litten unter Konzentrationsstörungen, ihr sexuelles Interesse sank, Depressionen und Stimmungsschwankungen peinigten sie – alles Dinge, die wir heute von Diätgeschädigten kennen. Die Sättigungsregulation der »Testhungerer« war gestört, zum Teil so nachhaltig, daß die Probleme auch nach Versuchsende nicht verschwanden: Es kam zu Heißhungeranfällen, es fiel ihnen schwer mit dem Essen aufzuhören, das Sättigungsempfinden war geschwächt und trat nur zögernd ein.

Schon am Ende der sechziger Jahre war es zumindest in Amerika klar, daß das einfache Diätenprinzip, »iß weniger und du nimmst ab«, nicht funktioniert. Faßt man die ungezählten Studien zusammen, die zum Thema Übergewicht und Abnehmen durchgeführt worden sind, so bleiben drei Schlußfolgerungen übrig, die viele Diätversprechen Lügen strafen:

1. Der Körper läßt sich nicht beliebig manipulieren. Das Körpergewicht und der Fakt, ob jemand ein guter oder schlechter Futterverwerter ist, wird überwiegend von den Erbanlagen bestimmt.
2. Das ständige »Ans-Essen-Denken« führt in vielen Fällen zu Eßstörungen.
3. Diäten machen dick.

Das organisierte Erbrechen:
Süchte, die Beifall finden

Ein nachhaltig gestörtes Eßverhalten ist vielleicht die tragischste Folge des Schlankheits- und Diätenwahns. Rund 90 % der Menschen, die mehr als vier Diäten ausprobiert haben, berichten über Schwierigkeiten im Eßverhalten. Dabei sind es gerade die Diäterfahrenen und die gezügelten Esser, die den Forderungen der Ernährungsaufklärung gefolgt sind: Sie essen nicht mehr spontan, sie kontrollieren ihre Nahrungsaufnahme, sie ernähren sich bewußt – genau so wie es die Ernährungsaufklärung wollte. Sie kauen jeden Bissen 20mal, kennen die vermeintlichen »Kalorien« jeder Speise exakt und achten aufs Cholesterin. Daher findet ihr Verhalten auch großen Beifall: Es ist ein gesellschaftlich angesehenes Verhalten, ein sozial akzeptierter Einstieg in die Sucht.

Magersucht und Stierhunger

Zwei Formen der Eßstörungen, die sich in unseren Breiten epidemieartig ausbreiten, sind die Magersucht (Anorexie) und die Eß-Brechsucht (Bulimie, Stierhunger). Magersüchtige leiden nicht etwa unter Appetitmangel. Sie sind abhängig, süchtig nach Hunger. Sie können einfach nicht mehr damit aufhören, hungern sich förmlich zu Tode. Als Folge ihrer Sucht empfin-

den sie ihren ausgemergelten Körper noch als zu dick,
drangsalieren ihn mit extremen Anstrengungen, Ab-
führmitteln und Entwässerungstabletten und können
nicht einsehen, daß sie lebensbedrohlich krank sind.
Schätzungsweise 15–20 % der Magersüchtigen sind
nicht mehr zu retten, sie sterben den Hungertod im
Schlaraffenland. Am Anfang ihrer Sucht stand sehr oft
eine Diät.

Eß-Brechsüchtige bekommen (manche mehrmals täglich) heftige, unkontrollierbare Eßanfälle, bei denen sie
sich mit unvorstellbaren Lebensmittelmengen voll-
stopfen. Sie können erst dann aufhören, wenn ihr
Bauch so schmerzt, daß partout nichts mehr hinein-
paßt, oder wenn sie von jemandem gestört werden.
Nach dem großen Fressen kommt der Katzenjammer,
und die meisten Bulimiker beeilen sich, den Inhalt ihres Magens schleunigst wieder loszuwerden: sie brechen alles wieder aus.

Eß-Brechsüchtige leiden unter ihrer Krankheit, halten
sich für pervers und abnormal. Deswegen halten sie
ihre Sucht geheim. Selbst Lebenspartner und Familien-
angehörige ahnen oft nichts von den beiden Süchten,
die sie plagen, wissen nichts von den hemmungslosen
Freß- und Kotzorgien. Aus Angst vor dem Zunehmen
machen Bulimiker immer wieder strenge Diäten und
nehmen große Mengen Abführ- und Entwässerungsmittel ein. Schätzungen zufolge sind in Deutschland
zwischen 1 und 5 % der Frauen im Alter von 15–35
Jahren betroffen. Das sind über eine Million Frauen,
Tendenz steigend. Wahrscheinlich liegt ihre Zahl noch
wesentlich höher, denn Eß-Brechsüchtige sind meist
schlank, fallen daher nicht auf und werden sogar bewundert. Auch am Anfang ihrer Sucht stand sehr oft
eine Diät.

Das Leid Eßgestörter läßt sich schwer in Worte fassen. Kann man sich wirklich vorstellen, daß Menschen kaum noch an etwas anderes denken als an Essen, Kalorien und Abnehmen? Daß der Wunsch nach der schlanken Figur jemanden so besessen macht, daß er seinen Körper und seine Gesundheit ruiniert, Familie und Freunde vernachlässigt? Magersucht und Stierhunger sind Süchte, genau wie die Sucht nach Heroin, Kokain oder Crack.

Außenstehende können diese Abhängigkeit kaum nachvollziehen und halten sie nicht selten für eine Art von Verstocktheit, die mit ein wenig guten Willen und ein paar psychologischen Tips leicht zu beheben wäre. »Es ist leicht, die Macht des Wunsches, schlank zu sein, zu unterschätzen«, mahnt Hans Huebner, Psychiatrieprofessor an der Cornell-Universität. Die körperlichen und seelischen Folgen der Magersucht und der Eß-Brechsucht aufzuzählen, würde viele Seiten in Anspruch nehmen. Als Beispiele seien genannt: Veränderungen des Blutbildes, des Hormonhaushaltes und des Gehirnstoffwechsels, Ausbleiben der Monatsregel, Gefahr des Knochenschwundes (Osteoporose), trockene Haut, Haarwuchs am ganzen Körper, Störungen des Körpersalz- und Körperwasserhaushaltes, Zahnschäden durch die erbrochene Magensäure, Schwellungen der Speicheldrüsen, Herzrhythmusstörungen, Nierenversagen, Unterkühlung, niedriger Blutdruck und eine Verkleinerung des Gehirns.

Und trotzdem hungern, schlingen und kotzen sie weiter. Ein solches Verhalten erinnert an den Jogger auf der Jagd nach dem Runner's High, an Fixer und Alkoholabhängige – kurz, es ist das typische, selbstzerstörerische Verhalten von Süchtigen. Um zu verstehen, wie man von Hunger, Magerkeit und Erbrechen so abhängig wie von harten Drogen werden kann, schauen wir uns einmal die Entstehung von Eßstörungen an.

Von der Diät zur Sucht

Eine große amerikanische Untersuchung, die Minnesota-
Studie, hat deutlich gezeigt, was durch Wenigeressen, sprich
Diäthalten, passiert: Vorher gesunde Menschen klagen über
Eßanfälle, Heißhunger, fehlende Sättigung und ständige Beschäftigung mit dem Essen – selbst dann noch, wenn die
»Diätphase« längst vorüber ist. Von der Diät bis zur Eßstö-
rung sind es oft nur wenige Schritte. Beim kontrollierten,
gezügelten Essen während einer Abmagerungskur beenden
nicht die physiologischen, körperlichen Sättigungssignale
die Mahlzeiten, sondern kognitive, vom Verstand gesetzte
Grenzen. Durch die Diät oder das gezügelte Eßverhalten
entsteht ein doppelter Druck, denn der Körper ist ständig
»auf Entzug«. Einerseits steigern die ständigen Entbehrungen die Lust auf Nahrung. Andererseits können die natürlichen Sättigungsmechanismen nach und nach abstumpfen,
denn man ißt nach Plan, die Mahlzeiten werden zu früh beendet oder sie bestehen aus Light-Produkten, die dem Körper nicht das geben, was er erwartet. Da wundert es nicht,
wenn das Eßverhalten immer anfälliger für Störungen wird
und die natürliche Regulation eines Tages zusammenbricht.

Diese Überlegungen könnten erklären, warum Menschen, die Diäten machen, Schwierigkeiten mit dem Essen
bekommen. Sie erklären aber noch nicht, warum manche so
schwere Eßstörungen wie Anorexie und Bulimie entwik-
keln. Wie kommt es zu diesen fatalen Süchten, was hält sie
aufrecht, so lange bis Körper und Seele ruiniert sind?

Hunger –
die Droge junger Mädchen

Essen verbessert die Laune, entweder direkt über opiat-
wirksame Stoffe oder indirekt über eine Erhöhung des Se-
rotoninspiegels im Gehirn. Außerdem kann der Organismus selbst Drogen herstellen, die Endorphine.

Mit Endorphinen belohnt sich der Körper, und sie helfen ihm, in Krisenzeiten zu überleben: sie verscheuchen Depressionen, verringern das Schmerzempfinden und die Angst – kurz, sie erhöhen das Wohlbefinden. Auch hier stoßen wir wieder auf das Lustprinzip. Was Lust bereitet, möchte man immer wieder haben, bei Unlustgefühlen tritt das Gegenteil ein. Mit diesem System von Belohnung und dem Wunsch nach steter Wiederholung hat die Natur lebenserhaltende, notwendige Vorgänge wie Nahrungsaufnahme und Sexualität fest in unserem Verhalten verankert. Endorphine sind starke »Lustmacher«, deshalb können sie unter besonderen Umständen auch süchtig machen. Das ist die Kehrseite der Medaille.

Warum der eine süchtig wird und der andere nicht, wissen wir nicht. Es gibt sicherlich Faktoren im Leben eines Menschen, die ihn anfällig für Süchte machen, zum Beispiel die Neigung zu depressiver Stimmung oder ein geringes Selbstwertgefühl. Vielleicht spielen auch Störungen im Endorphin- oder Hormonhaushalt eine Rolle. Neben dieser »Veranlagung« oder Empfänglichkeit für süchtiges Verhalten ist aber noch ein zweiter Punkt ausschlaggebend: Man muß mit der Droge und ihren Wirkungen in Kontakt kommen. Professor Hans Huebner von der Cornell-Universität hält das »Abnehmen als sozial akzeptierten Weg, sich besser zu fühlen« für die erste Kontaktmöglichkeit mit der Droge Hungern.

Versuchen wir uns die Suchtentstehung an einem Beispiel zu verdeutlichen. Nehmen wir ein junges Mädchen in einer westlichen Wohlstandsgesellschaft. Schlanksein ist wichtig und erstrebenswert. Das Mädchen ist in der Pubertät, wechselt die Schule und hat Liebeskummer. Sie hat also eine Menge Streß und ist nicht bester Laune. Zunächst tröstet sie sich mit Schokolade. Auf diese Weise futtert sie sich ein wenig »Kummerspeck« an. Das ist bei Liebeskummer eigentlich ganz normal. In ihrer Schule und bei den Freundinnen ruft es jedoch alles andere als Anerkennung hervor, und ge-

rade die hat sie in ihrem Zustand bitter nötig. Irgendwann
ist ihre Stimmung auf dem Nullpunkt. Nun entscheidet sie
sich, eine strenge Diät zu machen. Alles läuft prima, sie
nimmt ab und erntet dafür von allen Bewunderung. Ihre
Laune ist phantastisch.

Was auf den ersten Blick harmlos und »normal« aussieht,
kann jedoch unter Umständen fatale Folgen haben: Dieses
junge Mädchen hat zum ersten Mal die Erfahrung gemacht,
daß sie durch Verzicht auf Nahrung ihre Stimmung heben
kann.

Ihr Körper hat die negativen Seiten einer Diät (Hunger,
Gereiztheit, Depression) sehr effektiv mit Endorphinen
überdeckt. Mit Endorphinen macht der Körper extreme
Schmerz- und Hungerzustände »erträglich«. Diese Anpassung entsteht »binnen weniger Tage strenger Diät und hält
so lange an, wie es dem Körper an Essen mangelt«, so Professor Huebner. Daher geht es unserem jungen Mädel während des Hungerns gut, sogar besser als mit der miesen
Stimmung vor der Diät. Die erhebliche soziale Anerkennung durch den Gewichtsverlust steigert ihr Wohlbefinden
noch. Überwiegt die Belohnung durch die körpereigenen
Endorphine die anfänglichen Unlustgefühle durch das
Hungern sehr stark, dann ist es kein Wunder, wenn sie
süchtig danach wird.

Daß eine echte Abhängigkeit entsteht, zeigt sich spätestens
dann, wenn unsere junge Dame ihr »Zielgewicht« erreicht
hat und aufhören will, Diät zu halten: Es gelingt ihr nicht.
Ihr Körper verlangt weiterhin nach den schönen Gefühlen
und dem »High«. Ihre Abhängigkeit wird sie immer weiter
hungern lassen, obgleich sie sich viel mit Ernährung und
Lebensmitteln befaßt, obwohl sie allmählich sozial verein-
samt, sich von Freunden und der Familie zurückzieht und
obwohl ihr Körper längst nicht mehr dem Schönheitsideal
entspricht, denn sie ist inzwischen ziemlich abgemagert.

Allerdings merkt sie es nicht. Die Sucht verstellt ihr den
Blick für die Realität. Die Sucht sorgt dafür, daß sich Men-

schen, die bis aufs Skelett abgemagert sind, immer noch als
zu dick empfinden. Der süchtige Körper tut alles, um an die
Stimmungsaufheller zu kommen. Aber nun braucht er immer mehr davon, und zum Entsetzen der Magersüchtigen
geht die Wirkung – wie bei jeder echten Droge – langsam,
aber sicher zurück. Die Angst kehrt zurück, die Stimmung
läßt sich nicht mehr so leicht aufputschen. Waren es anfangs
noch euphorische Zustände, die als Belohnung winkten, so
ist daraus vielleicht schon längst nur noch ein kurzes Auf-
tauchen aus der Depression geworden.

Eine andere Sucht ist die Bulimie, die Eß-Brechsucht.
Auch hier steht am Anfang die Tendenz, sich mit Essen zu
belohnen, so wie unser magersüchtig gewordenes Mädchen,
als es Liebeskummer hatte. Dies ist ganz normal, denn das
Verlangen zu essen ist eine universelle Antwort auf Streß,
und die Nahrungsaufnahme hat eine beruhigende Wirkung.
Während Magersüchtige diesem natürlichen Impuls irgendwann widerstehen und ihre Droge im Hungern finden, geben ihm Eßsüchtige und Eßbrechsüchtige nach.

Ein großes Problem dabei ist die Angst vor dem »Fett-
werden«. So werden immer wieder Diäten gemacht, Ab-
führmittel eingenommen, Appetitzügler geschluckt. Während der Diätphase geht es einer Bulimikerin meist ähnlich
gut wie einer Magersüchtigen, denn auch sie profitiert von
den körpereigenen Endorphinen während des Hungerns.
Doch der ständig wiederkehrende Nahrungsentzug steigert
auch ihre Lust zu essen: es kommt zu regelrechten Anfällen,
bei denen die Eßsüchtigen keine Kontrolle mehr über ihr
Verhalten haben. Und irgendwann ist »das« Supermittel
entdeckt, »die« Methode, um Freßattacken und Schlank-
heitsstreben unter einen Hut zu bringen: man steckt den
Finger in den Hals und all die scheußlichen Kalorien, die
heimtückischen Dickmacher kommen wieder raus. So können Bulimiker schlank bleiben und trotzdem essen, keiner
bemerkt ihre Sucht, und sie müssen keine häßlichen Fett-
polster an ihrem Körper ertragen. Daß Bulimiker nicht un-

ter »dem sozialen Stigma von Über- oder Untergewichtigkeit« zu leiden haben, erklärt nach Professor Huebners Meinung »die extrem große Zahl junger Frauen«, die von Eß-Brechsucht betroffen sind. Deshalb beobachten wir heute auch eine Verschiebung von der Magersucht zur schwerer erkennbaren Bulimie.

Die Süchte verselbständigen sich: Man fühlt sich mies und ißt. Das Essen beruhigt und belohnt den Körper. Wer sich jedoch ständig davor fürchtet, dick zu werden, hat wenig von der Belohnung durch Essen, sondern ein »schlechtes Gewissen«. Deswegen werden Bulimiker auch vom Erbrechen abhängig, denn nur das »Wieder-von-sich-Geben« der unseligen Kalorien und Essensmengen kann nun noch Belohnung sein. Selbstverständlich finden auch Bulimiker es anfänglich scheußlich, sich zu übergeben. Doch ist dieser Vorgang erst einmal mit einer belohnenden Endorphinausschüttung verknüpft, werden sie mindestens genauso abhängig davon wie vom Essen und vom Hungern. Professor Huebner nimmt außerdem an, daß auch die Abführ- und Entwässerungsmittel zu einer Endorphinausschüttung führen können, was den Teufelskreis noch verstärkt.

Konstantin Wecker

Konstantin Wecker (geb. 1947), einer der erfolgreichsten Liedermacher und Sänger deutscher Sprache, hat sich zeitlebens zu seinen Suchtgefährdungen bekannt. In vielen seiner Lieder suchen junge Menschen einen Ausweg aus ihrer Verzweiflung im Drogenkonsum. Wecker selbst hat mit einer Gefängnisstrafe für seine Sucht bezahlt.

Und die Seele nach außen kehren

In einer Gesellschaft der Starken
wird es einem nun mal schwer gemacht
sein Irren und Taumeln
sein Schwanken und Schwachsein
unverschämt zu zeigen.

Und denen
die nicht schon von Haus aus
auf linientreu zurechtgestutzt wurden
bietet die Droge
(wenigstens im Anfangsstadium)
nun mal die beste Hilfestellung
gesellschaftsfähig zu werden.

Man scheint unverwundbar
schmückt sich mit Leichtigkeit
und vielen angenehmen Lügen:
unerläßliche Attribute der Erfolgreichen.

Man bedenke
wie gezielt und ohne jede Suchtgefahr
selbst die härtesten Drogen
in intakteren, weltverbundeneren
Gesellschaftsordnungen
verwendet werden.

Da tätowiert man den Kindern eben auch nicht
auf den Hintern
daß es minderwertig sei
Ratlosigkeit und Demut einzugestehen.

Die Intensität der Sucht
ist weniger abhängig von der Qualität der Droge
als von der barbarischen Einschränkung
unserer Freiheit
mit unserem Leben gefälligst
experimentieren zu dürfen.

7

Gift oder Göttertrank –
—— Im Dschungel der Substanzen ——

BERNHARD VAN TREECK

Haschisch gilt inzwischen in den meisten Ländern als Bagatell-droge. Vor allem für Jugendliche und junge Erwachsene ist sie als Rauschmittel aus einem anderen Kulturkreis neben dem Alkohol ein weiteres Mittel der Zerstreuung. Für Bernhard van Treeck (geb. 1964), Psychiater und Psychotherapeut an einer Drogenklinik, ist der Gebrauch von Haschisch jedoch nicht absolut unbedenklich.

Cannabis

Weitere Bezeichnungen für Cannabis sind Azalla, Azallû, Bandsch, Bang, Banj, Bendsch, Bengali, Bengué, Bhamgi, Bhang, Bhanga, Black Prince, Bon, Bota, Brown, Cánamo de India, Canapem india, Canhamo, Canxa, Caras, Churrus, Donja Juanita, Dope, Gai ando, Gage, Ganajâ, Ganca, Ganja, Gangué, Gánzigùnu, Garda, Ghariga, Ghee, Gunja, Gras, Grass, Hasch, Haschisch, Heilige Rose, Hemp, Hierba santa, Indian hemp, Juanita, Jvalana rasa, Kashwar modak, Kancavu, Kancha, Keralagras, Kiff, Kimbis, Konopie indyjskie, Kumari asava, La amarilla, Lai chourna, La Mona, La Santa Rosa, Liamba, Maconha, Madi, Maguoon, Manali, Maria Rosa, Marihuana, Marijuana, Mariquita, Mary Warner, Mazar-i-Sharif, Menali, Misara, Muggles,

Mustang Gold, Parvati, Piece, Pott, Qunnab, Qunnubu, Ramras, Riefer, Rosa Maria, Santa Rosa, Shit, Shivamuli, Siddhi, Soft hemp, Stoff, Pot, Tarakola, Tea, Tee, The herb, Trava, True hemp, Utter, Vijaya, Yaaseep tit, Weed und Zazatechino. Cannabis untersteht dem Betäubungsmittelgesetz in Anhang 1 und ist eine illegale Droge. [...]

Cannabis sativa ist eine strauchartige Pflanze, die bis zu fünf Meter hoch wird. Ursprünglich stammte die Pflanze aus Zentralasien, wahrscheinlich aus dem Himalaya. Wann genau Cannabis erstmals kulturell verwendet wurde, ist nicht bekannt. Wahrscheinlich wurde Hanf in der Region des Himalaya bereits in vorchristlicher Zeit in schamanistischen Ritualen eingesetzt. Auch die Verwendung in der Medizin, die historisch mit dem Schamanismus eng zusammenhängt, ist alt. In China soll der Hanf bereits 5000 v. Chr. bei Menstruationsbeschwerden und als Psychostimulans benutzt worden sein. Etwa im 8. Jahrhundert vor Christus führten es Chinesen in Indien ein. In Indien hatte es Bedeutung z. B. bei Fruchtbarkeitsritualen. Von da aus breitete die Pflanze sich wahrscheinlich im 8./7. Jahrhundert nach Mesopotamien aus und fand Eingang in den arabischen Kulturkreis. Herodot schrieb über den Gebrauch von Haschisch bei den Skythen im 5./4. Jahrhundert. Sie berauschten sich durch Erhitzen von Cannabispflanzen auf heißen Steinen in Dampfbädern. Auch die Thraker und Kelten kannten diese Droge. Auf 5500 v. Chr. werden Cannabissamen datiert, die man in einem Grab bei Eisenberg in Thüringen fand. In den Ruinen des Totenorakels von Ephedra fanden Forscher ebenso Haschisch wie in 4000 Jahre alten ägyptischen Fundstätten. Mit der Islamisierung nach 800 n. Chr. breitete sich Cannabis im gesamten vorderen Orient und in Afrika aus. Hildegard von Bingen empfahl Hanf als Sedativum bei Fieber und krankhaften Erregungen. Die europäischen Eroberer führten ab dem 16. Jahrhundert die Pflanze dann in Amerika ein.

Im Laufe der letzten zweitausend Jahre hat sich die Pflanze nach und nach über alle Kontinente verbreitet. In

den westlichen Kulturen hat sie sich seit etwa 150 Jahren
zunehmend fester etabliert. Oft waren es Intellektuelle, die
die Verbreitung förderten. Studien des französischen Psych-
iaters Moreau de Tours über die Pflanze im 19. Jahrhundert
trafen nicht nur in medizinischen Kreisen auf Interesse,
sondern erregten bei zahlreichen Künstlern und Schriftstel-
lern Neugier. In Szenekreisen nahm der Konsum deutlich
zu. Theophile Gautiers »Le Club des Haschischins«, dem
Honoré de Balzac, Charles Baudelaire, Victor Hugo und
Gérard de Nerval angehörten, erhöhte das Interesse für das
Rauschmittel enorm. Cannabis ist eine relativ anspruchslose
Pflanze, was sicherlich auch zur Verbreitung der Droge beigetragen hat. Sie wächst sowohl in subtropischen und tropi-
schen Regionen. In gemäßigten Breiten – z. B. in Holland –
wird Cannabis in Treibhäusern gezüchtet. Seit den sechziger
Jahren werden in sogenannten Indoor-Anlagen immer
THC-reichere Sorten gezüchtet. In den westlichen Kulturen
war Cannabis fast immer auch mit bestimmten Musikstilen
verbunden. Reggae-Musik ist mit Cannabiskonsum ebenso
eng verknüpft wie zumindest der Jazz der Anfangsjahre.
Louis Armstrong war beispielsweise ein begeisterter Kiffer
– nach einer Hausdurchsuchung und drohenden Repressio-
nen gab er seinen Konsum in den vierziger Jahren auf. Bob
Marley rauchte exzessiv Cannabis und starb 1981 an Krebs,
der wahrscheinlich durch den Konsum verursacht war. Betrachtet man diese beiden Musikrichtungen, findet man einen deutlichen, nicht zu leugnenden Niederschlag der Cannabiswirkung auf Rhythmus und Songstruktur.

Mit Rockmusik war in den Anfängen Cannabis eng verknüpft. Die Beatles waren ebenso wegen Cannabis in juristische Probleme verstrickt wie ihre Konkurrenten, die
Rolling Stones. [...] Die Hippie-Bewegung der sechziger
Jahre verhalf der Droge zu einer bis heute anhaltenden
Popularität. Neben Alkohol und Nikotin ist es die verbrei-
tetste Droge unter jungen Leuten. Auch in der Partyszene
wird es häufiger konsumiert als z. B. Ecstasy. [...]

Es gibt einige Ansätze, die sich mit einem möglichen Einsatz von Cannabis in der Medizin beschäftigen. Bereits die Assyrer verwendeten Hanfprodukte in der Geburtshilfe. Gegen Darmkrämpfe wurde es als Klistier verordnet. In Nepal wird es seit langem als Mittel bei Magenbeschwerden und als Schlafmittel eingesetzt. Auch in westlichen Kulturen – im Zuge steigender Akzeptanz der Alternativmedizin – sucht man nach Möglichkeiten der medizinischen Anwendung. Es wird z. B. versucht, den appetitanregenden Effekt von Cannabis bei Aids- und Krebskranken zu nutzen, um die erwünschte Gewichtszunahme zu bewirken. Cannabis wird dabei aber nicht geraucht, sondern in Form unschädlicherer Pflaster oder Kapseln verabreicht. In den USA ist z. B. seit 1985 das Präparat Marinol im Handel. Bei Chemotherapie soll Cannabis den Brechreiz senken. Kritisch dabei ist, daß Cannabis das Immunsystem zusätzlich schwächt, was den Verfall dieser Patienten noch beschleunigen könnte. Da THC den Augeninnendruck senkt, wurde es versuchsweise in den Niederlanden zur Behandlung des grünen Stars eingesetzt. Hierbei zeigte sich ebensowenig ein positiver Effekt wie bei der Behandlung von Migräne und Morbus Parkinson.

Cannabis ist die Bezeichnung für eine Hanfpflanze, die den Wirkstoff Tetrahydrocannabinol, kurz THC genannt, enthält. THC ist ein ätherisches Öl, das sich in verschiedenen Pflanzenteilen in unterschiedlicher Konzentration nachweisen läßt. Verwendung finden vor allem das Harz und die Blütenstände der weiblichen Pflanzen; die männlichen enthalten kaum Wirkstoff.

Bei Haschisch handelt es sich um das getrocknete Harz aus Drüsenhaaren der Pflanze. Marihuana ist die Bezeichnung für getrocknete Blütenblätter, Blätter und Stengel der Pflanze. Der Wirkstoffgehalt von Cannabis beträgt zwischen 1 und 18 Prozent bei Haschisch und Marihuana. Haschisch ist im Mittel etwa 5mal wirksamer als Marihuana. Seltener ist das hochkonzentrierte Haschischöl, das bis zu

50 % THC enthält. Sowohl Haschisch wie auch Marihuana werden entweder mit Tabak vermischt geraucht (sogenannter Joint) oder zusammen mit anderen Nahrungsmitteln wie Tee, Kakao oder in Plätzchen eingebacken (sogenannte Spacekekse) aufgenommen.

Wird Cannabis geraucht, tritt die Wirkung schneller ein als bei oraler Aufnahme und ist besser steuerbar. Beim Rauchen tritt die Wirkung nach wenigen Minuten ein. Die Wirkdauer beträgt ca. 2–3 Stunden, je nach Dosis aber bedeutend länger. Die Gefahr einer Überdosierung ist bei oraler Aufnahme wegen der schlechteren Steuerbarkeit größer. Bei oraler Einnahme muß zur Erreichung der gleichen Wirkung zudem etwa zwei- bis dreimal höher dosiert werden als beim Rauchen, da weniger Wirkstoff aufgenommen wird. Die Wirkung tritt nach ca. ½ Stunde auf, je nach Füllungszustand des Magens auch später. Die Wirkung dauert dann ca. 3 bis 5 Stunden. [...]

Das körperliche Abhängigkeitspotential von Cannabis ist gering, da die Droge schnell im Fettgewebe aufgenommen wird und von dort erst langsam wieder abgegeben wird. Der Konsument hat auch noch lange Zeit nach der Drogeneinnahme Rauschgift im Körper und kann so keine körperlichen Entzugserscheinungen entwickeln. Das psychische Abhängigkeitspotential ist mittelgradig, wahrscheinlich vergleichbar mit Alkohol. Zumindest gibt es eine Vielzahl von »Dauerkiffern«, die deutliche Zeichen einer Abhängigkeit zeigen.

Cannabis ist derzeit neben Alkohol, Nikotin und Coffein die am häufigsten verwendete Droge bei Jugendlichen und jungen Erwachsenen. Man schätzt, daß etwa die Hälfte der 15- bis 25jährigen bereits Kontakt zu Cannabis haben. Cannabis wird vorwiegend zur Entspannung benutzt. Anhaltende unerwünschte Wirkungen von antriebssteigernden Drogen wie Ecstasy, Speed oder Kokain, sogenannten »Uppern«, werden mit Cannabis unterdrückt. Bei hohem Konsum von »Uppern« ist es dem Partygänger kaum möglich, ohne Cannabis zur Ruhe zu kommen oder gar zu schlafen. Von vielen Ravern wird Cannabis deswegen nach dem Tanzen zum Abkühlen und Beruhigen, dem sogenannten »Chill out«, benutzt.

Cannabis regt den Appetit an. Es verstärkt in der Regel die vorherrschende Gefühlslage. Es bewirkt neben einer größeren Gelassenheit meist eine gehobene Stimmung, die in grundlose Heiterkeit umschlagen kann. Die Stimmung wird als intensiviert erlebt. Mehrere, eigentlich unvereinbare Gefühlszustände können gleichzeitig erlebt werden. Angst-, Scham- oder auch Schuldgefühle können z. B. neben Glücksgefühlen gleichzeitig bestehen. Während des Rausches kann es zu plötzlichen Stimmungsumschwüngen kommen. Das Kritikvermögen ist vermindert mit erhöhter Risikobereitschaft. Ist die Grundstimmung ängstlich oder depressiv, so kann es zu Todesängsten oder Verfolgungserlebnissen kommen. Durch die Kritikschwäche kann es zu unkontrollierbaren Reaktionen kommen. [...]

Ähnlich wie bei psychotischen Patienten verliert unter Cannabis-Einnahme das Denken seinen Sinnzusammenhang, seine Kontinuität. In vielen Fällen wird dies als befreiend erlebt, die ungerichtet auftretenden Gedanken werden als kreative Leistung fehlgedeutet. Unter Cannabis-Einnahme kann es zu Verknüpfungen von unterschiedlichen Sinneseindrücken kommen. So kann zum Beispiel Musik mit optischen Vorstellungen verknüpft werden, optische Eindrücke können mit bestimmten Gerüchen in Verbindung gebracht werden. Gleichzeitig ist es unter der Einnahme von Cannabis schwieriger, das Erlebte in Worte zu fassen. Illusionen und Pseudohalluzinationen können auftreten und sind, sofern sie emotional positiv getönt sind, auch eine erwünschte Rauschwirkung. Es ist eindeutig widerlegt, daß Cannabis die Kreativität steigert. Die Wahrnehmung und das Erleben sind gestört. Bruchstückhaftes Denken mit Herabsetzung der Merkfähigkeit und einem Verlust kontinuierlichen Erlebens ist häufig. Wahrgenommene Inhalte werden in der Regel nach assoziativen Gesichtspunkten und nicht sinnvoll geordnet. Die Aufmerksamkeit ist deutlich gestört, es besteht eine erhöhte Ablenkbarkeit. Häufig ist auch eine Ausrichtung auf irrelevante Nebenreize, denen inadäquate Bedeutung zugemessen wird. Es kann zu Gedächtnis- und Erinnerungsstörungen kommen.

Bei einmaligem Konsum von Haschisch kann es zu folgenden unerwünschten körperlichen Wirkungen kommen: Steigerung der Herzfrequenz, Erhöhung des Blutdrucks, gesteigerter Appetit, Übelkeit bis hin zum Erbrechen, Schläfrigkeit und Müdigkeit, Kopfschmerzen, Erkaltung der Finger, Erweiterung der Pupillen, Reflexsteigerung, Mißempfindungen im Bereich der Haut, Zittern der Hände, Gangunsicherheit. Typisch ist aber auch, daß bei Personen, die die Cannabiseinnahme nicht gewohnt sind, beim ersten Konsum keinerlei Wirkungen auftreten.

Der allgemein zu beobachtende Trend zu unkontrollierter gleichzeitiger Einnahme von Drogen geht auch an Cannabis nicht vorüber. Fast immer spielt bei Mischkonsum auch Cannabis eine Rolle. Zunehmend wird es auf Partys jetzt schon zu Beginn einer Party geraucht. Der Konsum steigt. [...]

Ganz so harmlos, wie in Konsumentenkreisen gern behauptet wird, ist das Kraut nämlich nicht. Bei häufigem Cannabis-Gebrauch nimmt bei einigen Konsumenten ein Teil der erwünschten Cannabiswirkung ab. Die halluzinogene Wirkung läßt nach, es dominiert der antriebsvermindernde Effekt. Die Konsumenten wirken leer, unsortiert und ausgebrannt, eine zwar nicht zwangsläufige, aber häufige Folge des Dauerkonsums. Da die Droge im Fettgewebe gespeichert wird, treten Entzugserscheinungen praktisch nicht auf. Typisch für chronische Kiffer sind die allgemeine Antriebsverminderung bis hin zum völligen Amotivationssyndrom. Kurz- und Langzeitgedächtnis sind ebenso gestört wie das Konzentrationsvermögen. Die ursprüngliche

Leistungsfähigkeit geht verloren. Typisch ist eine Zunahme der Kritikschwäche sowie eine Wesensänderung in Richtung einer vermehrten Selbstzuwendung, Selbstbeobachtung und Selbstbeschäftigung. Deutlich wird meist auch ein Mangel an sozialen Kontakten, das Interesse an sozialen Kontakten läßt nach, der Kiffer hat dann nur noch mit sich selbst oder ähnlich Abhängigen zu tun. Einbrüche der schulischen Leistungen oder im Arbeitsbereich treten fast immer auf und führen nicht selten zu Abbrüchen von Ausbildungen oder dem Verlust des Arbeitsplatzes. [...]

Aus orientalischen Ländern gibt es Berichte, daß Cannabis Hirnschäden auslöst. Bislang sind diese Ergebnisse allerdings nur zum Teil wissenschaftlich überprüft worden. Bei chronischer Einnahme sind eine Entzündung der Bindehäute sowie des Nasenrachenraums und des Atemsystems häufig. Fast alle Kiffer leiden unter chronischer Bronchitis (sogenannter Potthusten). Das Lungenkrebsrisiko ist gegenüber Rauchern um das Fünf- bis Zehnfache erhöht. Grund hierfür ist wahrscheinlich der hohe Teergehalt der Droge. Cannabis kann außerdem zu Leberschäden führen. Es ist leider bislang unter den Konsumenten kaum bekannt, daß Cannabis das Immunsystem unterdrückt. Das Risiko für verschiedene Krebserkrankungen und Infektionen steigt. Amerikanische Untersuchungen zeigen darüber hinaus, daß Cannabis in nicht unerheblichem Maße das Erbgut schädigt. Zwar muß man sicherlich davon ausgehen, daß die meisten Drogen gefährlicher sind als Cannabis. So harmlos, wie die bei jüngeren Leuten beliebte Droge oft dargestellt wird, ist sie aber nun auch nicht.

Timothy Leary

Der Arzt und Psychiater Timothy Leary (1920–1996) war einer der ersten, die LSD als Medikament zur Bekämpfung von Psychosen einsetzten. Nach seinen aufsehenerregenden Experimenten mit halluzinogenen Drogen wurde er wegen unerlaubten Fernbleibens aus den Diensten der renommierten Harvard University entlassen. Für ihn war der Genuß von Drogen ein mit der amerikanischen Verfassung konformes Streben nach Glück. Speed, häufig zum Verschneiden von LSD benutzt, läuft dieser Glückssuche aber zuwider.

Down On Speed

Jegliche Einnahme einer gefährlichen Substanz ist ein Angriff auf die Natur. Wenn du Amphetamine oder Barbiturate in deinen Organismus einbringst, handelst du genauso böse wie die Ölproduzenten, die ihre Gifte in die Ozeane verströmen lassen. Dein Körper kann sich wunderschön im Fluß der Natur mitbewegen: Blut fließt und die Nahrung bedingt die Verdauung; all das geschieht im Einklang mit der Energie des Kosmos. Wenn du aber etwas in deinen Körper aufnimmst, das auf merkliche Weise dieser Harmonie entgegenarbeitet, dann schaltest du dich aus, nicht an (»you turn off, not on«).

Die Amphetamine, sie alle vom schäbigen Stoff, den du auf der Straße kriegst, bis hin zur Schachtel voll von Kristallen, bringen dich auf eine falsche Fährte auf deinem Weg zur Quelle der Energie. Sie machen einen Supermann auf Zeit aus dir, niemand kann dich stoppen, abgesehen von dir selbst. Aber gerade wenn du dich daran machst, irgend etwas zu tun, dann hält dich eine unbestimmte Hemmung zurück, so daß du wie tot auf deiner Fährte verharrst. Du kannst dich nicht mehr in Einklang mit der früheren Wellenlänge bringen, wie hart auch immer du dich bemühst.

Speed-freaks glauben, daß sie phantastische Mächte und großartige kreative Fähigkeiten besitzen, aber es sieht so aus, daß sie nie etwas zu Ende bringen, das sie in Angriff nehmen. Das kommt daher, daß Speed für sie eine unrealistische Energiequelle ist ...

Speed bringt dich niemals in den Himmel, es schickt dich richtiggehend in die Hölle. Es geht doch in Wirklichkeit darum, daß wir alle langsamer werden sollten.

Es ist wahr, daß viele unheilige Drogenhändler dir eine psychedelische Substanz verkaufen wollen, die mit Speed verschnitten ist. Das ist sehr schwer zu kontrollieren, so lange die Leute mit dem kriminellen Element des Schwarzmarkts zu tun bekommen müssen, wenn sie sich mit bewußtseinserweiternden Drogen versorgen wollen. Du bist aber besser beraten, wenn du überhaupt keinen Trip nimmst, bevor du dich auf eine derart üble Reise schicken läßt. Speed ist das Symbol einer Welt, die nicht angeturnt ist, einer Welt voll grölender Maschinen, die Gestank und löchrige Geldmacher ausspuckt, die Tabak und Rauch ausrülpsen. Die Petroleummenschen setzen sich selbst Speed-Ziele, die von ihnen Energien verlangen, die sie nicht haben. Die Leute, die Speed nehmen, sind die zwanghaften guten Haushälter, Studenten, die Kurse besuchen, an denen sie kein Interesse entwickeln, und Menschen, die Beschäftigungen nachgehen, die ihnen keine Erfüllung bieten. Die Stadt der Anpassung schafft das Bedürfnis, mit unnatürlichen Anforderungen fertig zu werden. »To turn on, to tune in und to drop out«, das heißt einen Lebensweg finden, in dem keine Anforderungen gestellt werden, die nicht mit deinen eigenen, natürlichen Bedürfnissen übereinstimmen. Wenn du diesen Weg gefunden hast, wirst du ganz selbstverständlich aufhören, Speed zu nehmen.

HERBERT BERGER

Fixer ist nicht gleich Fixer. Das Elendsbild der Medien von einem verwahrlosten Halbkriminellen, der sich mit der Droge langsam zugrunde richtet, ist nur eine Seite. Es gibt auch andere, die sich durch den Gebrauch harter Drogen nicht zwangsläufig in die Drogenszene integrieren. Unterschiedliche Lebensmuster bedingen ein unterschiedliches Umgehen mit der Droge. Der Soziologe Herbert Berger, der über Alkoholismus und Heroinabhängigkeit arbeitete, sieht in der Analyse des sozialen Verhaltens eine Möglichkeit der Prävention.

Fixersein als Lebensstil

Der Begriff »Fixer« gehört erst seit relativ kurzer Zeit zum Wortschatz der bundesdeutschen Alltagssprache, dürfte sich aber inzwischen fest eingebürgert haben; denn was als »Drogenproblem« immer wieder der Öffentlichkeit präsentiert wird – »Drogentote«, »Drogenkriminalität«, Versagen prohibitiver und therapeutischer Maßnahmen –, ist fast ausschließlich oder jedenfalls weitestgehend ein »Fixerproblem«. Der Fixer ist zum Prototyp des Drogenkonsumenten geworden, Heroin zur gesellschaftlich wichtigsten, weil gefährlichsten Droge.

Die Bezeichnung Fixer wurde wohl nicht zuletzt deshalb so schnell übernommen, weil es kein überkommenes Wort dafür gibt. Injektiver (und auch oraler) Opiatkonsum haben in Deutschland keine Tradition, im Unterschied etwa zu Frankreich oder den angelsächsischen Ländern (selbst ein Sherlock Holmes spritzt sich Kokain, wenn er gerade keine interessanten Kriminalfälle zu lösen hat). In den zwanziger Jahren gab es kurzfristig eine kaum näher zu quantifizierende Morphin- und Kokainwelle in Künstler- und Boheme-Kreisen, im übrigen aber beschränkte sich der Konsum im wesentlichen auf den medizinischen Bereich, und zwar in doppelter Hinsicht: einmal auf Patienten, die durch die unvorsichtige Dosierung von Morphinen (als Analgetica) abhängig wurden, und auf Angehörige der medizinischen oder auch pharmazeutischen Berufe, die leichten Zugang zu den Mitteln hatten. Beiden Gruppen gemeinsam war, daß sie abgesehen vom Opiatkonsum in aller Regel sozial völlig unauffällig blieben, so unauffällig, daß sich nicht einmal ihre Zahl näher abschätzen läßt.

Anders der Fixer. Bei ihm ist der Opiatkonsum (in aller Regel – nicht ausnahmslos) zentraler Punkt und integraler Bestandteil einer völlig abweichenden Lebenseinstellung und -weise. Er sieht sich dabei nicht wie der Morphinist früherer Zeiten als konformes Gesellschaftsmitglied mit einer krankhaften Schwäche, sondern hat sich in seiner Außenseitersituation eingerichtet und versucht ihr, unterstützt von einer entsprechenden Ideologie, ein Maximum an Befriedigung abzugewinnen – zumindestens in den frühen Phasen seiner Drogenkarriere, wenn Folgeschäden noch nicht eingetreten sind oder sich wegrationalisieren lassen. Konformes Verhalten ist für ihn dann nur interessant als Tarnmantel, um seine Illegalität verbergen zu können. Seine mit der Dauer des Rauschmittelmißbrauchs zunehmende Gleichgültigkeit gegenüber den kulturellen Werten und Normen dürfte ausschlaggebend sein für die wohl sehr ambivalente Einschätzung, die ihm in der Gesellschaft zuteil wird. Ihr eines Extrem wäre das Bild vom unverschuldet, durch Verführung und eine ungünstige Ausgangssituation in Schwierigkeiten geratenen und entsprechend besonders hilfsbedürftigen Kranken und Gefährdeten, das andere Extrem der bewußt Abweichende, der der Gesellschaft seine Mißachtung so provozierend deutlich macht, daß strenge Sanktionen angebracht erscheinen.

Das Image des Fixers

In der Fremdwahrnehmung stellt der Fixer den Prototyp des völlig Abhängigen dar, der willenlos der Droge ausgeliefert ist und seine Sucht füttern muß, um nur einen Entzug zu vermeiden. Sein Zustand wird im Jargon der Drogenszene treffend als »kaputtsein« charakterisiert. Damit wird – in der allgemeinen Öffentlichkeit und weitgehend auch innerhalb der Drogenszene – ein Bild vom entweder voll intoxikierten oder unter Entzugssymptomen leidenden Süchtigen verbunden, der »herumhängt«, fast unansprechbar und kaum noch aktionsfähig ist. Dieses Bild orientiert sich einmal am wirklich »kaputten«, d. h. körperlich und psychisch abgebauten Fixer im fortgeschrittenen Krankheitsstadium und ist zum anderen bezogen auf Fixen selbst – Drogeneinnahme und -wirkung. Doch das ist nur eine Karrierephase und ein Aspekt eines Fixerlebens. Fixer zu sein bedeutet aber, einen recht komplexen Lebensstil zu haben. Der Konsum von Rauschdrogen zwingt allein schon durch Illegalität des Mittels und die damit verbundenen Beschaffungsschwierigkeiten zu einer Fülle von Aktivitäten, die u. U. erhebliche intellektuelle und soziale Fähigkeiten erfordern. So gesehen ermöglicht der Umgang mit Drogen dem Fixer auch im sozialen Bereich Erlebnisse, die durchaus als positiv empfunden werden können. Ein drogenzentriertes Leben verläuft also entlang zweier Leitlinien: einer pharmakologischen und einer sozialen mit jeweils eigenen Erfolgsmöglichkeiten.

Daß harter Drogenkonsum mit einem subjektiv befriedigenden, aktiven Lebensstil verbunden sein kann, ist in der angelsächsischen Literatur ausführlich dokumentiert. Blumenberg fand bei den von ihm befragten Fixern das extreme Stereotyp des »hanging around in the streets all day« nicht bestätigt, sondern vielmehr bei der Mehrzahl eine Menge von alltäglichen Aktivitäten. Preble und Casey schildern den (New Yorker) Fixer als vielbeschäftigt und meinen, daß man ihn gerade an seiner Geschäftigkeit von anderen Drogenkonsumenten unterscheiden könne. Sie kommen zu dem Schluß: Wenn man bei Fixern von Abhängigkeit sprechen kann, dann nicht so sehr vom Heroin als von der gesamten Karriere des Heroin-Users. Nicht so pointiert, aber in der Tendenz läßt sich das für Angehörige der harten Drogenszene in der Bundesrepublik sagen. Drogenbeschaffung ist für sie eine Vollbeschäftigung und wird auch als solche bewertet. In den Worten eines Betroffenen: »Da hat' ich keine Zeit, Bücher zu lesen. Da mußt' ich arbeiten.« Arbeiten meinte Dealen. Diese Tätigkeiten sind für die User aber eben nicht nur zweckgebunden, nämlich um die notwendige Drogenmenge zu beschaffen, sondern werden auch als in sich selbst sinnvoll und lohnend angesehen.

»Das ganze Feeling drumrum, auch beim Joint nachher, das gehörte immer dazu. Wenn ich also auf die Szene gefahren bin und bißchen was verkauft hab', das brauchte ich genauso wie ä, ä, den Schuß, weil das das einzige war am Tage, was ich gebracht habe.« Fixer sein gewinnt in diesem Stadium also quasi den Stellenwert eines »Berufs«, es ist eine Rolle mit diversen Rollensegmenten.

Die Fixerrolle

Konstitutives Element der Fixerrolle ist die Verfügungsgewalt über Drogen. Von daher bestimmt sich seine Einstellung zur Drogenszene bzw. zum Drogenleben und der Grad seiner sozialen Desintegration. Verfügungsgewalt meint hier dreierlei: die Beschaffung der notwendigen Mittel zum Drogenerwerb, die Beschaffung der Drogen selbst und die Verwendung der Drogen.

Im allgemeinen sind Fixern eigentlich nahezu alle Wege recht, um an Geld für ihren Stoff zu kommen. Es besteht aber wohl eine Präferenzskala für die verschiedenen Möglichkeiten, gegliedert nach dem damit verbundenen notwendigen Einsatz, dem Risiko und der Einträglichkeit. So birgt etwa Sekundärkriminalität, wie Ladendiebstahl, ein zusätzlich hohes Risiko bei recht geringem Verdienst; Schnorren, kleinere Kurierdienste, Fahrerdienste und ähnliche »Zuarbeitertätigkeiten« sind unsichere Einnahmequellen und mit hohem Angewiesensein auf andere verbunden; Gewaltdelikte wie Raub und Erpressung, vorwiegend gegenüber anderen Szenenmitgliedern, erfordern kriminelle Neigungen; die Bewertung des Dealens hängt von der Art des Einsatzes ab, gestaffelt vom riskanten Straßenverkauf in kleinen Mengen bis zum im Hintergrund stehenden größeren Zwischenhändler (die fast völlig anonym bleibenden Großhändler fallen hier nicht ins Gewicht).

Eng verbunden damit ist als zweiter Aspekt, welche Möglichkeiten zum Drogenerwerb dem einzelnen offenstehen. Das reicht vom Kauf kleinerer Mengen (zum direkten Konsum) beim Straßenhändler bis zur direkten Geschäftsverbindung – Connection – mit Großhändlern. Von der Art der Erwerbsquelle hängt die Sicherheit und Zuverlässigkeit der ständigen Versorgung ebenso ab wie Preis und Reinheit des Mittels, und das heißt, je höher jemand in den Verteilerkreisen aufsteigt, um so günstigere Einkaufsbedingungen erreicht er.

Den dritten Aspekt, die Verwendung der Drogen, kann man danach abstufen, inwieweit der einzelne in der Lage ist, Drogen nicht nur als Genußmittel für den eigenen Konsum zu betrachten, sondern auch als Ware und Handelsgegenstand. Das meint einmal, ob er seinen Umgang mit Drogen noch weit genug kontrollieren kann, um z. B. als Kleindealer in Kommission übernommenen Stoff tatsächlich weiterzuverkaufen und nicht selbst zu verbrauchen; zum anderen, ob er fähig ist, bei erfolgreichem Drogenhandel den Gewinn nicht sofort für einen entsprechenden Mehrverbrauch an Drogen zu verwenden, sich also bereits kurzfristig durch schnelles Hochdosieren zu ruinieren.

Nach den unterschiedlichen Fähigkeiten in diesen Verhaltensbereichen bestimmt sich nicht nur das Lebensmuster des einzelnen, sondern auch seine Stellung zur bzw. innerhalb der Szene, sein Status in der Szenenhierarchie. Im Falle des erfolgreichen, statushohen Szenenmitglieds erscheint es durchaus angebracht, vom »selbstbewußten« Rauschmittelkonsumenten zu reden, der seine soziale Kompetenz innerhalb eines gesellschaftlichen Subsystems beweist, den Vorgaben seiner positiven Bezugsgruppe (der Fixer) voll entspricht und die Vorgaben seiner negativen Bezugsgruppe (der »Normalen«) verhöhnt – soweit sie nicht in sein Bild von sich und der Realität passen; denn es ist ja nun keineswegs so, daß die Wünsche und Ziele der Fixer sich grundsätzlich und in allen Punkten von denen der anderen Gesellschaftsmitglieder unterscheiden. [...] Grundlegend ist der Unterschied jedoch bei den Wegen zur Zielerreichung und bei der Gratifikationserwartung. Gerdes und von Wolffersdorff-Ehlert charakterisieren das Leben in der Rauschmittelszene als »Suche nach Gegenwart«, was treffend die Erwartung von unmittelbarer Belohnung ausdrückt. Die Unmittelbarkeit der Belohnung ergibt sich unabdingbar aus der Einsicht eines jeden Fixers, daß ein »Erfolg« im Drogenleben nur transitorisch sein kann, ein Glück, das bald vom Ruin verschlungen wird. Um das kognitiv zu bewältigen, findet sich bei Fixern gewöhnlich so etwas wie eine Ideologie vom kurzen, süßen Leben, ein Leben, bei dem die Menge der angenehmen und aufregenden Erfahrungen seine nur geringe Dauer mehr als ausgleicht. Diese Haltung des »ich ruiniere mich zwar, aber mit Genuß« läßt sich ähnlich auch bei anderen unauffälligen Süchtigen beobachten, z. B. bei Zigarettenrauchern, die ja auch hustend versichern können, sie wüßten wohl von der Krebsgefahr durch Zigaretten, aber der Rauchgenuß sei ihnen die zu erwartende Einbuße an Lebenszeit wert. Bei den Fixern schafft diese Ideologie zunächst einmal den Anschein eines bewußt und willentlich eingegangenen Risikos und damit eines eigentlich unverändert selbstbestimmten Verhaltens, zum andern wird die Einsicht, sein Verhalten ändern zu müssen, unterdrückt zugunsten der selektiven Überbetonung augenblicklicher positiver Erlebnisse.

Die Erlebniswelt

Mit dem Einstieg in ein Fixerleben oder – anders ausgedrückt – der vollen Integration in die Drogenszene gibt der Jugendliche seinen bisherigen Orientierungsrahmen und seine bisherigen Verhaltensmuster ganz oder zumindestens weitestgehend auf. Das bedeutet für ihn in den meisten Fällen zunächst einmal, nun endlich frei zu sein von den Vorschriften und Anforderungen eines zunehmend als bedrückkend und unbefriedigend empfundenen Berufs- oder Schulalltags. Strikt geregelte und sich konstant wiederholende Verhaltensabläufe sind abgelöst worden von einer – scheinbar – völligen Ungebundenheit: Seine Lebensführung ergibt sich mehr oder weniger zufällig aus Spontanhandlungen, weiterreichende Planung oder künftige Ziele interessieren ihn nicht, Anforderungen kann er ausweichen, kurz, er lebt einfach in den Tag hinein. Der Jugendliche macht hier also die – positiv bewertete – Erfahrung, daß er unabhängig von Kontrollinstanzen wie Eltern, Ausbilder u. ä. und ohne regelmäßige Tätigkeit leben kann. Das heißt aber gewöhnlich keineswegs, daß er sich jetzt auf neue, von den bisherigen qualitativ verschiedene Werte und Verhaltensmuster orientiert, sich z. B. einem Interessengebiet widmet, für das ihm bisher Schule oder Beruf keine oder nicht genügend Zeit ließen. Man kann in der Regel wohl noch nicht einmal von einer völligen Ablehnung »der in der Gesellschaft vorgefundenen Vorstellung« und dem »Praktizieren des Gegenteils« (Kreuzer) sprechen. Wenn Rauschmittelkonsumenten meist stereotyp angeben, »ich habe gemacht, was ich wollte«, so verstehen sie darunter wohl mehr eine Generalisierung von Freizeitnormen, d. h., während man üblicherweise nur in der Freizeit an keine Handlungsverpflichtungen gebunden

ist und seinen Tagesablauf nach den subjektiven Annehmlichkeiten gestalten kann, besteht diese Freizügigkeit nun
durchgehend. Entsprechend übertragen sie einfach die bisherigen Freizeitverhaltensweisen auf die gesamte Lebensführung. Das reicht von einem zeitlich beliebig verschiebba-
ren Tagesablauf bis hin zu häufigen Reisen. Mit diesem Lebensstil, dessen entscheidendes Merkmal freie Verfügbarkeit
über die eigene Zeit und Aktivität ohne Rücksicht auf Verpflichtungen ist, gewinnt der Alltag für die Jugendlichen –
zunächst, nicht mehr in der Spätphase des Fixerseins – den
Charakter eines permanenten Urlaubs. Diese Einschätzung
des Drogenlebens als freizügig und ungebunden bleibt offenbar erhalten, selbst wenn sich für den einzelnen schon
bald zeigt, daß ein relativ hohes Maß an ständiger Einsatz-
bereitschaft und Aktivität notwendig ist, um zumindestens
seine Drogenversorgung sichern zu können; denn es handelt sich dabei ja in seiner Wahrnehmung um selbstgewählte
und durchaus sinnvolle Aktivitäten.

Ein weiteres Positivum des Fixerlebens ist neben der –
scheinbaren – Freiheit der relative Ereignisreichtum. Die
Jugendlichen sind gewöhnlich der Meinung, in ihrer Dro-
genzeit »viel erlebt« zu haben. Dazu gehören vor allem der
wenn auch flüchtige Kontakt mit vielen Menschen und das
Reisen, das »Weiterumgekommensein«. Gerade die Reisen
wirken dabei auf den Betrachter ausgesprochen »normal«,
d. h., sie unterscheiden sich äußerlich kaum von denen anderer, nicht drogenkonsumierender Jugendlicher, ihr Erleb-
nisinhalt wirkt oft eher banal; man muß hier aber bedenken, daß offenbar für Unterschichtjugendliche, die ja den
Hauptteil der Fixer stellen, solche Erlebnisse erst in der
Drogenszene ausführbar oder sogar überhaupt denkbar
werden. Sie erscheinen den Jugendlichen interessant vor allem im Vergleich zu dem Leben, das sie vorher geführt haben und ohne Drogen weitergeführt hätten. »Muß ich doch
sagen, daß ich sehr viel erlebt hab', auf Drogen, ja, im Gegensatz zu der Zeit, wo ich nur Fußball gespielt hab'. Da

hab' ich echt nix erlebt, ja, da war das Leben so, echt, so, so alltäglich, ja. Arbeiten gegangen, dann abends Training, dann nach Hause, Wochenende nur Fußball gespielt, und das ging dann so jeden Tag, jedesmal nur dasselbe, und so war ich jetzt auf einmal in der Türkei gewesen, in Berlin gewesen, ja. Ich möchte sagen, da hat man doch echt was erlebt, schöne Erinnerungen, alles so im Gegensatz, wenn man so dahinlebt, ja.«

Andere Jugendliche genießen die Extravaganz, die ihnen erfolgreiche Drogengeschäfte gestatten, etwa den Aufenthalt in einem Luxushotel in Kenia oder den nachmittäglichen Hin- und Rückflug nach Lissabon, nur um einen Film anzusehen, dessen Text sie nicht verstehen.

Hinzu kommt als nächster positiver Aspekt des Drogenlebens die Möglichkeit, schnell viel Geld zu verdienen, ins Spiel. Zwar wird das meiste davon ständig wieder für Drogen ausgegeben, aber wenn ihr körperlicher und psychischer Zustand noch gut ist, können viele Jugendliche zumindestens zeitweise im Drogengeschäft Überschüsse erzielen und sich damit – teure – Wünsche erfüllen.

Meist sind das die üblichen gehobenen Konsumgüter von exklusiver Kleidung über die aufwendige Stereoanlage bis zum schnellen Wagen. Ungewöhnlich ist also nur die Art, wie das Geld verdient wird, nicht wie es ausgegeben wird. Insgesamt gesehen betreiben Fixer jedoch, selbst wenn sie einigermaßen luxuriöse Gebrauchsgüter und extravagante Gewohnheiten haben, keinen großen Aufwand mit ihrer Lebensführung; ihr Lebensstil erscheint nach bürgerlichen Maßstäben eher ärmlich. Es dürfte dem einzelnen auch bewußt sein, daß er mit Drogen nicht zu Wohlstand gelangen kann. Faszinierend wirkt aber wohl bereits der Umgang mit dem Geld. Fixer erzählen gern, wieviel sie pro Monat verdient haben; dieser »Verdienst«, auch wenn er eher Umsatz als kaufmännischer Saldo ist, dient als Maßstab für Erfolg und als Basis der Eigen- wie der Fremdwahrnehmung. Er ist aber nicht nur ausschlaggebend für den Status innerhalb der Szene, sondern erlaubt auch einen – gewöhnlich für den Fixer recht schmeichelhaften – Vergleich zum Nichtszenenmitglied, etwa wenn ein Fixer feststellt, er habe mehr verdient als sein Vater (in selbständiger Position), oder ein anderer sich dadurch Polizeibeamten überlegen fühlen kann, »weil, die verdienen doch nichts«.

Eng verbunden mit dem finanziellen Gewinn ist ein anderes mögliches Erfolgserlebnis im Fixerdasein: seine Fähigkeiten und Geschicklichkeiten im Abwickeln von Drogengeschäften. Hier kann er seine Cleverneß und Kaltblütigkeit, seine Übersicht und sein Organisationstalent, seine Beziehungen und sein Geschick im Umgang mit Menschen bestens unter Beweis stellen. So muß der Fixer etwa bei einem größeren Deal zunächst eine Connection mit einem Lieferanten haben, termingerecht über genügend Geld verfügen, sich beim Kauf nicht »linken« (betrügen) bzgl. der Reinheit des Mittels bzw. gar »abziehen« (berauben) lassen, evtl. die erworbene Ware über eine Grenze schmuggeln, beim Weiterverkauf wieder darauf achten, nicht betrogen oder beraubt zu werden bzw. die Drogen nur zuverlässigen Leuten in Kommission zu geben. Nicht von ungefähr wurde Dealen schon bald mit frühkapitalistischem Unternehmertum verglichen. Dazu muß sich der Fixer ständig vor der strafrechtlichen Verfolgung und dem »verzinkt werden« (Denunziation) hüten.

Der Erfolg bei der Drogenbeschaffung ist für den Fixer besonders wichtig, sichert er doch bildlich gesprochen sein Überleben als Abhängiger. Erfolge in diesem Bereich sind daher am ehesten vergleichbar mit beruflichem Erfolg im bürgerlichen Leben. Von daher verwundert es nicht, wenn Fixer ihre Geschicklichkeit in diesem Punkt und die Tricks, mit denen sie Konkurrenten und Polizei ausmanövrierten, immer wieder betonen.

Drogengeschäfte können noch unter einem weiteren Gesichtspunkt Erfolgserlebnisse bringen. Sie sichern Verfügungsgewalt über Drogen, und sie bedeutet in der Szene

Macht und Prestige. Schon an einen kleinen Straßendealer müssen – ausgenommen in den seltenen Zeiten von Drogenüberangebot – die Kunden mit ihren Kaufwünschen herantreten, und seine Weigerung, jemandem etwas zu verkaufen, kann für den Betreffenden u. U. im buchstäblichen Sinne sehr schmerzhaft sein, nämlich Entzug bedeuten. Umgekehrt kann er sich auch als mildtätig und großzügig zeigen, indem er Bedürftigen Drogen oder Geld überläßt. Ein mittlerer Drogenhändler kann bereits von sich behaupten, er kontrolliere den Drogenmarkt in einer bestimmten Region.

Die Drogenszene bietet dem Jugendlichen also eine differenzierte Lebenswelt mit einer breitgefächerten Skala von Erlebnismöglichkeiten. So gesehen flüchtet er nicht mit der Desintegration aus dem bürgerlichen Dasein so sehr in die Drogenintoxikation, sondern findet in vielen Punkten auch in sozialer Hinsicht einen vollständigen Ersatz für das Aufgegebene.

Fixertypen

Es liegt auf der Hand, daß die Jugendlichen je nach Persönlichkeitsstruktur unterschiedlich auf die einzelnen Erlebnismöglichkeiten des Fixerdaseins eingehen. In der Praxis lassen sich hier Fixertypen beobachten, die nach Position und Verhalten in der Szene, nach Art der Drogenbeschaffung und nach dem Umgang mit Drogen differieren.

Einen Typ könnte man als »Junkie« bezeichnen. Ihm bietet die Drogenszene in erster Linie eine Ausweichmöglichkeit vor den Anforderungen von Schule/Beruf, einen Freiraum, der ihm Anstrengungen und Ordnung kaum abfordert, in dem er sich treiben lassen kann. Er ist gewöhnlich unfähig zu einem auch nur relativ kontrollierten Umgang mit Drogen und kann von daher keine einträglichen Geschäfte machen, sondern nur mühsam seine eigene Versorgung sichern. Entsprechend niedrig ist sein Status in der Szenenhierarchie.

Ein zweiter Typ ließe sich »Abenteurer« nennen. Für ihn ist die Drogenszene der soziale Raum, in dem immer etwas los ist, Action stattfindet, und Drogengeschäfte sind Action par excellence, eine Möglichkeit zu Nerven- und Tatkraft und Einsatz. Gegenüber dem Nervenkitzel bedeutet ihm finanzieller Gewinn eine gern mitgenommene, aber nicht primär angestrebte Belohnung. Sein Status in der Szene stützt sich vorwiegend auf demonstrative Rücksichtslosigkeit und Risikobereitschaft.

Ein dritter, seltenerer Typ findet sich im »Manager«. Für ihn sind Drogengeschäfte größeren Umfangs interessant, bieten sie ihm doch Gelegenheit, sein Leistungsvermögen voll und mit Erfolg einzusetzen. Erfolge sind für ihn finanzieller Gewinn, Stolz auf Organisations- und Planungsgeschick, hoher Status in der Szene. Daraus und aus einer gewissen Vorsicht im Umgang mit Drogen (die sich aber eher im Achtgeben auf sterile Nadeln und Reinheit der Mittel niederschlägt als in niedrigem Konsum) bezieht der Manager sein Selbstgefühl als King in der Drogenszene.

Möglichkeiten
einer sozialen Reintegration

Die oben geschilderten sozialen Verhaltens- und Erlebnismöglichkeiten beziehen sich, wie mehrfach betont, auf den frühen und mittleren Zeitraum in einer Fixerkarriere. In einer späteren Phase fortgeschrittenen körperlichen und psychischen Abbaus treten sie zurück gegenüber dem einzigen Interesse an konstanter Drogenversorgung. In diesem Zustand wird dem Fixer bewußt, daß ihm genausoviel Zwang auferlegt ist wie in der bürgerlichen Welt, aus der er sich befreit glaubte.

»Un nachher ist man in so 'nem Kreislauf, daß man laufend hinter Junk her sein muß, wo kriegste jetzt den nächsten Schuß her usw. Ne, dann is man genauso in 'nem Trott drin, als ob man nicht fixt.«

Das bedeutet aber nun keineswegs, daß der Jugendliche unbedingt in die normale Welt zurückkehren möchte. Ganz abgesehen von den Drogenwirkungen erscheint ihm auch in seinen sozialen Möglichkeiten der bürgerliche Alltag grau. Er muß sich erneut in eine vorgegebene Ordnung einfügen, seine Verdienstmöglichkeiten wirken lächerlich im Vergleich zu den Summen, die vorher durch seine Hände geflossen sind, selbst wenn er damit real zumindestens längerfristig einen besseren Lebensstandard erreichen kann, sein beruflicher Status ist niedrig und läßt ihm keine Entscheidungsmöglichkeiten. Von seiner gewöhnlich niedrigen Qualifikation her erscheint auch ein Aufstieg kaum schaffbar. Aus dieser Sicht bringt eine soziale Reintegration also eigentlich nur Nachteile für ihn. Das aber bedeutet für eine Rehabilitation, daß die Lösung vom Drogenleben genauso schwierig ist wie von den Drogen selbst und nur dann gelingen dürfte, wenn der Jugendliche für sich einen Lebensstil und Lebensinhalte finden kann, die zumindest tendenziell die – scheinbaren – sozialen Erfolgs- und Erlebnismöglichkeiten des Drogendaseins bieten.

Arman Sahihi

Designer-Drogen sind Rauschgift-Varianten, die sich aus herkömmlichen Drogen herstellen lassen oder synthetisch ohne natürliche Grundlagen entworfen werden. Oft sind sie in ihren brisanten Mischungen gefährlicher als die konventionellen Rauschmittel. Warum Crack eine der risikoreichsten Designer-Drogen ist, erklärt der Journalist und Suchtmittelexperte Arman Sahihi.

Crack

Die Geschichte des Crack, der Wunderdroge der achtziger Jahre, beginnt viel früher – nämlich mit der Tatsache, daß seit Anfang dieses Jahrhunderts die Droge Kokain sich immer mehr Anteile auf dem Drogenweltmarkt gesichert hat. Kokain hat die Aura des harten Rauschgiftes erfolgreich abgelegt und sich das Image einer »fashionablen« Party-Droge wie auch das eines lustvollen Aufputschmittels zum konzentrierten Arbeiten zugelegt. Im nachhinein besehen war »C«, »Coke« oder »Koks«, wie Kokain am häufigsten genannt wird, der Wegbereiter für den großen Crack-Boom. Crack wiederum dürfte sich, auf lange Sicht gesehen, verselbständigen, sich immer mehr zu einer eigenständigen Droge und immer weiter weg von der Kokain-Szene entwickeln. Alle möglichen Anzeichen weisen in diese Richtung. Und das nicht obwohl, sondern gerade weil die Wirkungen der beiden Drogen fast identisch sind, der Rausch des Crack einer verkürzten, dadurch erheblich potenzierten Version vom Kokainrausch gleichkommt.

Auch wenn es sich merkwürdig anhört: Kokain ist außer Alkohol die Lieblingsdroge der Menschen des 20. Jahrhunderts. Um keine andere Droge wurde härter gekämpft, gab es so viele Skandale. Keine andere Droge wurde als gesellschaftlich so schillernd empfunden, als künstlerisch und ästhetisch so wertvoll erachtet. Für keine andere Droge gab es so illustre Beispiele für die User, so famose Herrschaften, die gar als aktive Fürsprecher agierten. Und für keine andere Droge wurde so viel Geld ausgegeben: Nach eher vorsichtigen Schätzungen der WHO, der Welt-Gesundheitsorganisation, geben die Kokser der Welt derzeit runde 80 bis 90 Milliarden US-Dollars für ihre Besessenheit aus. Was das teure Kokain, mit seinem flüchtigen, kurzlebigen, oberflächlichen Rausch, bei Jung und Alt, bei Junkie und Yuppie so wundersam beliebt macht? Vielleicht braucht eine flüchtige, kurzlebige, oberflächliche Zeit ein Medikament, ein

Betäubungsmittel, das ihre Schnelligkeit, Kurzlebigkeit und Oberflächlichkeit erträglich macht? Vielleicht ist das Kokain so viel beliebter als andere Drogen, weil es dem Konsumenten den Vorteil verspricht, zu fliehen und doch anwesend und klar zu sein? Da jede Droge ein Hilfsmittel zum Weiterleben ist, ist der Kokainkonsument vielleicht nur jemand, der sich krampfhaft anpassen will? Und für die, die an der Schnelligkeit dieser Zeit wirklich leiden, weil sie nicht mehr mitkommen und sich angesichts des Lebens am liebsten aus der Geschichte des Lebens ausradieren würden, für die gibt es Crack. [...]

Crack ist zwar ein Derivat des Kokains. Dennoch kann man den milden, eher anregend zu nennenden Kokain-Rausch kaum vergleichen mit dem buchstäblich umwerfenden Kurzzeit-Rausch des Crack. Während Kokain für 20 bis 60 Minuten das euphorische Gefühl besonderer Konzentriertheit und messerscharfer Intelligenz vermittelt, wirkt Crack nur drei bis fünf Minuten lang, gibt aber dem Konsumenten einen unerhört starken Kick, was Körpergefühle angeht, wie auch die Euphorie absoluter Omnipotenz. Daraus sind freilich viele Mythen entstanden, unter anderem der, daß Crack besonders rein sei. Crack ist keineswegs sauberer als das Kokain, von dem es deriviert wird: Beim Herstellungsprozeß werden nicht nur die Kokain-Moleküle vervielfacht; die Verschnittstoffe und auch eventuelle toxische Abfallstoffe werden im selben Verhältnis mitumgewandelt. Daß das Crack dem User sauberer vorkommt als Kokain, ist eine völlig subjektive Empfindung und hat mit der Einnahmeart zu tun: Crack wird geraucht, das heißt, daß der Rauch von der Lunge absorbiert und der Wirkstoff des Alkaloids vom Lungengewebe aufgenommen und dem Blut weitergegeben wird. So dauert es nur wenige Sekunden, bis der Wirkstoff im Gehirn zirkuliert. Kokain hingegen wird in aller Regel geschnupft, was bedeutet, daß es durch die Schleimhäute absorbiert wird. So dauert es einige Minuten länger, bis der Wirkstoff das Gehirn erreicht – und der Rausch ist zwar länger, aber milder, als wenn dieselbe Droge geraucht worden wäre. Zudem ist Crack an und für sich eine potentere Droge, die sehr viel intensiver, wenn auch kürzer, auf das zentrale Nervensystem einwirkt. So kommt es, daß der User sehr schnell dem Irrglauben verfallen kann, Crack sei sauberer als Kokain, ja, völlig sauber und somit kaum schädlich. Tatsache bleibt: Crack ist genauso sauber oder unsauber wie das Kokain, aus dem es deriviert worden ist.

Crack hat viele verschiedene Namen: Es wird unter anderem auch »Base«, »Freebase«, »Baseball«, »Rocks«, »Roxanne« und »Supercoke« genannt.

»Ich weiß nicht, wie das bei Ihnen in Europa ist. Hier, in den Vereinigten Staaten, sind die Dealer besonders phantasievoll, was Benennungen betrifft. Stellen Sie sich vor: Hier gibt es Drogies, die einem vollen Ernstes erzählen, daß sie nicht nur Base, sondern auch Freebase, nicht nur Rocks, sondern auch Roxanne kennen – und die dann anfangen, über die Vor- und Nachteile der einzelnen Drogen zu referieren. Tatsache ist, daß das alles derselbe Dreck ist: Kokain HC mit Backpulver aufgebacken und rauchbar gemacht: Crack ist der gängigste Name dafür!
Man ahnt kaum, wie naiv die Drogies sind – kleine Kinder auf der Suche nach geahnten Paradiesen!«

Charles B. K., Toxikologe und freier
Mitarbeiter der DEA

Crack wurde im Ursprung von und für Kokain-Konsumenten erdacht und entwickelt (designed), die gegen das Sniffen von Kokain fast immun waren und einen stärkeren Rausch wünschten, ohne das Kokain injizieren zu wollen: In diesem Sinne hat die Erfindung, besser: die Verbreitung des Crack auch durchaus mit der weitverbreiteten Angst vor Aids zu tun. Crack wurde auch für jene User

entwickelt, die nicht mehr als 10 oder 20 Mark am Tag für
Drogen ausgeben können oder wollen, wie auch für jene
Möchtegern-Kenner, denen man einreden kann, sie würden
den reinsten aller Stoffe rauchen. Vor allem aber wurde
Crack für solche Konsumenten »designed«, die sich seiner
zerstörerischen Wirkung nicht bewußt sind. Was den Dea-
lern am Crack gefallen dürfte, ist seine enorme suchterzeu-
gende Potenz: Für gewöhnlich muß eine Ware beworben
werden, um die Kundschaft zu erreichen; eine Ware aber,
die Sucht erzeugt, verkauft sich auch ohne Werbung gut.

»Natürlich nehmen wir harte Drogen! Die Leute denken, wenn Du Dich schwarz anziehst und mit Metall-
nieten schmückst und Dir 'ne wilde Frisur machst, bist
Du schon Punk-Musiker. Nein, nein, so einfach ist das
nicht. Wenn Du ein Punk-Musiker sein willst, mußt
Du wirklich fertig sein – und Du mußt alles mitspie-
len, was dazugehört. Die meisten Punk-Bands, die ich
kenne, sind auf Heroin. Wir nicht: Wir waren schon
von Anfang an auf Koks. Heute rauchen wir Crack,
wann immer wir es kriegen. Und wenn nicht, dann
schießen wir wieder Koks.«

Zoot, Schlagzeuger einer Punk-Band, 21 Jahre

Kokain HC (»cocaine hydrochloride«), schlicht Kokain
genannt und in der westlichen Welt meist gesnifft, gelegentlich auch injiziert, ist die Salzform des wasserlöslichen Alkaloids Kokain. Daß sogenanntes »freebase cocaine«, das
man später in Crack umtaufte, erheblich leichter zu rauchen
ist als das gewöhnliche Kokain HC und dabei maximale
Rauschwirkung entfaltet, wußte man in fortgeschrittenen
Kokser-Kreisen schon 1965. »Freebase cocaine« oder Crack
wird von einer Wasserlösung des Kokain HC gewonnen,
der man eine alkalische Substanz hinzufügt: Das Crack
wird dann in Äther aufgelöst oder ausgefiltert und kann
durch Evaporation entfernt werden. Eine andere Methode

besteht darin, Kokain HC in Wasser aufzulösen und Natriumbicarbonat hinzuzufügen, damit die Lösung alkalisch wird. Dann wird die Mischung erhitzt, bis alles Wasser verflogen ist und nur noch ein sogenannter »Kuchen« übrigbleibt. Diese Base, die bei beiden Herstellungsmöglichkeiten entsteht, wird dann in zunächst kleinen Mengen (anfangs höchstens 0,05 bis 0,1 Gramm) in einer kleinen Pfeife, meist eine Glaswasserpfeife, geraucht, wobei ein feines Metallsieb das Crack im Pfeifenkopf festhält, so daß es gänzlich verbrannt und geraucht werden kann. Tatsache aber bleibt, daß alle Verschnittstoffe, alle natürlichen und unnatürlichen Drogen, alle Gifte, die dem ursprünglichen Kokain HC beigegeben waren, im selben Verhältnis konvertiert und im Crack vorhanden sind. [...]

Die Geschichte der Drogen zeigt immer wieder, daß Menschen Probleme mit genau jenen Drogen haben, die nicht soziokulturell in ihrer Kultur eingebettet sind: Die Indianer und der Whisky sind ein gutes Beispiel dafür. Ein noch besseres Beispiel bietet heute das Crackrauchen (als intensivste Form des Kokain-Konsums und als eine der intensivsten Formen des Drogenkonsums überhaupt), vor allem im Vergleich mit der maßvollen Art, wie die Indios Koka konsumieren. Das Kauen von Koka-Blättern scheint, gemäß der Studien des Koka- und Kokain-Forschers Andrew Weil, dem Zahnfleisch wie auch den Zähnen gut zu tun: Das Zahnfleisch ist auch bei alten Leuten gut durchblutet, die Zähne sind stabil und weiß. Das Koka-Blatt enthält große Mengen von Vitaminen, insbesondere Thiamin, Riboflavin und Vitamin C. Die durchschnittliche Tagesdosis, die die Indios einnehmen (ca. 50–60 Gramm), entspricht ziemlich genau dem täglichen Vitaminbedarf der erwachsenen Menschen. Koka hat nicht nur eine wohltuende, regulierende Wirkung auf die Atmung, sondern reinigt auch das Blut von toxischen Metaboliten, vor allem von Urinsäure. Wichtig auch: Der Konsum von Koka hat für den Indio re-

ligiöse, soziale, medizinische und kulturelle Bedeutungen
und entfremdet den Konsumenten nicht von seinem sozialen Umfeld.

Crack und Kokain hingegen werden, in aller Kenntnis
der Gefahren, als reine Lustdroge genommen. In den aller-
meisten Fällen geht das mit der Ausschaltung anderer Lüste
und Vergnügen einher: Nahrungsaufnahme, Arbeitserfolge,
Schlaf, Hobbys, Sexualität, Familie, Freunde, Sport und
auch der gesamte Gesundheitszustand werden immer un-
wichtiger, rücken immer mehr in den Hintergrund. Alle
Werte werden entwertet, außer dem einen: Die illegale und
zerstörerische Beschäftigung wird für den Kokser oder
Crack-Raucher zur Hauptbeschäftigung, zum Lebensinhalt.
Die Sucht, die Zerstörung von Neurotransmittern im Gehirn und damit einhergehende soziale Schäden, entfernen
und entfremden den Kokser immer mehr von der Realität
und der Gesellschaft, der er eigentlich angehört. Bei Crack-
Rauchern kommt noch der sehr viel rapidere Gesundheits-
zerfall dazu: Das Rauchen von »freebase cocaine« führt zu
einem unheilbaren Lungenschaden, indem das Lungengewebe nach und nach unkorrigierbar austrocknet. [...]

Es ist immer wieder das gleiche Spiel: Wann immer eine
Droge, die vorher vielleicht unbekannt und schwer zu organisieren war, das Interesse der Medien auf sich lenkt und
durch ihre Kanäle »publik« gemacht wird, entsteht in Millionen von Köpfen sehr schnell die Neugier, sie kennenler-
nen zu wollen – und plötzlich ist die Droge auch recht leicht
verfügbar. Im selben Maße, in dem deutschsprachige Medien über das »Phänomen Crack« – als typisch amerikanische Problematik übrigens – berichteten, entwickelten
deutschsprachige Kokser, Polytoxikomanen und auch eher
vorsichtige Gelegenheitskonsumenten brennendes Interesse
an etwas, wovon sie kurz zuvor gar nichts gewußt hatten.
Im selben Maße kamen deutsche Drogen-Köche auf die
Idee, auch Crack zu kochen, weil sie sich ausrechnen konnten, daß das Interesse ausreichend geweckt war. Der einzige

Grund, warum es im deutschsprachigen Raum nicht mehr Probleme mit Crack gibt, ist, daß der Ausgangsstoff Kokain hier schon immer nur schwer zu bekommen war. Tatsache aber ist: Die Leute, die wirklich Interesse an Crack haben, die die Spielregeln kennen und die die geforderten Preise bezahlen, bekommen es auch hier. Denn auch beim Crack gilt, daß das Drogen-Angebot nicht etwa von Gesetzen, sondern einzig von der Nachfrage abhängig ist.

Da viele Crack-Dealer in Amerika zehn- bis zwölfjährige (fast ausschließlich farbige) Jungen sind, die selber hochsüchtig permanent rauchen, wird das Durchschnittsalter der amerikanischen Crack-User auf siebzehn bis achtzehn Jahre geschätzt. Vergleichbare fundierte Schätzungen gibt es für den europäischen Raum nicht, und zwar wahrscheinlich so lange, wie Crack in Europa kein Problem darstellt. Über den Daumen geschätzt, ist anzunehmen, daß das Durchschnittsalter der sehr viel selteneren europäischen Crack-Konsumenten um fünf bis zehn Jahre höher liegt. 28 Prozent von 200 regelmäßigen Crack-Usern, die von der sehr zuverlässigen, fast wissenschaftlich präzisen amerikanischen Drogen-Zeitschrift *High Times* interviewt wurden, haben angegeben, daß sie nach dem ersten Mal schon völlig süchtig waren. So entstand eine Fehlinformation aus einer Kombination aus Mythos und Persönlichkeitsschwäche. Fest steht nur, daß dem fünfminütigen Crack-Rausch so etwas wie eine ein- bis zweiminütige Depressionsphase folgt, während der der Konsument durchaus bedauert, wieder zurück in der Realität zu sein. Wenn nun jemand, aus welchen Gründen auch immer, in diesen höchstens zwei Minuten glaubt, für immer süchtig zu sein und sofort die nächste Pfeife stopft, dann passiert genau das, was im Sinne des Dealers ist: Er raucht so oft, bis seine körpereigene Dopamin-Produktion aussetzt – und er tatsächlich voll und ganz süchtig ist. Und ist einer erst einmal wirklich süchtig, dann kann er Crack nicht absetzen, ohne mindestens drei Tage währende Übelkeit, Genußunfähigkeit, Depressivität,

Tremor, Angstaufwallungen, bronchitische Hustenanfälle, Heiserkeit, Schwindel, Appetit- und Schlaflosigkeit durchzustehen. Dies fällt Personen mit labiler Persönlichkeitsstruktur natürlich schwer. In dem zitierten Artikel der *High Times* kamen auch gelegentlich User zu Wort, die ganz anderes zu berichten hatten: Sie rauchten höchstens alle drei oder vier Tage eine Pfeife Crack – und hätten noch nie Probleme mit Sucht gehabt. [...]

Der Gebrauch von Kokain HC kann in bestimmten Fällen tödlich sein: Die Droge überstimuliert das zerebrale Nervensystem; das kann zu Krämpfen führen, die das gesamte Atmungssystem zusammenbrechen lassen – so kann der Konsument an seiner Droge buchstäblich ersticken. Kokain erhöht auch den Blutdruck, was je nach Kondition oder Konditionsschwäche einen Herzinfarkt oder einen Hirnschlag bewirken kann. Der Herzinfarkt kann aber auch dadurch eintreten, daß die verengten Herzarterien dem Herzen nicht ausreichend Sauerstoff zuführen.

Das Rauchen von Crack kann ohne weiteres zu einem Atmungskollaps und Tod durch Ersticken führen, da die Atmungsapparatur und die Lungen brutal mißhandelt werden – sich gewissermaßen ständig am Rande des Kollapses bewegen. Die Herzgefäße werden zerstört durch das plötzliche Sich-zusammen-Ziehen der Blutgefäße. Das rapide Hochschnellen des Blutdrucks und des Herzschlags können Krämpfe und Herzversagen bewirken. Prinzipiell unterdrückt Crack im menschlichen Körper die Produktion verschiedener Enzyme, die für das Funktionieren des Herzens unerläßlich sind – und macht dadurch das Herz von vornherein anfällig.

Crack-Konsum muß nicht unbedingt tödlich enden, ist aber im höchsten Grade gesundheitsschädlich. Vor allem die Wirkung auf die Lungen ist katastrophal: Die Crack-Ablagerungen, schwarze klebrige Klümpchen, kann man auf dem Boden einer zwei-, dreimal gerauchten Crack-Pfeife bewundern. Das Sieb, das den Boden des Pfeifenkopfes bildet, muß regelmäßig ausgebrannt und immer wieder erneuert werden, weil es sonst bis zur völligen Undurchlässigkeit verstopft. Diese schwarzen, klebrigen Klümpchen setzen sich auch in den Lungenalveolen ab, ohne daß man die Lungen so reinigen könnte wie die Pfeife. Kurzatmigkeit, Lungenschmerzen bei der geringsten Anstrengung und eine immens erhöhte Anfälligkeit für Lungenkrankheiten aller Art sind die Folgen. Insgesamt also macht sich der Crack-Raucher mit jedem Rausch anfälliger für Herz- und Atmungsversagen, verursacht und vergrößert verschiedene Hirnschäden und erhöht die Menge der in seinem Körper deponierten Gifte.

»Ich habe etwas länger als ein Jahr Crack geraucht; anfangs drei, vier, am Ende gut und gern sechzig, siebzig Pfeifen am Tag: Es kam – ehrlich! – die Zeit, da konnte ich noch nicht einmal auf die Toilette gehen, ohne mich vorher mit einer Pfeife fitzumachen. Bestimmte Beschäftigungen konnte ich nur ausführen, wenn ich permanent rauchte. Ich habe dann in den USA in einem Spezialkrankenhaus entzogen, weil ich spürte, daß es so nicht mehr weitergeht.

Ursprünglich hatte ich immer gedacht, Crack sei sehr rein. Irgend jemand hatte mir auch erzählt, daß Crack nach spätestens 24 Stunden vom Organismus restlos abgebaut würde. Aber das müssen Kindermärchen gewesen sein: Meine Lungen sind total verklebt von irgendeiner schwarzen Scheiße, irgendwelches rekristallisiertes Zeug, das mir die Atemwege verklebt: Ich kann kaum tief durchatmen, ohne einen Hustenanfall zu erleiden – und das, wo ich seit sieben Monaten nichts mehr geraucht habe. Aber auch sonst bin ich fast wie ein alter Mann: Ich habe Gedächtnislücken wie mein eigener Großvater, und meine Konzentration ist eine Katastrophe: Ich kann oft Sätze nicht zu Ende führen, weil ich mitten im Satz vergesse, wie ich ihn angefangen hatte und worauf ich hinauswollte. Auch körperlich: Schlimm! Wenn ich drei Stockwerke Treppen steige, droht mir das Herz aus dem Hals rauszuspringen, dabei war ich früher Sportler! Und ansonsten habe ich überhaupt keine Toleranz, was Frustrationen angeht: Die kleinste Kleinigkeit – und ich fange an zu heulen. Ich muß auch zugeben: Seit meiner Crack-Zeit ist es mir nie wieder gelungen, an irgend etwas Freude zu empfinden. Ich zwinge mich einfach dazu, weiterzuleben, in der Hoffnung, daß ich irgendwann einmal wieder der alte sein werde. Viel Hoffnung habe ich allerdings nicht mehr!«

Jay, ehemals in Deutschland stationierter GI, 27 Jahre jung

Besonders gefährlich ist Crack für das ungeborene Baby: Tot- und Fehlgeburten und Babys, die gelähmt oder verkrüppelt geboren werden, sind bei Müttern, die während der Schwangerschaft Crack rauchen, keine Seltenheit. Am häufigsten sind Chromosomendefekte, Fehlentwicklungen der Genitalien, Herzschwäche und Fehlfunktionen des Gehirns. Diese Babys sind intellektuell gehandikapt und leiden unter einem geschwächten Immunsystem, die Sterblichkeitsrate liegt sehr hoch. Bei psychischen Schäden wird befürchtet, daß »Crack-Babys« später sehr anfällig für alle Formen schizophrener Erkrankungen sind.

Ingo Ilja Michels

Die Fun-Generation weiß sehr wohl zwischen Spaß und Lei-stung zu unterscheiden. Es fehlt jedoch der Wunsch, sich von dem Erfolgsprinzip der Eltern abzugrenzen, Leistung ist durch-aus positiv besetzt. Neue Drogen wie Ecstasy fördern Spaß und Leistung, führen aber nicht zwangsläufig in die selbstzerstöreri-sche Abhängigkeit. Ingo Ilja Michels, Soziologe und Drogenbe-auftragter in Bremen, untersucht Aufkommen und Verbreitung von synthetischen Drogen im Zusammenhang mit einer gestei-gerten Erlebniskultur.

Designer-drug-panic

Als Crack auf dem Mark erschien, galt diese Substanz als die absolute *Killerdroge*. Lange war nicht klar, was das ei-gentlich ist, und auch heute noch erzeugt diese Buchstaben-kombination Panik. Und noch immer ist es schwer, die me-dienwirksame Aufarbeitung der *Crack-Horrorstory* rational zu behandeln. Das gelingt nicht einmal immer in der Fach-diskussion. Tatsächlich liegen aber die Probleme beim Dro-genkonsum in der *Art* des Konsums, der bestimmte Risiken birgt, und nicht in erster Linie in der Wahl des Mittels. Und das gilt auch für die Substanz MDMA, besser bekannt als Ecstasy. Eigentlich ist es aber vor allem ein Problem der Po-litik oder der Fachwelt (Medien, Ärzte, Drogenberater u. a. m.), die ein wenig fassungslos vor diesem neuen Phäno-men stehen. Erstaunlich ist diese Verunsicherung schon, handelt es sich doch bei der heutigen Elterngeneration um diejenigen, die die gleiche Fassungslosigkeit spüren mußten, als sie vor zwanzig Jahren Cannabisprodukte rauchten oder LSD probierten. Es scheint, als würde das *Übel der Welt* noch immer gern auf psychotrope Substanzen projiziert.

So titelte die Bremer Anzeigenzeitung *Weser Report* im Januar 1995: »Ecstasy: Die Discodroge«. »Kids im Ecstasy-

Rausch. Keine Techno- oder Rave-Party ohne Ecstasy. 80 %
aller Besucher der Bremer Rave-Diskotheken konsumieren
die Modedroge, so die alarmierende Feststellung der
Kripo.« Dabei hatte das kleine Bremer Blatt nur nachvoll-
zogen, was die Medien-Trendsetter schon im Vorjahr vorex-
erzierten. Die Zeitschrift *Tempo* titelte im September 1994:
»Gut für Sex, schlecht für die Nieren. Klarheit über Ecstasy.
Soll man von den bunten Pillen kosten?« Im gleichen
Monat erschien der *Stern* mit dem Aufmacher: »Party-
droge-Ecstasy. Nur Psychopillen für die Endlosnacht oder
Einstieg in die Sucht?« Und im Februar 1995 erschien *Die
Woche* mit dem Titel: »Die neue Kultdroge. Ecstasy ist die
Modedroge der Jugendszene. Die Glückspille aus dem Labor macht nicht süchtig. Soll sie erlaubt werden?«, und gibt
zugleich das Umfrageergebnis eines beauftragten Meinungs-
forschungsinstitutes bekannt, das diese Frage eindeutig beantwortet, nämlich: 82 % der Befragten waren der Auffassung, diese Droge sollte verboten werden. Diese möglicherweise oder gar wahrscheinlich repräsentative Auffassung
deutet darauf hin, wie groß die Ängste sind, die in der Allge-
meinbevölkerung hinsichtlich dieser Substanz und ihres
Konsums bestehen – wohl im Gegensatz zur Position der
Redaktion der *Woche*. Denn die vertritt die These: »Rauschmittel gehören zu unserer Kultur und sind deshalb nicht zu
verbieten. Statt die Konsumenten zu kriminalisieren, sollte
der Staat lieber den Giftmischern das Handwerk legen.«

Doch um was für ein Phänomen handelt es sich eigentlich? Was hat hier eigentlich eine Substanz ausgelöst, die
u. a. 1912 durch das deutsche Chemieunternehmen Merck
synthetisiert worden war (zu deren Vermarktung es aber
nie gekommen ist), die in den fünfziger Jahren von der US-
Armee im Rahmen der Suche nach einer »Wahrheitsdroge«
getestet und erst Mitte der sechziger Jahre durch den Wissenschaftler Alexander Shulgin auf ihre psychedelischen
Wirkungen hin erprobt wurde? Alexander Shulgin und
seine Frau Ann heben dabei insbesondere auf die Möglich-

keiten ab, die Ecstasy-Substanz MDMA als Psychotherapeutikum zu nutzen, als – wie sie es nennen – »Penicillin der Seele«. In einem Interview beschreibt Shulgin diese Erfahrung: »Jahrelang habe ich einmal pro Woche MDMA genommen, meistens als Inspiration beim Schreiben. Bei mir selber und auch in unserer Forschungsgruppe haben wir keinerlei körperliche Beschwerden bemerkt.« Für Shulgin gehören MDMA und Musik eigentlich auch überhaupt nicht zusammen: »Ecstasy hilft einem besonders beim Nachdenken über sich selbst, Musik lenkt da nur ab.« Er beschreibt die Wirkung von MDMA in Stichpunkten wie folgt: »Öffnend, nicht paranoid, ehrlich, offenbarend, warm, erinnernd, familiär, nicht bedrohlich, authentisch freundlich«, und seine Frau Ann fügt hinzu: »Aufschlußreich, selbstbejahend, balancierend, humorvoll, friedlich, verbindend, liebend, anerkennend, heiter, optimistisch.«

Wie kommt es, daß eine Substanz, die von denjenigen, die sie ursprünglich zu psychotherapeutischen Zwecken erprobt und genutzt haben, derartig positiv wahrgenommen wird und gleichzeitig von der Bundesregierung und ihrem Bundesdrogenbeauftragten zum neuen Menetekel der Verderbnis gemacht zu werden droht? Das Bundeskriminalamt richtete sogar eine Zentralinformations- und Auswertungsstelle zur Sonderauswertung für Ecstasy ein und berichtete besorgt, daß unter den erstauffälligen Konsumenten harter Drogen in den ersten sechs Monaten des Jahres 1995 der Anteil von Ecstasy-Konsumenten bei rund 12 % lag und in den letzten Jahren hohe Steigerungsraten aufwies. Auch die Sicherstellungen von Amphetamin-Derivaten und Ecstasy haben seit der erstmaligen gesonderten Erfassung im April 1994 ständig zugenommen, von rund 22000 Konsumeinheiten (in diesem Falle: Tabletten) im April 1994 auf 240000 im Dezember 1995. Davon sind allein in Nordrhein-Westfalen rund 120000 Konsumeinheiten und in Rheinland-Pfalz 34000 sichergestellt worden, wobei auch die Häufigkeit der Sicherstellungen in diesen beiden Bundesländern an der Spitze lag. Dies wiederum kann nicht verwundern, da sich die Ermittlungsschwerpunkte dieser beiden Länder auf Ecstasy konzentrierten: schließlich fungieren sie für den Handel aus holländischen Labors als Transitländer.

Was aber verbirgt sich hinter solchen Zahlen? Zweifellos besteht ein Zusammenhang zwischen einer neu aufkommenden Erlebniskultur im Rahmen von House- und Rave-partys und dem Konsum einer psychotropen Substanz, die offensichtlich in das Setting dieser Kultur paßt. Einer Kultur, die sich nicht nur in Nischen bewegt, sondern sich zunehmend der Öffentlichkeit präsentiert, insbesondere auf der sogenannten Loveparade in Berlin oder auf großen Massenpartys (etwa in der Dortmunder Westfalenhalle), den sogenannten Maydays. Waren es Ende der achtziger Jahre in Berlin einige Tausende, die bei der Loveparade auf die Straße gingen, so kamen zu diesem Ereignis im Jahr 1994 bereits über 100000, im Jahr 1995 schon nahezu 300000 und 1996 sogar über 700000 Teilnehmerinnen und Teilnehmer. Sie demonstrierten der staunenden Berliner Bevölkerung, die – an vieles gewohnt – tolerant, aber in preußischer Zurückhaltung zuschaute, was es mit diesem Phänomen wohl auf sich habe: Ein Rausch- und Ekstaseerlebnis, bestimmt durch Dauertanz, Friedlichkeit, Fröhlichkeit und Gewaltfreiheit. Der *Stern* läßt in seiner Reportage die »zierliche schwarzhaarige Miriam« wie folgt darstellen: »Miriam hüpft auf die Tanzfläche zurück wie ein Gummiball. Sie taucht ein in die Menge in immer gleichem Rhythmus, und dann sagt Miriam: ›Von Gewalt ist in dieser Szene nichts zu spüren, wenn ich mir andere angucke, die in ganz normale Discos gehen, sich totsaufen und um am Abend drei Schlägereien überstehen müssen und blöde Anmache, dann ist Techno tausendmal besser. Wenn ich Pillen schmeiße, bleibe ich, wer ich bin, nur besser, offener, und dann hat man Lust, Dinge zu sagen, die du dich normal nicht traust. Du möchtest die Welt umarmen, und die anderen verstehen dich, weil sie genauso drauf sind.‹« Und einer der Trenddiscjockeys der Technoszene, Sven Väth, ergänzt im gleichen *Stern* auf die Frage, ob die Technokids die Blumenkinder der Neunziger seien: »Ja, vielleicht, aber ich brauch da keine Parolen für. Der Zustand, den die Leute haben, die auf Technopartys zusammenkommen, hat was mit Gemeinschaft zu tun, sie wollen Gefühle teilen, zusammen lachen, vielleicht auch was erzählen, aber sie kommen friedlich zusammen, es gibt kaum Aggressionen. Techno ist ein neuer Baum in einem Wald, der Musik heißt. Ein Baum, der wächst, der verschiedene Äste bekommt, die einen werden stärker, die anderen faulen ab, aber der Kern ist gesund und so wächst der Baum immer weiter.« Auf die Fage des *Stern*, ob es dazugehöre, daß ein Teil der Leute auf den Partys Drogen nehme, erwiderte Väth: »Es ist natürlich ein Desaster, daß Techno mit Drogen verbunden wird. Auf jedem Heavy-Metal-Konzert werden Drogen genommen. In jeder Schickimicki-Disco wird gekokst, und wir sind jetzt die Buhmänner, nur weil es bei uns relativ offen passiert. Wichtig ist, daß wir unsere Leute aufklären und daß man darüber spricht, was sie da nehmen. Ich sag aber auch, für Jugendliche ist das gefährdend und steh auch dazu.«

Väth rät dennoch zu Gelassenheit, ganz anders als die Bundesregierung, ihr Drogenbeauftragter und ein verunsichertes Drogenhilfesystem. Auch die Polizei sieht das Phänomen und ist ein wenig ratlos. So hat die bereits zitierte Bremer Kripo Schwierigkeiten mit dem jugendlichen Alter der meisten Konsumenten in dieser Szene: »Unsere Leute sind natürlich meist älter, was es uns fast unmöglich macht, in die Szene einzudringen«, erklärte einer der Drogenfahnder. Auch das BKA sieht das so: »Die Konsumenten von Ecstasy sind in der Bundesrepublik überwiegend Angehörige der Mittelschicht und stammen in der Regel aus intakten Familienverhältnissen. Das Alter bewegt sich zwischen 15 und 25 Jahren, es handelt sich häufig um Schüler bzw. bereits im Berufsleben stehende Jugendliche. Die meisten von ihnen sind bislang noch nicht polizeilich in Erschei-

nung getreten. Bzgl. des Eigenkonsums ist nur ein gering
ausgeprägtes Unrechtsbewußtsein vorhanden. Oftmals sind
die Ecstasy-Konsumenten sozial unauffällig und somit für
die Polizei auch nicht erkennbar.«

Was also ist das Problematische? Sicher, die Polizei muß
eingreifen, ihr Handlungsspielraum ist nach dem Legalitäts-
prinzip sehr eingeengt, soweit die in Frage kommenden
Substanzen, also MDMA und seine verschiedenen Derivate
den strengen Regelungen des Betäubungsmittelgesetzes un-
terstehen. Aber es ist nicht nur dieser Handlungszwang, der
es verhindert, mit jugendlichen Drogenkonsumenten gelas-
sener umzugehen, sondern es ist vor allem die weiterbeste-
hende Mythologisierung der Drogenproblematik, die von
Quensel wohl zu Recht als »Gedankengefängnis« bezeichnet wurde. So kann ein führender Kriminalist, wie Günther
Hirschfeld vom Landeskriminalamt Nordrhein-Westfalen,
in einer kultursoziologischen Untersuchung des Techno-
Szenen-Phänomens zu der Auffassung gelangen, daß die
Einführung des Opportunitäts-Prinzips für Polizei und
Staatsanwaltschaft längst überfällig sei, und gleichzeitig fordern, die dadurch freiwerdenden Ressourcen sollten für die
Bekämpfung der Ausbeuter und Nutznießer der Drogensucht, sprich des Drogenhandels, eingesetzt werden. Dies
sei aufgrund der vermeintlichen Griffnähe zu anderen
Rauschgiften wie Heroin oder Kokain geboten. Damit allerdings ignoriert er alle zugänglichen epidemiologischen
Untersuchungen über die Ecstasy- und Amphetamin-
Szene, die besagen, daß die Szenekulturen relativ streng
voneinander getrennt sind. Das soll nicht heißen, daß Kokain oder LSD nicht auch innerhalb der Partykultur eine
zum Teil größer werdende Rolle spielen und daß sich durch
die zunehmende Kriminalisierung der Szene auch die Formen des Vertriebs und die Formen des Konsums verändert
haben, die Szene rauher und härter geworden ist. Dennoch,
kultursoziologisch ist es wichtig, festzustellen, daß die Par-
tydrogenszene und die Technomusikszene eben keine He-

roinszenen sind. Die Redakteure der Zeitschrift *Die Woche* haben das auf den Punkt gebracht: »Ob sie nun Christine heißen oder Marcel, Stefan, Kathrin oder Per, ob sie ins Frankfurter Soundso, ins Münchener DaDaDa oder ins Berliner Hier und Jetzt pilgern. In deutschen Großstädten feiern jugendliche Partyszenen sich die letzten Fettreserven vom Körper. Es sind sportliche Menschen. Männer und Frauen, die viel von Fitneß halten und vom Body sprechen, wenn sie ihren Körper meinen. Sie wollen gut drauf sein und happy. In den Diskotheken berühren sie einander, schreien entzückt ihre Freude hinaus, befummeln sich, ohne daß es zum Sex kommt. Es sind die Kinder der 68er-Generation, die das Vergnügen lieben, aber eingesehen haben, daß ohne Arbeit viele schöne Dinge des Lebens nicht mehr zu finanzieren wären. Aus sich herausgehen können sie deshalb nur am Wochenende. Dann aber wollen sie für alles entschädigt werden, was ihnen die grauen Werktage nicht bieten. Spaß ohne Reue … Doch während Haschisch und Marihuana mit dem Stigma des Ausstiegs aus einer gemeinen und verständnislosen Gesellschaft verbunden waren, ist Ecstasy der ›Realo‹ unter den Drogen, denn Ecstasy macht nicht schlaff und träge. Wer am Samstag die Glückspille einwirft, wird am Montag weiter studieren, malochen und der Steigerung des Bruttosozialprodukts dienen.«

Dies freilich nur, wenn es gelingt, an diesem Umstand realistisch anzusetzen und gesundheitliche Folgeschäden, die durch dauerhaften Konsum und durch die Begleitumstände des Konsums natürlich entstehen können, zu verhindern. Das sieht übrigens auch das BKA so. In seiner speziellen Information zu Ecstasy sagt das BKA: »Oftmals ist nicht die primäre Giftwirkung gefährlich, sondern vielmehr die szenetypischen Begleitumstände des Konsums, d. h. der Drogenmißbrauch in Verbindung mit körperlichen Dauerbelastungen … Maßgeblich für die Wirkungsweise der Amphetamin Derivate ist das sogenannte Setting, d. h. der Einfluß der Umgebung, in der konsumiert wird. Der Konsum

in einer Gruppe gleichaltriger Personen, die die gleichen
Nahziele haben, die ›peer group‹, bewirkt eine Verhaltens-
veränderung der Konsumenten in dieser Gruppe.« Es ist
richtig, daß die Gruppendynamik solcher Situationen natürlich leicht zur Überschätzung der eigenen Grenzen führen
kann, aber die Beschreibung dieses Phänomens verführt die
Analytiker des BKA m. E. zu einer etwas gewagten Hypothese. Sie definieren nämlich das Phänomen der ›peer
group‹ als eigentlich problematisches Antriebspotential zu
realen Gefährdungssituationen. Es heißt: »Die Einnahme
bereits geringer Dosen von Amphetamin-Derivaten kann
innerhalb besagter Gruppen für die Entwicklung von le-
bensbedrohlichen Zuständen und Psychosen verantwortlich
sein, die ansonsten bei einzelnen Individuen nicht beobachtet werden.« Diese Hypothese stützen die BKA-Autoren
auf Erfahrungen aus Tierversuchen, in denen Versuchstiere
– in Gruppen gehalten – zeigten, daß auch geringe Dosie-
rungen psychotroper Substanzen, wie Amphetamin oder
Ecstasy, zum Zusammenbruch des fein ausbalancierten So-
zialgefüges führen. Die Folge waren extremer Streß, Aggressionen und der Tod der Tiere.

In dieser Analogie müßte nun geschlußfolgert werden,
daß aus Gründen des Gesundheitsschutzes die Bildung von
»peer groups« verhindert werden müßte, während umgekehrt ein realitätsbezogener Präventionsansatz – etwa von
»Eve & Rave« in Berlin – die Peer-Group-Identität gerade
nutzt, um Gruppenstabilität zu erreichen und somit auch
Stabilität von Präventionsbotschaften und damit die Einlei-
tung von entsprechenden »safer use«-orientierten Hand-
lungsschritten. Ich vermute, daß diese bundespolizeiliche
Einschätzung auch die gesundheitspolitisch hergeleitete Legitimation repressiver Maßnahmen begründet, die die Polizei im wohlverstandenen Interesse des Jugendschutzes
durchführt. Ich befürchte allerdings, daß die angesprochene
Szene dies ganz anders wahrnimmt und daß durch die zunehmende Repression ein verhängnisvoller Kreislauf in

Gang gesetzt wird, den wir im Bereich anderer illegalisierter Drogen bereits kennen: Strafverfolgung führt zu weiteren klandestinen Formen des Konsums und des Vertriebs; die Zugriffsmöglichkeiten auf den Vertrieb werden geringer; die Möglichkeiten, die Stoffqualität zu überprüfen, ebenfalls; die Möglichkeiten, präventiven Einfluß auf die Szene zu gewinnen, schwinden. Die Folge ist, daß ein Teil der insbesondere Ecstasy konsumierenden Jugendlichen nicht mehr durch Gesundheits- und sozialintegrative Angebote angesprochen wird und möglicherweise in die altbekannte Tretmühle zwischen Strafverfolgung, Psychiatrie, Gefängnisaufenthalt und Abgleiten in eine gesundheitlich und sozial ausgegrenzte Szene gerät. Ich will deshalb kurz auf eine etwas andere und meines Erachtens außerordentlich differenzierte Beschreibung der Phänomenologie und Kultursoziologie der Partydrogen-Szene eingehen, zu der der Mainzer Pädagoge Christian Rausch im *Mitteilungsblatt der Aktion Jugendschutz* Mitte 1995 einen sehr interessanten Beitrag veröffentlicht hat. Rausch plädiert für einen realitätsbezogenen Weg der »harm reduction«, der Schadensminimierung, um mit Tips zu risikolosen Rahmenbedingungen – im Sinne von »safer use« – Einfluß auf das Setting des Konsums nehmen zu können. Noch immer wird diese Strategie von nicht wenigen als Anstiftung zum Konsum begriffen, obwohl sie offensichtlich einen Beitrag zur Gesundheitsvorsorge und zur Kultivierung von Rauschbedürfnissen zu leisten vermag. Insgesamt, so Rausch, müsse erwartet werden, daß Jugendliche sich durch Abschreckung und juristische Verfolgung von ihrem Konsum nicht umfassend abhalten lassen werden. Rausch versucht daher, das Phänomen des Konsums in seiner Dialektik zu begreifen: Auch wenn MDMA und die ihm verwandten Substanzen einerseits keinesfalls *nur* »harmlose Drogen« seien, so seien sie doch andererseits eher als »sanfte Halluzinogene« zu bezeichnen und nicht umsonst in die Gruppe der sogenannten Entaktogene eingereiht, also »das Innere berührende« Drogen, deren Wirkungen Gefühle, Gedanken und Sinnenreize stimulierten, bei denen es leichter falle, sich in andere Personen einzufühlen, mit ihnen unverkrampft und offen umzugehen. Und diese Wirkungen korrespondierten durchaus mit einem spezifischen Lebensgefühl vieler Jugendlicher. Dabei versteht Rausch die Jugend in der heutigen Zeit als Phase der gleichzeitigen Individuation und Integration in eine immer unübersichtlicher werdende (Welt-)Gesellschaft, die geprägt sei von der Segmentierung von Lebensbereichen, der Schwächung traditioneller Milieus und Bindungen sowie kollektiver Lebensentwürfe, der Individualisierung von Werteorientierungen, der Verinselung unterschiedlicher Aktivitäten, dem Rückzug in die Innerlichkeit bei gleichzeitig hoher Arbeitsorientierung, der wachsenden Bedeutung des Freizeit- und Konsumsektors und nicht zuletzt dem gesellschaftlichen Anspruch, immer fit, dynamisch und gut drauf sein zu müssen. Gleichzeitig verurteile die Informations- und Multimediagesellschaft »unsere Gehirne zur Vollbeschäftigung, während die Seele verhungert und der Körper etwa am Computerarbeitsplatz oder vor dem Fernsehgerät durch Bewegungsarmut vernachlässigt wird«.

Für Christian Rausch ist es deshalb auch kein Wunder, daß eine entaktogene Droge wie Ecstasy benutzt wird, um die unerwünschten Effekte der gegenwärtigen gesellschaftlichen Entwicklungen zu kompensieren. Denn immerhin sei Ecstasy – oder habe zumindest das Image – eine ganzheitlich machende Droge und führe zu einer gewaltigen Ent-Stressung, wie Rausch es nennt: »Während sich Techno-Jugendliche als Ausgleich den technisch produzierten und pharmakologisch entworfenen Vergnügungs- und Erlebniszuständen aussetzen, bringen sie gleichzeitig eine romantische Sehnsucht nach Menschlichkeit und Natur zum Ausdruck. Für viele, so läßt sich vermuten, ist der Konsum von Partydrogen in Wahrheit ein erster Selbstheilungsversuch oder der Versuch der Bewältigung eines zerrissenen Lebens zwischen Leistungsorientierung und Erlebnis- und

Freizeitorientierung in der Konsumgesellschaft ... Die innerpsychische Entspannung dürfte die zentrale Erlebnisqualität von ›Techno-feeling‹ sein. Transzendente Träume der postmodernen Gesellschaften werden hier im praktischen Vollzug von Ekstase und Sinnlichkeit realisiert ... Technomusik und Technokultur vermitteln demnach nicht nur spezifische Unterhaltungserlebnisse mit Tiefenwirkung, sondern eine ersehnte Neuformierung von Innenräumen und erlebbarem Zusammenhalt. Jugendliche suchen und finden dabei das eigene Selbst im Zustand von Musik und drogentechnisch indizierter Trance. Ecstasy-Konsum kann gleichzeitig jedoch auch als Eintrittskarte in eine attraktiv wirkende Subkultur analysiert werden. Die Droge ist heute etwa so in der zeitgenössischen Jugendkultur eingebunden, wie in den siebziger Jahren das Haschisch. Es ist eine Zeitgeistdroge, die vor allem mit den Attributen ›länger, schneller, weiter‹ verbunden wird. Möglichst lange gut drauf sein, möglichst lange den Alltag vergessen, das sind die meist genannten Erwartungen, die mit Ecstasy-Konsum verbunden werden ... Diese körperlichen und psychisch erfahrbaren Erlebnisqualitäten, die Technobesucher als besondere Sensationen beschreiben, werden als zeitweise körperlich sinnlich, seelische Befreiung und Ablenkung empfunden. Unter den Lebensbedingungen einer durchrationalisierten Erlebniskonsum- und Mosaikkultur gilt der Körper als der letzte Abenteuerspielplatz, auf dem zeitweise das Leiden an der Alltagsrealität als Zerstreuung gelindert werden kann. Diese Ablenkung hebt die Dialektik zwischen Ich und Welt auf« (Rausch).

Wenn wir uns diesen Zusammenhang klarmachen, werden wir unsere Präventionsmaßnahmen auch realistischerweise auf das zurücknehmen müssen, was sie real ausrichten können: Abhängigkeit zu verhindern und den kontrollierten Umgang im Sinne eines Genußkonsums zu unterstützen, um gesundheitliche, soziale und psychische Folgeschäden zu reduzieren oder rückgängig zu machen. Auf diesem

Weg befindet sich übrigens der überwiegende Teil der Drogenhilfe, soweit er sich mit diesem Phänomen überhaupt befaßt hat. Es gibt mittlerweile zahlreiche Broschüren, Plakate und Entwürfe von Kampagnen, die in diese Richtung gehen und zielgruppenspezifisch die Konsumenten dieser Substanzen ansprechen wollen: die realitätsbezogen sind, die versuchen, glaubwürdig die positiven Effekte und die Risiken des Konsums dieser Substanzen darzulegen, die Tips geben zur Verhinderung von Folgeschäden, die Anregungen geben zum Ausstieg aus den Strukturen des Gefangenwerdens in diesen Lebenswelten, die nicht moralisieren und eine lebensweltbezogene Sprache und Aufmachung zu entwickeln versuchen. Diese Aspekte einer Prävention ohne Angst und ohne Repression sollten gefördert werden – ein panisches Umsichschlagen führt dagegen wohl kaum zum Erfolg. Nur so können wir verhindern, daß erneut der Konsum einer bestimmten psychotropen Substanz in die Mangel ideologisch begründeter, dogmatischer Fixierungen gerät, die die Konsumenten an den Rand drängen und die letztlich keine wirklichen Hilfen organisieren können, sondern lediglich zur Stigmatisierung und Ausgrenzung derjenigen beitragen, denen man eigentlich helfen will.

DIETER LADEWIG

In ihrem Song »Mother's Little Helper« formulierten die Rolling Stones schon 1966 ein wachsendes Problem: Gestreßte Eltern versuchen Stimmungsschwankungen durch Pillenkonsum aufzufangen. Heute ist Medikamentenabhängigkeit ein weitverbreitetes Phänomen. Über die Hintergründe informiert Dieter Ladewig.

Rausch auf Rezept

Während im Bereich der illegalen Drogen häufig das Bild von der Spitze des Eisberges benützt wird, gilt dies bei den legalen Mitteln in fast analoger Weise. Auch hier ist der Weg von der Produktion bis zum Endverbraucher weit und kompliziert. Auch hier werden Zahlen »umgesetzt«, deren Verbindlichkeit zu hinterfragen ist. Bekannt sind die Produktionsverhältnisse, und insbesondere im Bereich der Psychopharmaka liegen definierte und operationalisierte, verbindliche Schritte vor, wie der Weg vom Produzenten zum Konsumenten international und national – eingeteilt nach Stoffklassen unterschiedlicher Gefährdungsgrade – kontrollierbar ist. Ein Problem der Verschleierung ist durch den internationalen Handel gegeben; durch Ausfuhr der Länder und in Länder, die keinem internationalen Kontrollabkommen unterliegen, liefen in der Vergangenheit bestimmte Präparate immer wieder Gefahr, in einen Graumarkt zu entgleiten.

Bezüglich des Marktvolumens der 15 wichtigen Arzneimittelgruppen machen Psychopharmaka (inkl. Schlaf- und Beruhigungsmittel) 4,6% und Schmerzmittel 3,3% aus. Obwohl sich in den letzten Jahren aus Sicht der Forschung und der klinischen Praxis bei den Schmerzmitteln ein Trend zur Verwendung von sogenannten Monosubstanzen entwickelt hat, stehen immer noch Kombinationsschmerzmittel an erster Stelle. Wie weit bei den führenden Kombinationspräparaten das darin enthaltene Koffein oder aber die für derartige Spitzenprodukte auffallend intensive Werbung (in der Laienpresse, im Fernsehen und sogar auf der Rückseite von Fahrkarten) verantwortlich ist, muß offen bleiben. In der Schweiz wurde bereits Ende der sechziger Jahre in einem Gentleman's Agreement von den Herstellern auf Publikumsreklame für Schmerzmittel verzichtet.

Die Gruppe der Benzodiazepin-Präparate bildet den größten Anteil an Medikamenten, die in gängiger Weise als

Beruhigungsmittel und Schlafmittel bezeichnet werden. Schätzungen über Gebrauch und Mißbrauch sind schwierig. Es soll in der Bundesrepublik ca. 600 000–700 000 »Lang-frist-Konsumenten« geben. Darunter finden sich vor allem Frauen und Personen in höherem Lebensalter. Im folgen-den sei auf die Menschen, die längerfristig und regelmäßig Arzneimittel mit einem Abhängigkeitspotential benützen, näher eingegangen.

Eine erhöhte Anfälligkeit für Störungen des unwillkür-lichen Nervensystems, für Kopfschmerz, für Schlafstörun-gen und andere vegetative Störungen kann zur Tablettenab-hängigkeit führen.

Ob und wann bei einer Befindlichkeitsstörung, z. B. bei Kopfweh, eine Schmerztablette eingenommen wird oder nicht, hängt nicht nur von der Art und Intensität des Schmerzes, sondern auch von Haltungen und Normen ab. Diese wiederum beeinflussen die Häufigkeit wahrgenom-mener Befindlichkeitsstörungen. So äußerten Studienanfän-ger im Fach Medizin im Verlaufe der 1970er bis zu den 1980er Jahren eine Abnahme von Befindlichkeitsstörungen. Die Antizipation späterer Leistungsanforderungen und här-terer Wettbewerbsbedingungen führten möglicherweise zu einer verstärkten Abwehr allfällig wahrgenommener Stör-bereiche.

Medikamente verändern das Befinden, sie lindern oder beseitigen nicht nur Symptome, sondern sie verursachen – je nach ihrer chemischen Zusammensetzung – psychoaktive Wirkungen, die als angenehm empfunden werden. Die Me-dikamente, die am häufigsten zu Abhängigkeit führen, sind Schmerz-, Beruhigungs- und Schlafmittel. Bei den Schmerzmitteln sind es insbesondere jene, die neben dem entzündungshemmenden Effekt noch einen psychoaktiven Wirkungsanteil haben (Koffein oder Kodein oder eine se-dierende Beikomponente). Dieser Effekt bedingt bei wie-derholter oder regelmäßiger Einnahme eine Gewöhnung mit nachfolgender Dosissteigerung und Abhängigkeit. War früher diese Abhängigkeitsentwicklung vor allem Folge einer Selbstmedikation, ist die Abhängigkeit heute Folge jahrelanger Verordnungen von entsprechenden Medikamenten, vorwiegend bei Frauen und bei älteren Menschen.

Die Häufigkeit von Verordnungen von Beruhigungs- oder Schlafmitteln an ältere Menschen bedarf sorgfältiger Abwägung. Der alte Mensch erkrankt nicht nur monosymptomatisch an einer typischen Erkrankung. Häufiger ist das Auftreten diskreter Störungen und psychosozialer Belastungen, die in Wechselwirkung mit der Verschlechterung des psychischen Zustandes auch zur psychischen Dekompensation führen können. Dabei werden Ängste, depressive Verstimmungen, Schlafstörungen mobilisiert oder akzentuiert, die eine Pharmakotherapie nahelegen. Eine solche bringt kurzfristig Entlastung, längerfristig nicht selten eine Verschleierung und Chronifizierung der Störung, weil Gesamtbefinden, Tagesstruktur und Lebensqualität des Betroffenen therapeutisch ungenügend beachtet werden. Altern allein ist keine Krankheit, und wenn ein alter Mensch eine ärztlich indizierte Behandlung benötigt, sollte sich eine Verschreibung von Beruhigungs- oder Schlafmitteln auf das unbedingt Notwendige beschränken.

Ursache für den Mißbrauch von *Schmerzmitteln* sind vor allem chronisch rezidivierende Schmerzen, insbesondere Kopfschmerzen oder Spannungszustände, die auf seelische Konflikte folgen. Aufgrund der Wirkungszusammensetzung dieser Tabletten und insbesondere dann, wenn sie stimulierende und beruhigende Beikomponenten aufweisen, wird nach längerer Einnahme ein paradoxer Effekt im Sinne einer Anregung oder Leistungssteigerung empfunden. Dieser Effekt bindet die betroffene Person an das Medikament, insbesondere dann, wenn sich eine gewisse Depressivität entwickelt hat. Wir fanden in früheren Untersuchungen bei Personen, die schmerzmittelabhängig wurden, Merkmale einer nach außen gewandten Leistungsorientiertheit bei einer gleichzeitig erhöhten Empfindsamkeit mit Neigung zu

Gefühlsabwehr, Ängstlichkeit und Depressivität. Die Leistungsorientiertheit äußerte sich in der Erwartungshaltung,
alles richtig und gut machen zu wollen, im Bedürfnis, Span-
nungen aus dem Wege zu gehen, auch in einer mangelnden
Fähigkeit, sich durchsetzen zu können oder auch in Unent-
schlossenheit im Kontaktbereich, indem Kontakte zwar
grundsätzlich erwünscht waren, aber ideal sein sollten.

Alkohol und Schlafmittel stehen in einer Wechselwirkung. Beim Schlafmittel Ungewohnten bedingt Alkohol
eine Verstärkung der Wirkung. Alkoholgebrauch stellt einen Risikofaktor für den Gebrauch von *Beruhigungs-* und/
oder *Schlafmitteln* dar, wenn der Alkohol über lange Zeit
und in hohen Dosen konsumiert wurde. Der an Alkohol
Gewöhnte schläft allmählich schlechter; Schlafmittel wirken
zunächst normal dosiert, später nurmehr in höherer Dosierung (Toleranzentwicklung). Der Alkohol aktiviert bestimmte Entgiftungsfunktionen der Leber, die sich bei
Einnahme von Beruhigungs- oder Schlafmitteln auf diese
übertragen und zu einem rascheren Stoffwechsel dieser Medikamente führen. Dies äußert sich z. B. in einer nurmehr
kurzfristigen und schwächeren Wirkung des eingenomme-
nen Medikamentes. Entsprechend werden höhere Dosen
notwendig, um den gewünschten Effekt zu erzielen. Hiermit wächst das Risiko einer Abhängigkeit. Weitere Risiko-
bereiche liegen im zwischenmenschlichen Bereich und entstehen etwa im Zusammenhang mit Partnerschaftskonflik-
ten, familiärer und beruflicher Anspannung.

Nach monate- und jahrelanger Gewöhnung an *Schlafmittel* entwickelt sich eine Erwartungsangst, ohne diese Medikamente nicht mehr schlafen zu können. Jetzt wird das Präparat regelmäßig zur Vorbeugung genommen. Die Empfeh-
lung, Schlafmittel häufig zu wechseln, um die Entstehung
einer Toleranz zu vermeiden, ist zwecklos. Auch bei Schlaf-
mittelwechsel müssen zum Wirkungseintritt die entsprechenden Dosen allmählich angehoben werden. Die chronische Vergiftung durch Schlafmittel äußert sich in Benom-

menheit, Einschränkung der Auffassungsgabe und Wahrnehmungsfähigkeit, im raschen Stimmungswechsel, in Sehstörungen, verwaschener Sprache, schwankendem Gang, rascher Ablenkbarkeit und Neigung zu Reizbarkeit. Veränderungen von Wahrnehmung, Bewegung und Feinmotorik können zu Stürzen und zu Arbeits- und Verkehrsunfällen Anlaß geben. Die Abhängigkeit äußert sich in Entzugserscheinungen wie Schlaflosigkeit, Überwachheit, innerer Unruhe, Zittern, Muskelzuckungen, rheumatischen Schmerzen, Kollapsgefahr und Neigung zu Angstreaktionen. Noch gefährlicher sind epileptische Anfälle sowie ein Delir, das mit Bewußtseinstrübung, Desorientierung, Sinnestäuschungen und Wahnideen einhergeht.

Das Problem des Medikamentenmißbrauchs ist, soweit es sich um rezeptpflichtige Mittel handelt, wesentlich ein Thema der *Arzt-Patienten-Begegnung*. Häufiger Arztwechsel bzw. Parallelkonsultationen, »Wunschverschreibungen«, Modetrends sowie die besondere Arztdichte, namentlich in Gegenden mit hoher Bevölkerung, bedingen Fragen an den Patienten und an den Arzt. Die üblichen Rollenerwartungen an den Arzt gehen u. a. von seiner hohen Kompetenz und von seiner gefühlsmäßigen Neutralität aus. Menschen in Streßsituationen, bei denen sich ein Mißbrauchsverhalten entwickelt hat oder bereits eine Abhängigkeit besteht, stellen den Arzt vor die schwierige Situation, nicht moralisierend oder ablehnend im Sinne der Abweisung oder kurzschlüssiger Medikation zu reagieren. Auch der Suchtgefährdete oder Abhängige erfaßt umgekehrt nur schwerlich seine Rolle, da er sich subjektiv über seinen Zustand nicht klar ist und sich häufig zuwenig krank fühlt, um daraus die Verpflichtung, gesund zu werden, abzuleiten. Er erwartet vielmehr von seinem Umfeld, von Verpflichtungen befreit und von der Allgemeinheit versorgt zu werden. Verweigert der Arzt weitere Verschreibungen, ohne daß der Patient zumindest eine gewisse Einsicht entwickelt hat, muß er damit rechnen, daß der Patient einen anderen

Arzt aufsucht und sich jeglicher Einflußnahme entzieht.
Setzt der Arzt hingegen die Verschreibungspraxis unverändert fort, so stellt sich für beide Seiten die Frage, wie sich
eine solche legitimieren läßt. Wichtige Fragen zur Posi-
tionsbestimmung des Arztes sollten lauten: Verschreibe ich
vor allem auf Verlangen des Patienten? Halte ich mich beim
Verschreiben an das Medikament, das der Patient mir vor-
schlägt oder an das Medikament, das ich ihm vorschlage?
Verschreibe ich ein Medikament, um einen Abhängigen als
Patienten »loszuwerden«?

Nur selten sollte der Arzt zur Überzeugung kommen,
daß das Verordnen eines abhängigkeitsunterhaltenden Medikamentes das kleinere Übel als die Abweisung des Patienten und eine allfällige nachfolgende Selbstgefährdung ist.
Bei dieser – seltenen – Situation sollte nicht nur zurückhal-
tend rezeptiert, sondern vielmehr ein Modus gefunden werden, um dem Patienten in möglichst kontrollierter Form
und vorübergehend das Medikament zu verabreichen, bis
Hilfe durch suchtspezifische Fachleute möglich ist. Ober-
stes Prinzip sollte stets bleiben, so wenig wie möglich zu
schaden. Ein weiteres wichtiges Prinzip ist die Selbstach-
tung des Arztes und die Achtung des Patienten, dem nicht
die Verantwortung für sich und seine Gesundheit abzuneh-
men ist. Wenn von der Arzt-Patient-Begegnung gesprochen
wird, sollte sich diese nicht auf ein böses Spiel reduzieren.
Es gilt, Erpressungsversuche offen darzustellen, eigene
Schwierigkeiten zu erklären, Grenzen des Handelns aufzuzeigen und konstruktive Alternativen zu entwickeln. Nur
wer inkonsequent ist, wird vereinnahmt, und wer Schwä-
chen zeigt, läuft das Risiko, ausgenutzt und erpreßt zu werden.

So wichtig die Arzt-Patient-Begegnung ist, sei daran
erinnert, daß zum Kreis derer, die Verantwortung tragen,
folgende Gruppen gehören: 1. die Hersteller (Informations-
politik und Marketing, Überprüfung der Medikamente be-

züglich Abhängigkeitspotential, Optimierung von Dosis und Behandlungsdauer), 2. die Bevölkerung (Zielsetzung Einstellungsveränderung: kritisch konsumieren, Maß halten mit Schmerzmitteln, Alternativen suchen zu Schlafmitteln), 3. die Gesundheitsbehörden (Entwicklung von Rahmenbedingungen, in denen z. B. kontinuierlich epidemiologische Daten erhoben werden) und 4. die Ärzte (z. B. Zurückhaltung in der Verordnung abhängigkeitsfördernder Medikamente). Nur durch weiteres und kontinuierliches Bemühen in allen vier Bereichen wird eine Bewußtmachung der Problematik und längerfristig eine weitere rückläufige Entwicklung des Medikamentenmißbrauchs möglich sein.

Eine *Epidemiologie* darf sich nicht nur auf die Zahlen Betroffener beschränken, sondern sollte auch zur *Situation des Hilfeangebotes* Stellung nehmen. In der Bundesrepublik soll es ca. 1200 Beratungsstellen für Suchtkranke geben, d. h. eine Beratungsstelle für ca. 67 000 Einwohner. Es wird davon ausgegangen, daß durchschnittlich eine Fachkraft pro 20 000 Einwohner zur Verfügung steht. Für qualifizierte stationäre Entwöhnungsbehandlungen von Menschen mit Alkohol- und Medikamentenproblemen gibt es weit weniger Betten als für diejenigen von Drogenabhängigen. Das bedeutet konkret, daß für jeden 300. Abhängigen von legalen Suchtmitteln und für jeden 20. Abhängigen von illegalen Drogen ein Entwöhnungsplatz vorhanden ist. Probleme, die sich stellen, sind immer noch 1. Wartezeiten, 2. örtliche Distanzen vom Wohnort zum Behandlungsplatz resp. zum Ort der Nachsorge und schließlich 3. die Vernetzung von Behandlungsangeboten im ambulanten und stationären Bereich. Die Auslastung der ambulanten Beratungs- und Behandlungsstellen sowie der stationären Behandlungseinrichtungen weist respektable Zahlen auf, die zeigen, daß Suchtkranken-Behandlung in Deutschland heute in bedeutsamem Umfang stattfindet, dokumentiert und analysiert

wird. Die enorm wichtige Arbeit, diese Erfahrungen aus-
zuwerten, Impulse zu geben für Neues und Notwendiges
und den Dialog mit der Öffentlichkeit zu führen, wird in
beeindruckender Weise durch die Deutsche Hauptstelle
gegen die Suchtgefahr (DHS) und durch weitere koordi-
nierte Verbände und Vereinigungen wahrgenommen.

8

Politik, Prävention und Paragraphen

GÜNTER AMENDT

Längst sind Drogen zum festen Bestandteil unserer Alltagskultur geworden. Wie sich der Umgang mit dem Drogen-Phänomen gewandelt hat, welche ökonomischen, politischen und therapeutischen Potentiale heute im Suchtstoffsystem liegen, erklärt Günter Amendt in seinem Essay. Der 1939 geborene Sozialwissenschaftler und Publizist lebt in Hamburg und begleitet seit den sechziger Jahren die Entwicklung von Jugendkulturen.

Von der Drogensubkultur zur Spaßgesellschaft

Kalter Entzug, Langzeittherapie, Methadonsubstitution, Spritzentausch, Fixerräume, Opiatabgabe, Beschaffungskriminalität und Drogenstrich – fast automatisch stellen sich, wenn von Drogen die Rede ist, die dazugehörigen Stichworte ein. Nach wie vor werden die Konsumenten und Konsumentinnen von Drogen in der Öffentlichkeit als Menschen wahrgenommen, die ausgebrannt und grundsätzlich auf Hilfe von außen angewiesen sind. Doch diese Wahrnehmung ist blind gegenüber der Realität. Es ist allgemein bekannt und sollte offen ausgesprochen werden, daß es auch einen genußorientierten, autonom kontrollierten Drogen*gebrauch* gibt. Die Mehrheit aller Konsumenten und Konsumentinnen von legalen wie von illegalen Drogen nimmt sozial integriert und selbstbestimmt am gesellschaftlichen Leben teil und ist auf keines der Versorgungssysteme angewiesen. Sie nehmen Ecstasy und werfen Psychopillen, sie inhalieren Nikotin und ziehen Marihuana, sie drücken Heroin und sniefen Kokain, sie trinken Bier und kippen Schnaps, ohne aufzufallen und ohne auszusteigen. Das ist eine Realität, der mit moralischen Appellen und prohibitiven Maßnahmen nicht beizukommen ist. Daran, daß der dauerhafte exzessive Konsum von psychoaktiven Substanzen höchst riskant ist, kann kein Zweifel bestehen. Wer abstürzt und in einen Suchtkreislauf gerät, zahlt einen hohen Preis. Doch die Bereitschaft der Subjekte, Risiken in Kauf zu nehmen, ist gestiegen – und sie wird weiter steigen, weil das in einer Risikogesellschaft als einzige Chance erscheint, psychisch zu überleben.

Drogen sind längst fester Bestandteil unserer Alltagskultur. Was noch in den sechziger Jahren als abweichendes subkulturelles Verhalten galt, ist heute ein weitverbreitetes Alltagsphänomen. In den sechziger Jahren waren Bewußtseinsveränderung und Bewußtseinserweiterung ein wichtiger Grund und zugleich eine Selbstrechtfertigung, Drogen zu nehmen. Heute, mit der Renaissance von Amphetamin und dessen Derivaten, ist die Suche nach Körpererfahrung – neben der Lust auf Spaß – das wichtigste Motiv. Und viele jugendliche Drogenkonsumenten hatten bis in die Kindheit zurückreichende Vorerfahrungen mit legalen Pharmapillen, bevor sie mit illegalen Substanzen wie Ecstasy oder Cannabis erstmals in Berührung kamen. Dieser Zusammenhang wurde gerade von einer in Luxemburg durchgeführten Repräsentativbefragung aller Schülerinnen und Schüler eindrücklich bestätigt.

Weltweit sind immer mehr Drogenfachleute bereit, sich der neuen Realität zu stellen und sich vom Abstinenzdogma zu verabschieden. Weil auch LSD und halluzinogene Pilze sich steigender Beliebtheit erfreuen, sehen einige von ihnen gar eine neo-psychedelische Kultur heraufziehen. Nun gab es immer und wird es immer Individuen geben, die aus religiösen, spirituellen oder psychologischen Gründen an Drogen und Drogenerfahrungen interessiert sind. Auch wird es immer Individuen geben, die sich über ihre Drogenerfahrungen austauschen wollen. Sie schreiben Bücher, sie chatten im Internet und sie drücken sich in Kunstwerken aus. Das kann man durchaus als eine psychedelische Kultur begreifen. Nur hat das alles nichts zu tun mit dem, was man »das Drogenproblem« nennt. Der Konsum von Drogen aller Art ist zu einem Massenphänomen geworden. Darum geht es.

Auch unter Wissenschaftlern gibt es aus mehr als nur medizinischen Gründen ein Interesse an Drogen. Hirnforscher hoffen herauszufinden, wie Drogen das Hirn beeinflussen und wie sie die Wahrnehmung verändern. Es gibt einen direkten Weg von der Haight Ashbury, wo die Drogensubkultur der sechziger Jahre ihren Ausgang nahm, ins Silicon Valley, wo drogenbeeinflußte Cyber-Phantasien in Computertechnologien umgewandelt wurden. »Ein Hirn ohne Drogen ist wie ein Taschenrechner«, sagt Bernd Brummbär, ein Mitarbeiter Timothy Learys, »ein Hirn unter Drogeneinfluß ist wie ein Hochgeschwindigkeitsrechner.«

Was wir heute im Blick zurück auf die sechziger Jahre eine Drogensubkultur nennen, war Bestandteil der Gegenkultur jener Jahre. Drogen waren ein Instrument des Wandels. Das allgemeine Interesse an Bewußtseinsveränderung und Bewußtseinserweiterung galt der Veränderung des eigenen Lebens und der Vorstellung von einer weniger aggressiven und weniger destruktiven Gesellschaft, in der die Schöpfung respektiert wird und Mensch und Natur in Harmonie leben.

In der Gegenkultur der sechziger Jahre wurden Drogen immer kontrovers diskutiert. Aber sie wurden diskutiert. Bücher wie Timothy Learys *Politik der Ekstase* waren nicht

nur kommerziell äußerst erfolgreich, sie wurden auch als
Tripführer gelesen. LSD wurde nicht nur mit Glück und
Spaß in Verbindung gebracht, sondern auch mit Arbeit und
Anstrengung. In anderen Worten: Erfahrung. »Are you ex-
perienced?« fragte Jimi Hendrix in einem seiner Lieder, und
alle wußten, auf welche Art von Erfahrung er anspielte.
Man bereitete sich auf einen LSD-Trip vor wie auf eine
Reise. Und man wußte, daß man vorbereitet sein mußte,
um die Gefahren eines Horrortrips zu verringern. Und hinterher – nach dem Trip – war man bereit zu verarbeiten, was
einem »auf Trip« begegnet war. Drogen und Drogenerfahrung waren ein Thema in den sechziger Jahren. Es wurde
viel geredet über Trips wie auch über Cannabis, das damals
meist in Gruppen und Cliquen geraucht wurde, oft verbunden mit Teezeremonien und anderen Ritualen. Heute ist
der Konsum von Cannabis zu einer Gewohnheit geworden,
die man mit anderen teilt oder auch nicht teilt. Ein Joint hat
heute mehr oder weniger den Status einer Zigarette. Als der
Kaffee, der Tee und die Schokolade nach Europa kamen,
vollzog sich ein vergleichbarer Prozeß. Anfangs wurden die
neuen Drogen rituell an versteckten Orten konsumiert.
Dann hielten sie Einzug in Kaffee- und Teehäuser, bis sie
schließlich in privaten Haushalten landeten. Von da ab wurden sie akzeptiert als legale psychoaktive Grundnahrungsmittel von hoher Qualität. Es ist nur eine Frage der Zeit, bis
auch Cannabis diesen Status erreichen wird. Was, wenn
auch nur für kurze Zeit, innerhalb einer subkulturellen
Szene, in besonderen Situationen und unter bestimmten
Umständen konsumiert wurde, ist heute zu einer weitverbreiteten Freizeitgewohnheit geworden. Mach mal Pause:
Have a drink, rauch einen Joint oder wirf eine Pille.

Lifestyledrogen, besonders wenn sie in Pillenform konsumiert werden, sind nicht bestimmten Szenen zuzuord-
nen. Zwar wird Techno bzw. die Technoszene in den Medien mit Drogen wie Ecstasy, Cannabis, Kokain, Amphetamin und LSD in Verbindung gebracht, aber es ist bekannt,

daß nicht alle, die an einem Rave teilnehmen, »auf Droge«
sind. Und es ist bekannt, daß all diese Drogen, vom Fuß-
ballstadion bis zur Rockarena, auch in völlig anderen Szenen genommen werden.

Mit der Renaissance von Amphetamin und Amphet-
aminderivaten in den achtziger Jahren hat sich die öffentliche Einstellung gegenüber Drogen drastisch verändert.
Obwohl die meisten der auf Raves konsumierten Drogen
illegal sind, wurde die Raving Society zur ersten drogen-
konsumierenden Jugendszene, die in der Öffentlichkeit mit
freudiger Zustimmung begrüßt und von Geschäftsinteres-
sen als stilbildende Jugendszene akzeptiert und entsprechend gesponsert wurde.

Wer von Kindesbeinen an als Konsument und Konsu-
mentin heiß umworben ist, wer früh darauf dressiert wurde,
seine Glückserwartungen an Fetische zu binden, wer sein
Selbstwertgefühl als Junge oder Mädchen aus dem Besitz
bzw. dem Konsum von Statusgütern bezieht, und wer eine
Zukunft vor Augen hat, die mit angstmachenden Risiken
gepflastert ist, wird sich vom Konsum glückverheißender
oder wenigstens doch Wohlbefinden versprechender Drogen nicht abhalten lassen.

Nur wer das Ausmaß des Problems und seine Komplexität nicht verstanden hat bzw. leugnet, kann noch von einer
›Lösung‹ des Drogenproblems sprechen. Wie andere in ihrem Ausmaß vergleichbare gesellschaftliche Fehlentwicklungen ist auch das sogenannte Drogenproblem mit Repa-
raturmaßnahmen nicht mehr unter Kontrolle zu kriegen.
Eine Entschärfung des Problems ist jedoch möglich, was
aber die Bereitschaft voraussetzt, sich von der Fixierung auf
den Konsumenten – sprich: die Nachfrage – zu lösen und
sich auf die internationale Dimension des Problems –
sprich: den Angebotsdruck – zu konzentrieren.

Die unter Drogenfachleuten verbreitete Hoffnung, mit
dem Regierungswechsel werde der langanhaltende drogen-
politische Stillstand endlich überwunden, erweist sich als

trügerisch. Zwar hat die neue Regierung angekündigt, die medikalisierte Abgabe von Opiaten und die Einrichtung von Fixerräumen nach dem Vorbild der Schweiz zuzulassen, doch nicht mit einem Satz gehen die Koalitionsvereinbarungen auf den von den USA initiierten und von der UN assistierten »Krieg gegen Drogen« ein. Dabei steht die Drogenkriegsstrategie der Vereinten Nationen längst in der internationalen Kritik. Erst vor kurzem hat eine illustre Versammlung hochrangiger Politiker und prominenter Wissenschaftler in einem offenen Brief den Generalsekretär der UN aufgefordert, endlich die Drogenpolitik der Vereinten Nationen zu evaluieren. Ihre Begründung: »Wir glauben, daß der Krieg gegen Drogen mittlerweile mehr Schaden verursacht als der Drogenmißbrauch selbst.«

Der offene Brief an Generalsekretär Kofi Annan macht – gestützt auf UN-Quellen – eine Rechnung auf, die das ganze Desaster der internationalen Drogenpolitik offenbart: »Die Organe der Vereinten Nationen schätzen den jährlichen Umsatz der illegalen Drogenindustrien auf 400 Milliarden US-Dollar; das entspricht in etwa acht Prozent des gesamten Welthandels. Diese Industrie schafft mächtige kriminelle Organisationen, korrumpiert Regierungen auf allen Ebenen, weicht die internationale Sicherheit auf, stimuliert Gewalt und zerstört sowohl internationale Märkte als auch moralische Werte. Dies sind nicht etwa die Konsequenzen des Drogenkonsums per se, sondern einer jahrelangen verfehlten und fruchtlosen Politik des ›war on drugs‹.« Deshalb ersuchen die Unterzeichner den Generalsekretär der UN, »eine offene und ehrliche Evaluation von globalen Drogenkontrollmaßnahmen anzuregen«.

Es muß in der Tat auffallen, daß in einer Zeit, in der sich das Primat des Ökonomischen vor dem Politischen durchgesetzt hat, die internationale Drogenpolitik, in der jährlich nicht nur Milliardenprofite auf der Produzenten- und Händlerseite angehäuft werden, sondern auch Milliardensummen für Repressionskosten zu Lasten der Steuerzahler ausgegeben werden, von jeder Kosten-Nutzen-Analyse befreit ist.

Nun könnte man einwenden, daß in der Illegalität keine Bücher geführt werden und folglich eine Kosten-Nutzen-Analyse praktisch nicht durchführbar sei. Dieser Einwand ist berechtigt insofern, als er *alle* im Umlauf befindlichen Zahlen relativiert. Das gilt auch für die der Vereinten Nationen. Auch ist nicht zu übersehen, daß Zahlen über Umsatz- und Profiterwartungen als Spielmaterial zur Durchsetzung politischer Ziele lanciert werden. So wurden noch in den achtziger Jahren Kritiker der herrschenden Drogenpolitik der Übertreibung bezichtigt, wenn sie auf die ökonomische und finanzwirtschaftliche Dimension des weltweiten Drogenhandels hinwiesen. Die Regierungen der Hauptkonsumentenländer waren daran interessiert, diese Seite des Problems klein zu halten, denn je größer ein Problem, desto größer auch das politische Versagen, wenn es nicht gelöst wird.

In den neunziger Jahren mit dem Ende des Kalten Krieges änderte sich plötzlich die Interessenlage. Jetzt konnte das Problem gar nicht groß genug sein, denn die Geheimdienste der westlichen Welt – vom BND bis zur CIA – hatten bei der Suche nach einem neuen Aufgabengebiet das organisierte Verbrechen – insonderheit den internationalen Drogenhandel – als neues Feindbild ins Visier genommen und als Betätigungsfeld entdeckt. Von jetzt ab gilt: Je größer das Problem, desto größer die Notwendigkeit, die Dienste finanziell auszustatten und personell aufzurüsten.

Wenn sich schon Umsatz und Profit des illegalen Drogenhandels nach den Maßstäben einer ordentlichen Buchführung nicht ermitteln lassen, so sollten doch wenigstens die Kosten der Drogen*prohibition* auf Mark und Pfennig beziehungsweise Dollar und Cent bezifferbar sein. Immerhin handelt es sich hier um Ausgabenposten, die in verschiedenen Haushalten von Bund, Ländern und Gemeinden aufgeführt sind. Doch um eine volkswirtschaftliche Gesamtbilanz hat sich die Politik bisher herumgedrückt. Und so ist die Öffentlichkeit auch hier auf Schätzungen angewiesen. Weil eine einheitliche Berechnungsgrundlage nicht existiert, gehen die Schätzungen weit auseinander.

Schon die reinen Repressionskosten – also der Aufwand für Polizei, Zoll und Justiz sowie für das Strafvollzugssystem – sind enorm. In den USA kämen die schwer bezifferbaren Kosten für Militäreinsätze hinzu. Doch da gibt es buchungstechnisch ein Zuordnungsproblem. Denn erklärtermaßen verfolgen die USA bei ihren Militäreinsätzen gegen Drogenproduzenten und Drogenhändler oft ein sogenanntes »second target«, also ein zweites mehr oder weniger heimliches Kriegsziel: die Bekämpfung von Guerillagruppen zum Beispiel. Allein in der Amtszeit von Präsident Clinton kam es nach Recherchen des Berliner Drogenexperten Bernd Georg Thamm zu rund 500 Militäreinsätzen. Ob die zu Lasten der Drogen- oder der Aufstandsbekämpfung zu buchen sind, bleibt das Geheimnis der US-amerikanischen Militärführung.

In keinem anderen Land der sogenannten westlichen Wertegemeinschaft stehen – auf die Gesamtbevölkerung umgerechnet – so viele Menschen unter Kontrolle der Justiz bzw. des Strafvollzugssystems wie in den USA. Die Gefängnisse quellen über. Erst kürzlich hat die Clinton-Regierung ein neues Programm zum Bau von Gefängnissen »all-over the country« auflegen müssen. Die Hälfte aller Gefangenen sitzt wegen Drogendelikten.

Aber auch in vielen westeuropäischen Ländern droht das Justiz- wie auch das Strafvollzugssystem unter der Last von Betäubungsmitteldelikten zu kollabieren. Auch hier ist die Hälfte der Haftplätze mit Delinquenten belegt, die gegen das Betäubungsmittelgesetz verstoßen haben.

Zu den Repressionskosten kommen die Gesundheitskosten, also der Aufwand für Akutbehandlung, Therapie und Drogenprävention. In volkswirtschaftlichen Modellrechnungen werden diesen Kosten dann noch die durch Morbidität und Mortalität entstandenen Kosten zugeschlagen. Hierbei handelt es sich um Kosten, die von Menschen im Erwerbsalter verursacht werden, die das Gesundheits- und Sozialsystem beanspruchen, ohne dafür eine entsprechende Gegenleistung zu erbringen. Hinzu kämen die ebenfalls schwer bezifferbaren immateriellen – sprich: sozialen – Folgen der Drogenprohibition: die Zerstörung von Familien und Beziehungen, die Zerstörung von Stadtteilen und die Korrumpierung des politischen Systems. Auch die gesundheitlichen Folgen der Beschaffungsprostitution, die Verbreitung von Geschlechtskrankheiten und des HI- sowie des Hepatitis-Virus, wären der Gesamtrechnung zuzuschlagen. Alles in allem dürften die jährlichen Kosten der Drogenprohibition allein in der Bundesrepublik Deutschland zwischen 10 und 13 Milliarden Mark liegen.

Zwischen der Entwicklung des illegalen Drogenhandels, dem Ausbau von Handelswegen und der Ausbreitung des HI-Virus besteht ein direkter Zusammenhang, der jedoch in der internationalen Diskussion kaum beachtet wird. Nach wie vor sind weltweit unsaubere Spritzen eine der Hauptursachen für die Übertragung des HI-Virus. Je mehr sich der intravenöse Drogenkonsum von Opiaten in die Produzenten- und Transitländer verlagert, wo das Gesundheitssystem oft bereits mit den Alltagserkrankungen überfordert ist, desto größer das Risiko von HIV-Infektionen.

Der volkswirtschaftliche bzw. finanzwirtschaftliche Schaden, den die im internationalen Finanzkreislauf zirkulierenden illegalen Finanzströme verursachen, ist ebenfalls nur schwer zu berechnen; nichtsdestotrotz aber ein realer Faktor, der Finanzfachleute beunruhigt. Kriminologen schätzen den Gesamtumsatz des organisierten Verbrechens auf jährlich weit über eine Billion Dollar. Legt man die Umsatzschätzungen der Vereinten Nationen von jährlich 400 Milliarden US-Dollar zugrunde, dann zeigt sich, daß der Handel mit Drogen noch immer den wichtigsten Einzelposten des Gesamtumsatzes ausmacht.

Bereits Anfang der neunziger Jahre hatte der Bundesnachrichtendienst in einer aufsehenerregenden Studie vor der unheimlichen Macht der Drogensyndikate gewarnt und Zuständigkeit bei deren Bekämpfung reklamiert. Noch vor einem Jahr bestätigte der damalige Bundesfinanzminister dieses Horrorszenario. Gangsterbanden und Drogenkartelle mißbrauchten skrupellos alle Freiräume, um ihren Finanzverkehr rund um den Globus zu sichern, erklärte er bei einer Konferenz der Seidel-Stiftung.

In seinen jährlichen Berichten muß der Suchtstoffkontrollrat der Vereinten Nationen (INCB) fast schon rituell einräumen, daß sich die Lage im Vergleich zum Vorjahr verschlechtert habe. Grund für diese Entwicklung zu immer mehr Drogen und immer mehr Drogenabhängigkeit weltweit sei die Globalisierung des Welthandels und der Abbau von Handelshemmnissen. Besonders bedroht sind nach Auffassung des Suchtstoffkontrollrates jene Länder, die gerade im Begriff sind, marktwirtschaftliche Prinzipien einzuführen. Gemeint sind die südosteuropäischen Staaten, die südlichen Republiken der GUS und vor allen anderen Rußland.

Auch wenn man dem Gerede von der Russenmafia mißtraut und mit gebührender Skepsis die einschlägige Medienberichterstattung verfolgt, bleibt eine Angebotsoffensive aus den südlichen Regionen der GUS, die alle traditionelle Mohnanbaugebiete sind, im Bereich des Möglichen und Wahrscheinlichen. Die im Osten Europas bis nach Asien aktiven Verbrechersyndikate sind eine reale Bedrohung nach innen wie nach außen.

Politisch, soweit ist der Analyse des Suchtstoffkontrollates zuzustimmen, wirkt die kriminelle Durchdringung der russischen Wirtschaft destabilisierend. Doch was politisch unerwünscht ist, kann ökonomisch durchaus erwünscht sein. Wenn ein Mitarbeiter des Zentrums für strategische und internationale Studien in Washington fragt: »Hat die russische Mafia den Nobelpreis für Ökonomie verdient?«, dann ist das mehr als nur eine billige Pointe. Denn mit Blick auf den dramatischen Transformationsprozeß, den Japan, Italien und die BRD nach den Zerstörungen des Zweiten Weltkrieges in der Grauzone zwischen Legalität und Illegalität durchlaufen haben, kann man auch in der kriminellen Energie der GUS-Syndikate eine Produktivkraft sehen. Wie anders soll denn auch die Kapitalakkumulation in der ehemaligen Sowjetunion verlaufen? Allerdings scheint die Erwartung illusionär, am Ende dieses Transformationsprozesses entstünde auch in Rußland eine hochentwickelte Marktwirtschaft westlichen Zuschnitts. Denn kaum sind die mit kriminellen Mitteln angehäuften Profite realisiert, machen sie sich auch schon auf die Flucht in Auslandskonten.

Im übrigen ist es widersinnig, die Beschleunigung und Globalisierung des Austauschs von Waren, Personen und Dienstleistungen mit aller Macht voranzutreiben und dabei so zu tun, als könne man im Sonderfalle von Drogen diesen Beschleunigungsprozeß abbremsen, um Drogen aus dem allgemeinen Warenstrom herauszufiltern. Natürlich kommt es immer wieder zu Beschlagnahmungen auch großer Mengen, doch aufgeklärte Drogenfahnder wissen und geben öffentlich zu, daß sie nur einen Bruchteil von fünf bis zehn Prozent aller zirkulierenden Drogen sicherstellen können. Dennoch versuchen die Autoren des jeweiligen Jahresberichtes der Vereinten Nationen den Eindruck zu erwecken, es sei möglich, den Warenstrom mit polizeilichen und militärischen Mitteln zu unterbinden, wenn man nur entschlossen genug vorgeht und den Repressionsapparat entsprechend ausbaut. Das gleicht einer Kriegspropagandalüge wie auch das Versprechen, mit Hilfe einer eigens geschaffenen »financial task force« die Geldwäsche verhindern oder mit Hilfe einer »chemical task force« den Chemikalienstrom zur Herstellung von Heroin oder Kokain unterbinden zu können.

Die mit teilweise hohem bürokratischen Aufwand verbundenen kostenintensiven Bankenkontrollmaßnahmen

sind zwar durchaus nicht wirkungslos und führen immer
wieder zu empfindlichen Verlusten und herben Imageschädi-
gungen namhafter Banken. Die Erfahrungen der vergangenen Jahre, in denen an fast allen Bankenplätzen die Gesetze
verschärft und die Kontrollen intensiviert wurden, beweisen
jedoch, daß das Drogenkapital auf die Verfeinerung der
Kontrollmechanismen noch immer mit einer Verfeinerung
der Waschmethoden zu antworten wußte. Die legalen Finanzströme lassen sich nur schwer von den illegalen trennen.

Das gilt auch für die Chemikalienströme kreuz und quer
über den Globus. Die chemischen Grundsubstanzen zur
Herstellung von Heroin und Kokain und neuerdings von
Designerdrogen sind zugleich Ausgangsstoffe für eine Vielzahl harmloser Zwischen- und Endprodukte der chemischen Industrie und als solche unverzichtbar.

Gescheitert ist auch der Versuch, über Entwicklungshilfe
Bauern in Asien und Lateinamerika zu veranlassen, auf den
Anbau von Mohn bzw. Koka zu verzichten und die Produktion auf andere Agrarprodukte umzustellen. Originell
daran ist einzig, daß es jemand wagt, angesichts der Welt-
marktsituation für Agrarprodukte aus den Ländern des Sü-
dens einen so offenkundig sinnlosen Vorschlag überhaupt
zu unterbreiten.

Substitution – in diesem Fall der Austausch eines am
Weltmarkt hochwertigen Agrarproduktes gegen ein am
Weltmarkt minderwertiges Produkt – bewegt absolut
nichts, was zur Einschränkung des Koka- oder Mohnan-
baus führen würde. Ständig werden zusätzliche Anbauflächen erschlossen. Bauern, die sich auf das Angebot ihrer
Regierungen einließen, ihre Kokasträucher ausrissen und
Bohnen, Kartoffeln oder Tomaten anpflanzten, spürten
schnell, oft schon nach der ersten Ernte, daß der Deal sich
nicht auszahlte, sondern sie unversehens wieder in den
Hunger trieb, dem sie als Koka- oder Mohnpflanzer gerade
entronnen waren. Viele Bauern begannen erneut, Koka oder
Mohn anzupflanzen, ganz Schlaue kassierten die Umstel-

lungsprämie, bauten an, was man ihnen als Substitutionsprodukte vorschlug, während sie gleichzeitig in gebührender Entfernung neue Koka- oder Mohnfelder anlegten.

Neue Anbauflächen werden auch da erschlossen, wo der Boden und das Klima den Koka- oder Mohnanbau eigentlich nicht hergeben. Dieses Manko wird mit Hilfe der Agrartechnologie und unter Hinzuziehung von Experten ausgeglichen, mit dem Ergebnis, daß heute Koka und Mohn in Regionen und Klimazonen angebaut werden, die früher als dafür völlig ungeeignet gegolten hätten. So haben lateinamerikanische Kokaproduzenten asiatisches Know-how eingekauft und die eigens eingeflogenen Experten damit beauftragt, einen an lateinamerikanische Klima- und Bodenverhältnisse angepaßten Schlafmohn zu züchten. Dieser Schritt ist logisch, denn schließlich verfügen die lateinamerikanischen Kokakartelle über ein eingespieltes Vertriebsnetz. Sie haben Zugang zur Internationale der Geldwäsche, und sie kontrollieren den Handel an vielen Endverbrauchermärkten bis hin zum nicht-süchtigen Kleinhändler. Warum sollten sie angesichts dieser Infrastruktur den Handel mit Mohnprodukten – sprich: Heroin – der asiatischen Konkurrenz überlassen?

Das sogenannte Drogenproblem ist Ausdruck einer gigantischen gesellschaftlichen Fehlentwicklung, Resultat falscher Analysen und Folge einer Blickverengung, die sich auf jeweils nur einen bestimmten Aspekt des Problems fokussierte und andere Aspekte ignorierte. Mal ist es der juristische, mal der medizinisch-therapeutische, mal der präventive, mal der pharmakologische, mal der kulturell-spirituelle Aspekt, mal, wenn auch seltener, der politisch-ökonomische Aspekt, nie ist es der Blick aufs Ganze.

Ein radikaler Kurswechsel in der Drogenpolitik setzt die Bereitschaft der Politiker voraus, sich auch der globalen ökonomischen Dimension des Drogenproblems zu stellen und das Prohibitionsdogma in Frage zu stellen. Wer das zu tun bereit ist, muß auf Widerstand gefaßt sein. Denn nicht nur die unmittelbar in den Drogenhandel verwickelten Syndikate, auch Teile der politischen Klasse sind an der Beibehaltung des Status quo interessiert. Zu den Gewinnern der Prohibition gehören auch jene Parteien und Organisationen, die den Drogenmißbrauch mit populistischen Parolen dazu mißbrauchen, Bürgerrechte einzuschränken und Rechtsstaatsgarantien abzubauen. Und weil fast überall, was unbestreitbar ist, der Endverbrauchermarkt von erkennbar Fremden beherrscht wird, nutzen sie die Chance, das sogenannte Ausländerproblem mit dem sogenannten Drogenproblem demagogisch zu verknüpfen.

Wer einen radikalen Kurswechsel in der Drogenpolitik wirklich will, muß, unter Zugrundelegung einer realistischen Kosten-Nutzen-Analyse, die verschiedenen Optionen zur Entschärfung des Problems aufzeigen und öffentlich zur Diskussion stellen. Auch hier könnte die Schweiz Vorbild sein. Im Auftrag des Parlaments hat die »Subkommission Drogenfragen« der eidgenössischen Betäubungsmittelkommission entsprechende Szenarien erarbeitet und deren Chancen und Risiken abgewogen. Die Mehrheit der Kommissionsmitglieder spricht sich in ihrer abschließenden Bewertung für »eine Legalisierung der Drogen mit differenzierter, reglementierter Zugänglichkeit« aus. Dabei legt die Kommissionsmehrheit Wert auf die Feststellung, daß die Befürwortung einer Drogenlegalisierung nicht aus Resignation oder Gleichgültigkeit erfolge, sondern aus der Erkenntnis, »daß in einer Gesamtbilanz die negativen Auswirkungen der aktuellen Gesetzgebung und ihre Anwendung wahrscheinlich schädlicher sind als diejenigen der Drogen selbst«. In der internationalen Fachöffentlichkeit beginnt diese Einsicht sich durchzusetzen. Der Ruf nach einem Neubeginn wird lauter. Auch in den USA. Noch ist offen, ob die neue Bundesregierung willens und imstande ist, eine Entmilitarisierung der Drogenpolitik einzuleiten und sich in offenen Widerspruch zur Drogenkriegsstrategie der US-amerikanischen Regierung zu stellen.

Zentralrat der
umherschweifenden Haschrebellen

Ende der sechziger Jahre, als die Blütenträume der Hippies noch nicht verwelkt waren, wucherten die Illusionen über die gesellschaftsverändernde Kraft von Drogen. Kein Wunder, daß 1969 in einem Berliner Flugblatt Haschischkonsum und Weltrevolution miteinander verknüpft wurden.

Es ist Zeit zu zerstören!

In Berlin besteht seit einiger Zeit der Zentralrat der umherschweifenden Haschrebellen. Die Haschrebellen haben dem Polizei- und Dezernatsterror den aktiven Kampf angesagt. Sie haben öffentliche Smoke-Ins, Demonstrationen vor Entziehungsanstalten, Vergeltungsschläge gegen die Polizei, einen Rechtsbeistand für verfolgte Kiffer und ein Ärzteteam für Ausgeflippte organisiert.

Die Haschrebellen sind der militante Kern der Berliner Subkultur. Sie kämpfen gegen das moderne Sklavenhaltersystem des Spätkapitalismus. Sie kämpfen für eigene freie Entscheidung über Körper und Lebensform.

Schließt Euch diesem Kampf an.

Bildet militante Kader auf den Dörfern und Metropolen. Nehmt Kontakt zu ähnlichen Gruppen auf.

Scheißt auf diese Gesellschaft der Halbgreise und Tabus. Werdet wild und tut schöne Sachen. Have a Joint. Alles was Ihr seht und es gefällt Euch nicht, macht es kaputt! Habt Mut zu kämpfen, habt Mut zu siegen.

Mit anarchistischen Grüßen
Zentralrat der umherschweifenden Haschrebellen

WOLFGANG NEUSS

Wolfgang Neuss (1923–1989), der einstige Mann mit der Polit-Pauke, war in den Achtzigern zum Profi-Kiffer avanciert. Er selbst begriff sich in seiner Berliner Wohnung als »Vorraucher der Nation«. Der schwärmerische Wahrheitssucher hatte das erklärte Ziel, von der Langeweile zur Muße vorzudringen.

Aussteigen / Einsteigen

Aussteigen heißt ja nichts weiter – ist ja auch wieder 'n Modewort geworden – Aussteigen heißt ja nichts weiter wie: Einsteigen. Einsteigen in was? Na in sich. Sich selber suchen.

Es gibt auch gar keine Sucht, das wollt ich auch mal sagen. Das mit der Sucht wird ja heute übertrieben. Süchtig, ah. Dabei heißt süchtig: Wenn wir jetzt – mal abgesehen von Ernst Jandl, der ja diese Gedichte macht: ich such dich / ich such dich / ich such mich / süchtig süchtig süchtig such dich such dich such mich süchtig süchtig ... was sonst: Woher kommt denn sonst so 'n starkes ... natürlich spielt die Gewohnheit 'ne große Rolle.

Wenn ich drei Jahre lang frühstücken geh jeden Morgen in ein bestimmtes Café, dann tut es mir weh, wenn ich plötzlich nicht gehe. Ist klar. Wenn ich drei Jahre jeden Abend 'n Krimi seh, tut es mir weh, wenn ich plötzlich nichts seh.

Dann kommts immer auf den Einzelnen persönlich an, wie er das macht. Ist ja Training, wie er sich das abgewöhnt, nicht. 'ne Gewohnheitssache kann 'ne Suchtsache sein, streit ich nicht ab. Aber prinzipiell ist das, was man heute süchtig nennt: Der Mann sucht sich. Und der braucht schon wieder Heroin – ja, der sucht sich, und mit Heroin findet er sich nie, aber er nimmt Heroin, ja? Verstehste das?

Mit Alkohol findet der sich nie.

Der findet sich ja kaum mit Haschisch. Mancher. Es gibt Leute, die finden sich überhaupt nicht. Weißt du, warum man nicht so gerne raucht, wenn man Locken auf'm Kopf hat: Weil man schon krause Gedanken hat. Die Haare zeigen das ja schon, was für Gedanken man hat. Irre krause Gedanken, die sich locken, die sich drehen – also viel Spekulatives im Gehirn und im Geist, ja?

Wenn man jetzt 'n Tee trinkt, statt zu rauchen, kommen aus dem Magen glättende Gefühle, von dem Tee, glättende Gefühle, glättende Gedanken. Für Leute, die glatte Haare haben, wie ich, ist Rauchen lebenswichtig.

Ohne Rauchen hätte ich überhaupt keine verrückten Gedanken, hätt ich gar keine Möglichkeit, dialektisch zu denken. Rauchen ist für Leute mit glatten Haaren lebenswichtig. Wie Essen und Trinken ist Rauchen übrigens. Jetzt kommts natürlich an – da kommt jede Behörde an und sagt »Aber Sie werden doch unseren Leuten nicht den Krebs in den Körper reden, wenn Sie hier das Rauchen propagieren!« – Ich sage immer: Rauchen ist so wie Essen und Trinken. Für den Körper lebenswichtig.

Denn der Geist – haben Sie mal beobachtet, wie jemand nach dem Eisbeinessen 'ne Zigarette raucht? Mit welcher Wollust? Oder nach 'm Stück Schwarzwälder Kirschtorte mit Schlagsahne? Mit welcher Wollust die Leute dann 'ne Zigarette rauchen – haben Sies mal gesehen?

Da kann man nicht süchtig zu sagen, da sagt der Geist: Der Magen ist eben total befriedigt worden. Und der Geist sagt: »Ich will auch Nahrung. Ich will auch Nahrung.« Es kommt gar nicht drauf an heute – das ist weder grün noch alternativ –, noch daß ich für irgendeine Körnergemeinde hier rede, sondern: Man muß tatsächlich doch noch überlegen, wenn man so lebt in dieser Zeit, was Essen, Trinken und Rauchen für den Menschen bedeutet. Seine ganze Beweglichkeit, seine ganze geistige Beweglichkeit, seine körperliche Beweglichkeit ... sind auf diese drei Sachen gegründet. Jetzt wird mir einer sagen: Warum erzählst du uns das, das ist doch 'ne Binsenweisheit. – Sag ich: Ja, aber das Rauchen mein ich dabei. Ihr denkt ja immer nur, Essen und Trinken ist wichtig.

Rauchen ist wichtig für den Geist, für das Träumen. Jetzt erst mal die Technik des Rauchens: nämlich dieses Inhalieren, ja? Einatmen – eine andere Sache als Luft Einatmen eine andere Sache als Luft. Warum? Weil dann aus dem Kopf eine andere Sache als Luft rauskommt, wenn man einatmet, eine andere Sache als Luft.

SEBASTIAN SCHEERER

Seit es das Drogenproblem in unserer Gesellschaft gibt, macht man sich Gedanken um eine mögliche Prävention. Welcher Lösungsansatz wurde noch nicht ausprobiert? Sebastian Scheerer sieht eine mögliche Drogenprävention weniger in einem starken Strafmaß als in dem Aufspüren der Risikofaktoren. Wenn man Jugendlichen außerdem unnötige Brüche im Selbstwertgefühl ersparen kann, schafft man damit die Basis für ein suchtfreies Leben.

Suchtvermeidung durch Risiko-Management

Angesichts von Aids wurde es unumgänglich, alle Fixer zu erreichen und ihnen zumindest gewisse Verhaltensänderungen (wie zum Beispiel die Benutzung sterilen Spritzbestecks, von Kondomen usw.) abzutrotzen – ob sie nun ihren Drogenkonsum aufgeben wollten/konnten oder nicht.

Dazu mußte man die Fähigkeit besitzen oder erwerben, Junkies so zu nehmen, wie sie waren – nämlich süchtig, eigenwillig und keineswegs immer therapiegeneigt. Damit entstand die »suchtbegleitende«, »niedrigschwellige« bzw. *akzeptierende Drogenarbeit«*, die heute im »Bundesverband für akzeptierende Drogenarbeit und humane Drogenpolitik – akzept e. V.« organisiert ist. Ziel des Akzeptanzparadigmas ist ein verantwortliches Leben mit Drogen – aber ohne Sucht und Destruktivität. Danach ist nichts Schlechtes daran, die Vorteile der Drogen zu nutzen und ihre Nachteile und Nebenwirkungen zu vermeiden. Drogenkonsum ist nicht von vornherein Drogenmißbrauch im Sinne eines schädlichen oder problematischen Gebrauchs, sondern als universaler Kultur- und Geschichtsbegleiter des Menschen ein Teil der conditio humana und insbesondere in der heutigen Zeit ein wertvolles Instrument der Alltagsbewältigung und -transzendierung. Selbst länger andauernder Gebrauch illegaler Drogen wird eher als Ausdruck eines freizeittypischen Verhaltens (oder eines Lebensstils) gesehen denn als Indiz für schwerwiegende Probleme. Insofern wird jedem Menschen wenn schon nicht ein »Recht auf Rausch«, so doch ein »Recht auf seine Droge« als Teil der autonomen Gestaltung seines Privatlebens zugesprochen.

Für sozial integrierte Drogenabhängige (opiatabhängige Ärzte u. a.) gilt im Prinzip dasselbe: Ob ein Mensch von Zigaretten oder von Opiaten abhängig ist, ist eine Frage seiner Vorlieben – und viele Anhänger des Akzeptanzparadigmas würden dem Opiatabhängigen aus rein pharmakologischen Gründen bescheinigen, womöglich die klügere Wahl getroffen zu haben. So wie vor nicht langer Zeit die Homosexualität noch als Krankheit (und Kriminalität!) gegolten hatte, dann aber als »schwuler Lebensstil« gesellschaftliche Akzeptanz erlangte, so sollte auch ein Leben mit Drogen als einer von vielen möglichen Lebensstilen gesellschaftlich akzeptiert werden. Heino Stöver führt dazu aus: »Drogenkonsumenten können für sich selbst verantwortlich handeln. Freiwilligkeit in therapeutischen Beziehungen und anderen Hilfsangeboten bildet daher eine unveräußerliche Grundlage. Auch scheinbar unverständliches Drogenkonsumverhalten kann als eine persönliche Entscheidung mit anderem Wertkonzept akzeptiert werden, als ein Lebensstil – selbst wenn man ihn niemals übernehmen würde.« Aus dieser Perspektive erscheinen natürlich auch Dealer nicht mehr als die gewissenlosen Kriminellen, die sie in der Optik der traditionellen Suchtkrankenhilfe sind, sondern als Genußmittelhändler wie der Inhaber des Weinladens oder der Tabakhandlung nebenan – weder besser noch schlechter.

Mit Drogensucht ist das schon etwas anderes. Das, was [...] darunter verstanden wird, gilt es durch eine »gemeine Drogenkultur« (Christian Marzahn), durch »kontrollierten Konsum« (Wayne M. Harding), durch die Domestizierung von »Rauschgiften« zu »Genußmitteln« (Henning Schmidt-Semisch) zu verhindern. Allerdings ist der Begriff »Sucht« auch in diesen Kreisen nicht unumstritten. So wird das Krankheitskonzept der Sucht weithin als allzu deterministisch, unrichtig und stigmatisierend abgelehnt. Darüber hinaus meinen Experten wie Johannes Herwig-Lempp, Stanton Peele oder John Booth Davies, daß es sich dabei um eine entsubjektivierende Bezeichnung handele, die besser durch einen Ansatz ersetzt werden sollte, der den betreffenden Menschen Autonomie unterstellt, sie also als bzw. wie autonome Persönlichkeiten behandelt. Hilfe für »Süchtige« darf nicht durch ideologische Scheuklappen behindert werden, sondern ist ausschließlich an den konkreten Bedürfnissen der Betroffenen auszurichten: Sie darf nicht davon abhängig gemacht werden, daß man mit der sexuellen Orientierung, der Drogenpräferenz und dem Drogenkonsum-Muster, der Weltanschauung oder sonstigen Eigenschaften und Stilen des Betroffenen einverstanden ist.

Was die suchtbedingte Kriminalität angeht, so geht es dem Akzeptanzparadigma nicht um Rauschgiftbekämpfung, sondern um die Menschenwürde der Süchtigen: Sie von dem Zwang zur Beschaffungskriminalität, von der Kriminalisierung seines Alltags bzw. Lebensstils zu befreien ist vordringliche Aufgabe. Süchtige sollen weder verdammt noch bestraft oder gerettet, sondern zuallererst als Menschen mit bestimmten unabweisbaren und unaufschiebbaren Bedürfnissen akzeptiert und deshalb in einem ersten Schritt von allen Kriminalisierungen und Diskriminierungen befreit werden, ehe man sich Gedanken über mehr Therapieplätze usw. macht. Heino Stöver führt dazu aus: »Auf der praktischen Ebene geht es also darum, den Drogengebrauch derjenigen zu akzeptieren, die ihren Gebrauch derzeit nicht aufgeben wollen oder können. Es werden Angebote eingerichtet, die voraussetzungslos genug sind, um zunächst Kontakt zu diesen Drogengebrauchern herzustellen. Ziel der Angebote ist es, die gesundheitlichen und sozialen Risiken des Drogengebrauchs zu reduzieren. Das sind Überlebenshilfen und Maßnahmen der Gesunderhaltung, die die Lebensphase der Abhängigen überhaupt und dann ohne irreversible Schäden (wie eine HIV-Infektion) zu überstehen helfen.«

Es geht also in erster Linie um eine *bedingungslose Basisversorgung* von allen Süchtigen mit allem, was sie zum (Über-)Leben brauchen: ein Dach über dem Kopf (Übernachtungsstätten), steriles Spritzbesteck (Spritzentausch- und -verteilungsprogramme), Tips für »safer use« und »safer sex« (samt Kondomen), allgemeine und spezifische medizinische Versorgung (mit Methadon, Codein oder Heroin, aber auch strukturelle Vorkehrungen für den Drogennotfall), psychosoziale Unterstützung. In der Frühzeit der akzeptierenden Drogenarbeit war manches davon noch strafbar: Spritzenverteilung und »Druckräume« wegen der Begünstigung des Drogenkonsums; Methadon-, Codein- und Heroinbehandlung als unbefugte Abgabe von Drogen. Seit einiger Zeit sind Gesetzestexte und -interpretatoren dank der Akzeptanzbewegung auf dem Weg der Besserung.

Suchtprävention ist früh und kontinuierlich zu leisten, aber nicht durch Aufspüren von Risikofaktoren, sondern durch Stärkung der schützenden, der »protektiven Faktoren«. In diesem Sinne erklärt zum Beispiel die Aufklärungsbroschüre der »Deutschen Behindertenhilfe / Aktion Sorgenkind« (1993) ausdrücklich: »Es hat keinen Sinn, nur die Herstellung und Verteilung von Drogen verhindern zu wollen. Das wird in absehbarer Zeit nicht gelingen. Und außerdem gibt es dann immer noch legale Rauschmittel wie zum Beispiel Alkohol im nächsten Laden zu kaufen. Statt dessen müssen die Anstrengungen verstärkt darauf gerichtet werden, die Entstehung und Entwicklung von Sucht zu stoppen. Es geht also in erster Linie nicht um die Bekämpfung von Drogen, sondern um die Verhinderung von Sucht.« Die Autoren der Broschüre unterbreiten Vorschläge, die auf die Bedeutung von Sicherheit, Bestätigung und Anerkennung, Freiraum und Beständigkeit in der Erziehung hinweisen und relativ einfache Tips geben, wie man Kindern unnötige Brüche im Selbstwertgefühl ersparen kann. Die Grundidee ist ebenso einfach wie solide die, »daß seelisch ausgeglichene und selbstbewußte Kinder mit einem stabilen und belastbaren Ich bessere Chancen haben, später nicht süchtig zu werden«. Im Bereich der *Therapie* geht es zunächst darum, was der Betreffende will und kann. Wenn er keine Therapie will, hat er ein Recht auf Überlebenshilfen, aber die Gesellschaft hat kein Recht, ihn zur Therapie (etwa durch Strafandrohung) zu nötigen. Was der Süchtige will, kann unter Umständen eher eine Rückkehr zum kontrollierten Konsum sein. Oder eine Substitutionsbehandlung. Oder eine ärztliche Verschreibung der Originaldrogen. Oder ein legaler Zugang zu der Droge seiner Wahl. Entsprechende Modelle werden von Vertretern des Akzeptanzparadigmas auch diskutiert. Jedenfalls geht es ihnen nicht darum, die Hände in den Schoß zu legen und dem Schicksal der Süchtigen teilnahms- und tatenlos zuzusehen. Im Gegenteil: denn das Akzeptanzparadigma entstand aus der Kritik an der Teilnahmslosigkeit der abstinenzorientierten Suchtkrankenarbeit gegenüber dem täglichen Elend derjenigen Drogengebraucher, die sich den Forderungen nach einem abstinenten und angepaßten Leben nicht unterwerfen wollten.

Die soziale und politische Basis des Akzeptanzparadigmas besteht im wesentlichen aus denjenigen, die vom »Recht auf Differenz« profitieren: aus Aktivisten und Sympathisanten der Schwulenbewegung und der DAH, aus Drogengebrauchern, Abhängigen, Süchtigen und Ex-Süchtigen, aus Wissenschaftlern, Praktikern und Intellektuellen, die sich von den theoretischen Grundlagen und empirischen Ergebnissen akzeptierender Drogenarbeit haben überzeugen lassen – und aus Menschen, deren soziokultureller Hintergrund oder politische Überzeugung sie zu Vertretern eines interkulturellen Zusammenlebens macht, das sich nicht auf die »Ausländerfrage« beschränkt, sondern die Emanzipation diskriminierter Teil- und Subkulturen auch auf »inländische« Lebensstil-Szenen bezieht, denen dasselbe »Recht auf Differenz« zusteht. Insofern beinhaltet nicht die herkömmliche Politik, sondern gerade die akzeptierende Drogenarbeit eine Utopie davon, wie Gesellschaft ohne vielfältige Binnendemarkationslinien einmal aussehen könnte.

DIETER LADEWIG

Die Diskussion um Suchtgefährdung und präventive Maßnahmen beginnt beim einzelnen Individuum. Mittlerweile ist nicht nur in der bundesrepublikanischen Bevölkerung die Bereitschaft gewachsen, sich die eigene Verführbarkeit einzugestehen und nach Kontrollmöglichkeiten zu suchen. Dieter Ladewig analysiert Ursachen und Auswege.

Sucht fällt nicht vom Himmel

Es gibt Wechselwirkungen zwischen sozialer Zufriedenheit und Suchtmittelkonsum. Unzufriedene konsumieren häufiger. Umgekehrt, so wurde in einer eigenen Untersuchung festgestellt, hatten Frauen und Männer, die ohne Partnerschaft lebten oder mit dieser unzufrieden waren, signifikant häufiger den Gedanken, weniger Alkohol zu trinken, als Befragte, die sich zufrieden über ihre Partnerschaft äußerten. Unzufriedenheit ist auch »Chance für eine Veränderung«.

Es ist als erfreuliches Faktum festzuhalten, daß neben einer Hochrisikogruppe von etwa 10 % der Bevölkerung, die ca. die Hälfte des gesamten Alkoholkonsums bestreiten, und neben dem massenhaft verbreiteten Niedrigkonsum besonders bei jungen Erwachsenen ein Trend zur Nüchternheit registriert wird. Es zeichnet sich damit gesellschaftlich eine gewisse Polarisierung von Hoch-Konsumenten und Nicht-Konsumenten ab. Ein erhöhtes Risikobewußtsein bezüglich des eigenen Umgangs mit Suchtmitteln ist vorhanden. Hierbei hat insbesondere die Thematik der Selbstgefährdung im Straßenverkehr eine Schrittmacherfunktion gehabt, obwohl nur zu bekannt ist, daß die Trennung von Alkoholkonsum und Autofahren immer noch ungenügend internalisiert ist. Sich abzeichnende Veränderungen im Arzneimittelgebrauch, in der Ernährungsweise und im allgemeinen Gesundheitsverhalten weisen auf ein wachsendes Gesundheitsbewußtsein hin. Diese »neue Nüchternheit« ist wohl weniger auf Resultate einer Suchtprävention zurückzuführen als auf einen allgemein gesundheitsbewußteren Lebensstil von Teilen der Bevölkerung.

Bei vielen fehlt aber immer noch die Bereitschaft, Wissen und Handeln kongruent zu machen. Einer der Gründe dafür liegt, sozial-psychologisch gesprochen, in der Entfremdung des modernen Menschen, in der er eine wesentliche Eigenschaft aufgegeben hat, nämlich die Bereitschaft, über sich nachzudenken. Der entfremdete Mensch lebt vor allem durch die Außenwelt geleitet. Langeweile, innere Leere und die Suche nach Stimulation, nach Aktionen können daraus resultieren und sind zentrale Elemente einer Suchtgefährdung.

Suchtprävention bedeutet demnach ein Plädoyer für das Nachdenken. Denken, um zu überleben, und Denken, um mit sich in Einklang zu kommen. Denken sei nichts Geschenktes, sondern eine mühevolle und unsichere Erwerbung, meinte der Philosoph José Ortega y Gasset. Denken und Menschsein in diesem Sinne ist ein gefahrvolles Abenteuer, weil in Gefahr, sich immer wieder zu verlieren.

Umgekehrt ist es ebenso bedenklich, wenn sogar Fachleute dem Wunschdenken erliegen, etwa durch bloße Veränderungen der Suchtmittelgesetze, eine neue »Drogenpolitik«, ein neues Schulsystem u. a. Entscheidendes zu erwarten. Drogenprävention beginnt bei jedem einzelnen und steht in der Verantwortung eines jeden einzelnen. Zu dieser Feststellung gehört gleichwohl auch die Bereitschaft, wegzukommen von der Vorstellung bedingungsloser eigener Autonomie und die Vorstellung einer chancengleichen Selbstverwirklichung zum allgemeinen Ziel zu erklären. Aktive Drogenprophylaxe signalisiert sich in der Bereitschaft zum *Nachdenken*, in der *Offenheit für das Miteinander* – das Zueinander-Wachsen ist das Ergebnis einer gelegentlich anstrengenden Arbeit – und im *Respekt für unsere Umwelt*.

Zum Miteinander und zur unmittelbaren Umwelt gehören Kinder, gehört die Familie.

»Wenn meine Eltern traurig sind, tun sie so, als wenn ihnen das nichts ausmachte. Sie arbeiten dann viel, tun viel, trinken oder lenken sich sonst ab.« So etwa könnte ein Kind seine Eltern erleben, wenn es die Dinge bereits durchschauen würde. An den Eltern orientiert sich das Kind. In den ersten Lebensjahren wird der Grundstein aller möglichen Sucht- und Fluchtverhaltensweisen gelegt. Das

Kind braucht Beachtung, Zuwendung, Toleranz, Verständnis, Spielraum, anstatt der Surrogate dafür. Wie leben wir mit unseren Kindern zusammen? Lassen wir ihre Gefühle zu, auch solche, die unangenehm sind? Reden wir miteinander, oder heißt es: »Seid nett zueinander, streitet nicht.«? Die Abfertigung mit Surrogaten beginnt in den alltäglichsten Situationen. Wie reagieren wir, wenn das Kind mit einem blutenden Knie nach Hause kommt und weint? Beschäftigen wir uns mit ihm, oder geben wir ihm ein paar Süßigkeiten und sagen: »Wenn Du stark bist …«

Sucht fällt nicht einfach vom Himmel. Erfahrungen und Erlebnisse prägen das Bewußtsein des Kindes und bestimmen seine Gefühle und sein Verhalten. Wir sind letztlich bereit, süchtig zu werden, weil wir als Kinder nicht gelernt haben, aus uns zu schöpfen, uns den Anforderungen des Lebens zu stellen und uns das zu holen, was wir wirklich brauchen. »Wenn Mami Schmerzen hat, nimmt sie immer eine Tablette.« Unangenehme Situationen und Gefühle werden gemieden. Als Ersatz steht ein breites Angebot zur Verfügung. Die Kinder spüren: »Die Erwachsenen wollen sich nicht einsam fühlen. Sie machen sich dann zu.«

Worauf es ankommt, ist eine *Haltung*, allgemeine Lebenskompetenz mit der Fähigkeit, Belastungen zu erkennen und zu verarbeiten, genügend Selbstvertrauen und Selbstsicherheit und gute Kommunikationsfähigkeit zu erlangen. Dann besteht mit hoher Wahrscheinlichkeit für den einzelnen die Chance, mit psychoaktiven Stoffen wie Alkohol, illegalen Drogen, Medikamenten und Tabakwaren kritisch umzugehen. Dieser kritische Umgang bedeutet, bei verbotenen Mitteln oder in verbotenen Situationen nein sagen zu können; nein am Arbeitsplatz, nein in der Schule und nein im Straßenverkehr. Kritisch umzugehen bedeutet weiter, zu wissen, was konsumiert wird und wie konsumiert wird. Und schließlich bedeutet kritisch konsumieren, mit dem Mittel keinen Ersatz für fehlende Befriedigung anderer menschlicher Bedürfnisse zu suchen.

Zwar gibt es nicht *die* richtige Erziehung, aber es gibt *Erziehungsstile*, die eine größere Sicherheit gewährleisten, und andere, die unter Umständen geradezu das Risiko, Drogen zu konsumieren, fördern. Ein konsequenter, aber toleranter Erziehungsstil vermeidet autoritär-bestrafendes Handeln ebenso wie eine inkonsequente Laisser-faire-Haltung oder das überbeschützende Umsorgen. Die Lernpsychologie lehrt, daß der Wert von Wissen, Einstellungen und Verhalten durch Lob bekräftigt wird. Eine pädagogisch erfolgreiche Grundhaltung besteht darin, schlechte Eigenschaften oder Verhaltensweisen nicht zu bestrafen, oder positive Alternativen zu verstärken. Wir neigen jedoch dazu, Dinge, die uns nicht gefallen, zu bestrafen oder zu mißbilligen. Wir sollten im Gegenteil mehr unterstützen, loben, bekräftigen und Begeisterung zeigen.

Dies gilt für das Kind, das sich in der Welt erstmals orientiert, wie auch für den Jugendlichen in der *Ablösung* und Identitätsfindung. Beim Pubertierenden verändert sich in einem wahrhaft revolutionären Prozeß der Körper und mit dem kraftvollen Auftreten sexueller Gefühle auch die Psyche. Das Selbstwertgefühl, die Einstellung zum eigenen Körper, zur eigenen Identität und die Beziehungen zum Mitmenschen, insbesondere zu den Eltern, werden von Grund auf neu gestaltet. So herrscht in und um den Jugendlichen wie auf einer Baustelle zeitweise ein Chaos, das aber anzeigt: »Hier wird gebaut«, »hier entsteht etwas Neues«. In der allmählich an Bedeutung zunehmenden Beziehung zur Realität wendet sich das Kind und später der Jugendliche nach außen und sucht vielfältige Reize. Diese Reizsuche kann oft drängend sein. Welchen Platz nehmen dabei Drogen ein? Sie sind verboten, angeblich gefährlich, versprechen aber neue Erfahrungen, Veränderungen, vielleicht auch Vergessen und anderes mehr. Aus der Sicht des Erwachsenen nimmt der Jugendliche dabei zahlreiche Risiken in Kauf. Er tut dies aber in der Art und Weise, wie er gelernt hat, mit früheren Erfahrungen umzugehen. Neben der

Verletzlichkeit besteht eine hohe Begeisterungsfähigkeit
beim Jugendlichen, die ihn empfindlich macht, gleichzeitig
aber auch empfänglich für Präsenz, Zuhören, Zuwendung
und Lob.

Es ist für den Erwachsenen nicht immer leicht, mit der
Dynamik Jugendlicher und Heranwachsender umzugehen.
Der Jugendliche ist auf der einen Seite in starkem Maße fast
egoistisch, kann sich als den Mittelpunkt der Welt betrachten, auf den sich das ganze Interesse konzentriert, und ist
doch, wie kaum je im späteren Leben, opferfähig und zur
Hingabe bereit. Er sucht leidenschaftliche Beziehungen,
auch Liebesbeziehungen, und kann sie ebenso unvermittelt
wieder abbrechen, wie er sie begonnen hat. Er wechselt begeistert zwischen Anschluß an eine Gemeinschaft und einem unüberwindlichen Hang nach Einsamkeit, unterwirft
sich unter Umständen blind einem selbstgewählten Führer
oder lehnt sich trotzig gegen alle und jede Autorität auf. Er
ist eigennützig und sogar ausgesprochen materialistisch ge-
sinnt und gleichzeitig wieder von hohem Idealismus erfüllt.
Eine asketische Haltung kann mit plötzlichen Durchbrü-
chen von Triebbefriedigungen wechseln. Grobes und rück-
sichtsloses Verhalten gegen den Nächsten kontrastiert mit
einer erheblichen Empfindlichkeit gegenüber Kränkungen.
In der Stimmung zeigen sich Schwankungen von Welt-
schmerz zu leichtsinnigem Optimismus, von Enthusiasmus
zu dumpfer Trägheit und Interesselosigkeit. Dieses wech-
selhafte und spannungsgeladene Erlebnisprofil impliziert
für den Erwachsenen die Aufgabe, sich selber zu öffnen für
Fragen auch der eigenen Ablösung, der eigenen Standortbe-
stimmung und Zielbestimmung für den nächsten Lebensab-
schnitt. Hier wird ein konsequenter und toleranter Erziehungsstil, auch sich selber gegenüber, verlangt. Förderung
von Kompetenz, von Selbstvertrauen und Sicherheit, der
Aufbau guter Kommunikationsfähigkeit und letztlich die
Haltung eines kritischen Umganges mit Alkohol, Medikamenten und Drogen bedeutet für den Erwachsenen, der er-

ziehend tätig ist, auch für sich selbst offen und lernfähig zu bleiben.

Wenn ein Jugendlicher Drogen nimmt, verändert sich über kurz oder lang sein Verhalten, sein Denken und Fühlen. Es ist oft nicht ganz einfach, diese Veränderungen von dem abzugrenzen, was zum normalen Spielfeld der Entwicklung, des Experimentierens und der Erfahrung von Grenzen gehört. So sind Stimmungsschwankungen innerhalb der Ablösung und der Identitätsfindung normal, so kann impulsives Verhalten grundlos von innen oder als Reaktion auf eine Enttäuschung auftreten oder Anzeichen einer Drogenwirkung oder auch einer Reaktion auf den Drogenkonsum sein. Hoher Geldbedarf ist allerdings immer ein alarmierendes Symptom, und das Stopfen von Geldlöchern der sicherste Weg, Drogen nachfließen zu lassen. Geld wird hier zum Synonym für Gift. Wenn der Geldnachschub ohne viel Rückfragen funktioniert, ist eine konsequente Unterstützung von Schritten, die zur Aufgabe eines Konsums oder sogar einer Abhängigkeit beitragen können, nicht mehr gewährleistet.

Wenn sich der Verdacht erhärtet, daß die Tochter oder der Sohn Drogen konsumieren, sollte dies angesprochen werden, und die Eltern oder Partner oder die ganze Familie sollten *offen* darüber sprechen. Die Taktik muß sein, vom Jugendlichen Beweise seiner Abstinenz zu fordern. Nicht die Mutter oder der Vater müssen den Beweis bringen, daß das Kind Drogen konsumiert, sondern umgekehrt soll der Jugendliche zeigen, daß er nicht abhängig ist. Nur so verliert er in Tat und Wahrheit seine »Unschuld«. Und wenn es zum Gespräch über Drogen kommt: Nicht der Jugendliche sollte seinen Informationsvorsprung ausspielen und die Eltern von der Harmlosigkeit psychoaktiver Substanzen überzeugen wollen, vielmehr sollten die Eltern in der Lage sein, sachlich und ohne zu dramatisieren auf Gefahren hinzuweisen: auf Erkrankungen wie Depressionen, auf die Hepatitis, die HIV-Infektion, das Risiko des Verlustes wichtiger Bezugspersonen u. a.

So schwierig die Situation angesichts der Sorge um die Zukunft des Betroffenen sein mag, so wichtig ist es gleichzeitig für die Eltern und für die Geschwister, Distanz zum Problem des andern zu entwickeln, eigene Interessen, die eigene Arbeit und die eigene Entwicklung im Blick zu behalten. Nur wenn man sich selber Raum und Mittel erhält, Lebensenergie zu tanken und umzusetzen, kann man einem Kind helfen. Diese Abgrenzungsfähigkeit erleichtert es schließlich auch, Unterstützung durch Dritte einzuholen, Elternkreise oder Beratungsstellen aufzusuchen. Dieser Schritt nach außen gibt Sicherheit, ein aktives Vorgehen einzuschlagen, die Situation nicht zu vertuschen oder zu verheimlichen, sondern zu klären.

Die hier angesprochene Erziehung wird auch als affektive Erziehung bezeichnet. Sie zielt darauf ab, besonders die emotionale Entwicklung günstig zu beeinflussen, d. h. insbesondere die Selbsteinschätzung sowie intra- und interpersonale Fähigkeiten zu verbessern. Affektive Erziehung gründet auf der Annahme, daß Fähigkeiten im kognitivemotionalen Bereich sowohl lehr- als auch lernbar sind, und zwar aufgrund von unbewußten Entwicklungen als auch von bewußt eingesetzten Mitteln.

WERNER GROSS

Nie war das Angebot zur Selbstentfaltung größer als heute. Doch mit dem Angebot wuchs auch die Sehnsucht nach dem Unbekannten. Für Werner Gross ist diese Konsumhaltung die Ursache für eine fortschreitende »Versüchtelung der Gesellschaft«. Vor allem deshalb, weil uns in der Masse der verschiedenen Attraktionen die Fähigkeit, wirklich zu genießen, abhanden gekommen ist.

Die »Versüchtelung« grassiert

In den letzten Jahren [entstand] eine schleichende »Versüchtelung« unserer Gesellschaft. Immer mehr Menschen können heute nicht mehr unterscheiden, ob das, was sie tagtäglich tun oder konsumieren, wirklich notwendig ist, ob es ihnen gut tut, ob sie es wirklich brauchen: »Nimm, was du kriegen kannst, es ist doch egal, wovon dir schlecht wird«, hieß es in einem Spruch an der Frankfurter Universität. So werden Sehnsüchte durch Werbung und Konsumangebot umfunktioniert in eine Art Kaufsucht. Da werden Wünsche geweckt, die nicht vorhanden sind: der Supermarkt und das Kaufhaus als »Haschwiese« und »Opiumhöhle« für Otto Normalverbraucher.

Schließlich sehen wir uns täglich mit einem Füllhorn von »Drogen« im weitesten Sinne konfrontiert, Fernsehen, Video- und Telespiele, Musik, Konsum aller Art. All das sind »medielle« Drogen, die uns glauben machen wollen, die Welt bestehe aus lauter Glück. Wir alle haben ein Bedürfnis nach Ruhe, Glück und Geborgenheit, aber können diese mediellen Drogen uns wirklich helfen, mit dem Alltag fertig zu werden? Wir werden in eine Scheinwelt entführt, der nüchterne Alltag wird verdrängt.

Andere versuchen durch Autoraserei und Motorradrennen zu entfliehen. Die gesamte Freizeit wird dem Vehikel und der Illusion von Freiheit mit der Maschine gewidmet. Die Geschwindigkeitsexzesse auf den Straßen, aber auch waghalsige Unternehmungen anderer Art, so zum Beispiel Bergtouren auf hohe Gipfel, die nicht ohne Risiko sind, zeigen, daß die Menschen nicht zufrieden sind mit einem ruhigen Leben, sondern Grenzerfahrungen machen möchten. So kann man Sucht als Leiden, das anfangs in der Form von Vergnügungen auftritt, bezeichnen. Es ist »der Hintereingang zum Paradies«, aus dem man auch ganz schnell wieder rausfliegt.

Innenweltverschmutzung

Die einen besaufen sich, andere qualmen sich zu oder laufen einem Sekten-Guru hörig hinterher. Für die einen reicht ein James-Bond-Film, um sich zu vergessen, andere müssen am Spielautomaten hängen oder sich in die Peep-Show stürzen. Ob Sport, Sex oder Sauberkeit – es gibt nichts, was nicht süchtig machen kann. Denn der Wunsch, einmal erlebte Lust zu wiederholen, steckt in jedem von uns. Ein bißchen flüchten, um ein bißchen standzuhalten, das ist für viele alles, was noch drin ist. Viele sind so Opfer der eigenen Begierden, von denen sie nicht einmal wissen, ob es ihre wirklichen Wünsche und tiefen Bedürfnisse sind oder ob es nur durch Werbung und Medien eingeredete Begierden sind, die sie unhinterfragt als »ihre eigenen« angenommen haben. Der Grad der »Innenweltverschmutzung« durch ständige Reizüberflutung und künstliche Bedürfnisweckung ist inzwischen so groß, daß nur noch wenige aus tiefstem Herzen und in nüchterner Zufriedenheit sagen können: »Das brauche ich wirklich.« Sehr viel öfter torkeln sie in einer Art »Nebenpalast der Wünsche« hin und her. Heute sind sie von diesem begeistert, morgen lehnen sie es total ab, und übermorgen hängen sie ihr Herz an das Gegenteil. Ein Ausdruck eines sinnlos erlebten Lebens und ein ungehörter – und vielleicht sogar unbewußter – Schrei nach »Religio«, nach Gebundenheit.

Aber selbst auf dem Markt der Religionen und Philosophien haben wir die Freiheit der Wahl – aber wir haben die Kriterien verloren, nach denen wir auswählen können. Statt dessen bekommen wir selbst hier alles mögliche angeboten: Philosophien, Religionen und Weltbilder von der Stange. Und jede hat einen totalen Anspruch, die einzig richtige zu sein. Diese Orientierungslosigkeit ist der beste Nährboden für die »Versüchtelung« unserer Gesellschaft: Leute, die nicht wissen, wer sie sind, was ihnen gut tut oder fehlt, was sie wollen und wo der Sinn liegt, sind extrem anfällig für das erstbeste Angebot. Sie sind leicht manipulierbar: Die Wirtschaft und Werbung als Dealer unserer alltäglichen Sucht! Wieviel von dem, was wir als unseren Wohlstand bezeichnen, basiert gerade darauf? Wie nötig hat diese Wirtschaft genau diese leicht manipulierbaren »Menschen ohne Eigenschaften«, die glauben, daß ein neues Auto, eine neue Schrankwand, ein neues Deo-Spray, ein tolles Essen, die neue Videoproduktion oder ein besserer Beruf ihnen wirkliche »Individualität« verleihen?

Immer mehr Genüsse – immer weniger genießen

Die Außengelenktheit der zivilisierten Menschen ist so weit fortgeschritten, daß sie immer weniger wissen, wer sie sind, was sie wollen. Und diese »einsame Masse« liegt im Interesse der Industrie. Denn viele der wirklichen Bedürfnisbefriedigungen sind nicht durch Geld zu kaufen: Liebe, Geborgenheit, Sinn sind nicht käuflich und auch nicht leicht zu haben. Dazu bedarf es einer anderen Art von Energieeinsatz als nur auf den Knopf am Fernseher zu drücken, ein Auto zu kaufen oder schnell eine Versicherung abzuschließen. Dazu bedarf es der ernsthaften Auseinandersetzung mit sich selbst und den anderen. Und das ist nicht schnell und leicht zu haben, sondern erfordert hohen Energieaufwand. Das alte Wort »Selbsterkenntnis« ist heute zu »Selbsterfahrung« verkommen, die man sich schnell mal an einem Wochenendworkshop »reinzieht«.

Und auch mit vielen anderen altehrwürdigen Begriffen ist Schindluder getrieben worden. Sie sind vermarktet worden – von Medien und der »Psycho-Industrie«. Und das alles unter dem Siegel der Selbsterkenntnis, der Lebensqualität oder des Genusses. »Immer mehr Genüsse – immer weniger genießen« ist ein Artikel in der Zeitschrift *Psychologie heute* überschrieben, in dem das Thema »echte Genußfähigkeit und unechte Genüsse« im Vordergrund steht:

»Noch nie war die Möglichkeit, sich Genüsse zu verschaffen, so groß. Und doch – trotz allgegenwärtiger Genußangebote und Aufforderungen scheint uns langsam aber sicher die Fähigkeit zu genießen abhanden zu kommen. Ein Paradox? Nein, denn die meisten Genüsse, die uns angeboten werden, sind Pseudo-Genüsse, Ersatz für wirklich genußvolles (Er-)Leben.«

So heißt es in dem Beitrag von Holger Probst. Für ihn ist die fast totale Außengelenktheit des zivilisierten Menschen die Ursache für den Verlust von Sinn und von wirklichen Sinnesfreuden – auch im Essen. Er plädiert für ein Wiedergewinnen selbstbeherrschter Lebensbereiche – Freiräume, in denen man selbst die Verantwortung trägt. Dazu ist ein Infragestellen der immer künstlicher werdenden Bedürfnisse nötig: Man soll nur kaufen, was man wirklich braucht, und nicht, was gerade besonders günstig angeboten wird oder neu auf dem Markt ist. Man soll nur essen, was der *Körper* verlangt – und nicht die Gier. Dazu ist es notwendig, den Überfluß gerade beim Essen zu erkennen, und man muß sich selbst freiwillig Beschränkungen und Verzicht auferlegen und auf seine Körpersignale achten. Letztendlich ist es eine Aufforderung zur Selbsterkenntnis und Selbstdisziplin. Erst das ermöglicht eine langsame Rückgewinnung der eigenen, echten Genußfähigkeit.

Solange man immerzu im Strom der Reizüberflutung hin- und herschwappt, ist ein wirklich befreiender Genuß gar nicht möglich. Ein Ausstieg aus dem sich immer schneller drehenden Konsumkarussell ist dringend nötig. Wie sagte doch der Philosoph Martin Heidegger: »Verzicht nimmt nicht, Verzicht gibt.«

Textnachweise

Mit einem Sternchen versehene Titel* wurden von den Herausgebern formuliert oder sind den abgedruckten Texten entnommen.

JÖRG ADOLPH

Neulich im Cyberspace 196

Ästhetik & Kommunikation 24 (1995) II. 88: Medien an der Epochenschwelle? S. 95–100. [Auszug.] – © 1995 Ästhetik & Kommunikation, Berlin.

GÜNTER AMENDT

Von der Drogensubkultur zur Spaßgesellschaft 293

Originalbeitrag. – Mit Genehmigung von Günter Amendt, Hamburg.

GOTTFRIED BENN

Kokain 156

G. B.: Sämtliche Gedichte. Stuttgart: Klett-Cotta, 1998. S. 45. – © 1998 J. G. Cotta'sche Buchhandlung Nachfolger GmbH, Stuttgart.

HERBERT BERGER

Fixersein als Lebensstil 250

Rausch und Realität. Drogen im Kulturvergleich. Hrsg. von Gisela Völger unter Mitarb. von Karin von Welck und Aldo Legnaro. Mit einem Vorw. von René König. Tl. 2. Köln: Rautenstrauch-Joest-Museum, 1981. S. 688–693.

NORBERT BOLZ

(1) Emotional Design*   73
(2) Die Renaissance des Bösen   140

N. B. / David Bosshart: Kult-Marketing. Die neuen Götter des
Marktes. Düsseldorf: Econ Verlag, ²1995. S. 210–215 [Auszug] (1),
287–302 [Auszug] (2). – © 1995 ECON Verlag GmbH, Düsseldorf,
jetzt München.

DAVID BOSSHART

Das ultimative Kundenmodell – der Junkie   54

Norbert Bolz / D. B.: Kult-Marketing. Die neuen Götter des Marktes. Düsseldorf: Econ Verlag, ²1995. S. 259–263. [Auszug.] – © 1995
ECON Verlag GmbH, Düsseldorf, jetzt München.

REINER DIECKHOFF

Zur Ästhetik von Traum und Rausch*   150

Rausch und Realität. Drogen im Kulturvergleich. Hrsg. von Gisela
Völger unter Mitarb. von Karin von Welck und Aldo Legnaro. Mit
einem Vorw. von René König. Tl. 1. Köln: Rautenstrauch-Joest-
Museum, 1981. S. 404–406.

JOHANNES DIRSCHAUER

Der Narr der Moderne – Bruder Jogger*   123

Zur Psychologie des Laufens. Hrsg. von Reiner Stach. Frankfurt a. M.: Fischer Taschenbuch Verlag, 1994. S. 21–31. [Auszug.] –
Mit Genehmigung von Johannes Dirschauer, Berlin.

Martin Doehlemann

Die Vermehrung der Langeweile durch ihre unaufhör-
liche Bekämpfung 18

M. D.: Langeweile? Deutung eines verbreiteten Phänomens. Frankfurt a. M.: Suhrkamp, 1991. (edition suhrkamp. 1955.) S. 184–195.
[Auszug.] – © 1991 Suhrkamp Verlag, Frankfurt am Main.

Ulla Fröhling

Droge Glücksspiel* 221

U. F.: Droge Glücksspiel. Betroffene erzählen von einer heimlichen
Sucht. München: Mosaik Verlag, 1984. (Brigitte-Buch im Mosaik
Verlag) S. 10–17. – Mit Genehmigung von Ulla Fröhling, Mitteln-
kirchen.

Johannes Goebel / Christoph Clermont

Die Geburt des Lebensästheten 106

J. G. / Ch. C.: Die Tugend der Orientierungslosigkeit. Berlin: Verlag Volk und Welt, 1997. S. 77–83. [Auszug.] – © 1997 Verlag Volk
und Welt, Berlin.

Reimer Gronemeyer

Die neue Lust an der Askese* 42

R. G.: Die neue Lust an der Askese. Berlin: Rowohlt, 1998. S. 179–
189. – © 1998 Rowohlt Berlin Verlag GmbH, Berlin.

Werner Gross

(1) Live fast, love deep, die young: Von den positiven Seiten des süchtigen Lebens – Versuch einer Ehrenrettung 59
(2) Auf der Suche nach dem »Kick« 119

(3) Porno, Peep-Show, Perversionen: Sex-Sucht 136
(4) Droge Mitmensch* 205
(5) Die »Versüchtelung« grassiert 322

W. G.: Sucht ohne Drogen. Arbeiten, Spielen, Essen, Lieben …
Frankfurt a. M.: Fischer Taschenbuch Verlag, 1990. S. 225–228
[Auszug] (1), 182–185 [Auszug] (2), 167–173 [Auszug] (3), 139–146
[Auszug] (4), 219–222 (5). – © 1990 Fischer Taschenbuch Verlag
GmbH, Frankfurt am Main.

Ernst Jünger

Der Rausch: Heimat und Wanderung 157

E. J.: Sämtliche Werke. Abt. 2. Bd. 11: Annäherungen. Stuttgart:
Klett-Cotta, 1978. S. 46–52. – © 1978 J. G. Cotta'sche Buchhandlung Nachfolger GmbH, Stuttgart.

Dieter Ladewig

(1) Eine Tasse Teer* 191
(2) Rausch auf Rezept* 284
(3) Sucht fällt nicht vom Himmel* 315

D. L.: Sucht und Suchtkrankheiten. München: C. H. Beck, 1996.
(Beck'sche Reihe. 2037.) S. 70 f. (1), 71– 77 (2), 94–100 (3). – © 1996
C. H. Beck'sche Verlagsbuchhandlung (Oscar Beck), München.

Timothy Leary

Down On Speed 248

Alfred Springer: Kokain. Mythos und Realität. Eine kritisch do-
kumentierte Anthologie. Wien/München: Brandstätter, 1989.
S. 197 f.

ALDO LEGNARO

Rausch und Realität. Drogen im Kulturvergleich. Hrsg. von Gisela Völger unter Mitarb. von Karin von Welck und Aldo Legnaro. Mit einem Vorw. von René König. Tl. 1. Köln: Rautenstrauch-Joest-Museum, 1981. S. 52–57. [Auszug.]

ERIK MEYER

E. M.: Die Techno-Szene. Ein jugendkulturelles Phänomen aus sozialwissenschaftlicher Perspektive. Opladen: Leske + Budrich, 2000. (Forschung Soziologie, 60.) S. 84–91. [Auszug.] – © 2000 Leske + Budrich, Opladen.

INGO ILJA MICHELS

Jürgen Neumeyer / Henning Schmidt-Semisch (Hrsg.): Ecstasy – Design für die Seele? Freiburg i. Br.: Lambertus, 1997. S. 38–46. – © 1997 Lambertus-Verlag, Freiburg im Breisgau.

IRMGARD MÜLLER

Rausch und Realität. Drogen im Kulturvergleich. Hrsg. von Gisela Völger unter Mitarb. von Karin von Welck und Aldo Legnaro. Mit einem Vorw. von René König. Tl. 1. Köln: Rautenstrauch-Joest-Museum, 1981. S. 390–396. [Auszug.]

WOLFGANG NEUSS

W. G.: Der totale Neuss. Gesammelte Werke. Hrsg. von Volker Kühn. Hamburg: Rogner & Bernhard bei Zweitausendeins, 1997. S. 802 f. – Copyright by Europäische Verlagsanstalt / Rotbuch Verlag, Hamburg.

KOSTIS PAPAJORGIS

K. P.: Der Rausch. Ein philosophischer Aperitif. Aus dem Neugriech. übers. von Gaby Wurster. Stuttgart: Klett-Cotta, 1993. S. 10–22. [Auszug.] – © 1990 Kastaniotis Editions, Athen. 1993 J. G. Cotta'sche Buchhandlung Nachfolger GmbH, Stuttgart.

UDO POLLMER

U. P. / Andrea Fock / Ulrike Gonder / Karin Haug: Prost Mahlzeit! Krank durch gesunde Ernährung. Köln: Kiepenheuer & Witsch, 1994. S. 253–263. [Auszug.] – © 1994, 1996 Verlag Kiepenheuer & Witsch, Köln.

ARMAN SAHIHI

A. S.: Designer-Drogen. Die neue Gefahr. Weinheim/Basel: Beltz, 1989. (Psychologie heute. Taschenbuch.) S. 35–51. [Auszug.] – © 1989 Psychologie heute-Taschenbuch verlegt bei Beltz, Weinheim und Basel.

ANTOINE DE SAINT-EXUPÉRY

Der kleine Prinz und der Säufer* 182

A. de S.-E.: Der Kleine Prinz. Übers. von Grete und Josef Leitgeb. Düsseldorf: Rauch, [43]1988. S. 35. – © 1950 und 1998 Karl Rauch Verlag, Düsseldorf.

ULRICH SCHAFFER

Für die Sehnsüchtigen 30

U. Sch.: Sehnsucht nach Nähe. Stuttgart: Kreuz Verlag, 1986. S. 1. – © 1986 Kreuz Verlag, Stuttgart.

SEBASTIAN SCHEERER

(1) Die Gesellschaft der Süchtigen* 51
(2) Suchtvermeidung durch Risiko-Management 310

S. Sch.: Sucht. Reinbek bei Hamburg: Rowohlt Taschenbuch Verlag, 1995. S. 115–118 (1), 109–114 (2). – © 1995 Rowohlt Taschenbuch Verlag GmbH, Reinbek bei Hamburg.

WOLFGANG SCHIVELBUSCH

Die trockene Trunkenheit des Tabaks 183

W. Sch.: Das Paradies, der Geschmack und die Vernunft. Eine Geschichte der Genußmittel. München/Wien: Hanser, 1980. S. 108–122, 132–141. [Auszug.] – © 1980 Carl Hanser Verlag, München und Wien.

ALEXANDER SCHULLER

Sucht und Sehnsucht* 17

A. Sch. / Jutta Anna Kleber (Hrsg.): Gier. Zur Anthropologie der Sucht. Göttingen: Vandenhoeck & Ruprecht, 1993. S. 33. – © 1993 Vandenhoeck & Ruprecht, Göttingen.

GERHARD SCHULZE

   Der Erlebnismarkt*   25

G. Sch.: Die Erlebnisgesellschaft. Kultursoziologie der Gegenwart.
Frankfurt a. M. / New York: Campus Verlag, ⁵1995. S. 421–423,
542 f. [Auszug.] – © 1992 Campus Verlag GmbH, Frankfurt am
Main.

RAINER SCHWOCHOW

   Workaholics – Wenn Arbeit zur Sucht wird*   212

R. Sch.: Workaholics. Wenn Arbeit zur Sucht wird. Berlin: Links,
1997. S. 74–76, 116–120. – © 1997 Christoph Links Verlag – Links
Druck GmbH, Berlin.

ROCK SCULLY / DAVID DALTON

   Den Drachen jagen*   170

R. S. / D. D.: An American Odyssey. Die legendäre Reise von Jerry
Garcia und den Grateful Dead. Übers. von Bernhard Schmid. Hö-
fen: Hannibal Verlag, 1996. S. 295–297. – © 1996 Hannibal Verlag
GmbH, A-6600 Höfen.

HARRY SHAPIRO

   Sky High – Andy Warhols Factory*   163

H. Sh.: Sky High. Drogenkultur im Musikbusineß. Übers. von Peter Hiess. Höfen: Hannibal Verlag, 1995. S.162–166. – © 1995 Hannibal Verlag GmbH, A-6600 Höfen.

CARLO MICHAEL SOMMER / THOMAS WIND

Der Name der Hose – Markenkleidung* 67

C. M. S. / Th. W.: Mode. Die Hüllen des Ich. Weinheim/Basel: Beltz, 1988. (Psychologie heute-Buchprogramm.) S. 48–54. [Auszug.] – © 1988 Psychologie heute-Buchprogramm, verlegt bei Beltz, Weinheim und Basel.

DON TAPSCOTT

Netzsüchtig? 90

D. T.: Net Kids. Die digitale Generation erobert Wirtschaft und Gesellschaft. Übers. von Regina Berger. Wiesbaden: Gabler, 1998. S. 168 173. – © 1998 Betriebswirtschaftlicher Verlag Dr. Th. Gabler GmbH, Wiesbaden.

BERNHARD VAN TREECK

Cannabis 240

B. v. T.: Drogen- und Sucht-Lexikon. Berlin: Lexikon Imprint Verlag, 1999. S. 64–74. [Auszug.] – © 1999 Lexikon Imprint Verlag – Ein Imprint der Schwarzkopf & Schwarzkopf Verlag GmbH, Berlin.

SHERRY TURKLE

Im Bann des Computers 80

Sh. T.: Leben im Netz. Identitaet in Zeiten des Internet. Übers. von Hainer Kober und Thorsten Schmidt. Reinbek bei Hamburg: Rowohlt, 1998. S. 42–47, 285–289. [Auszüge.] – © 1998 Rowohlt Verlag GmbH, Reinbek bei Hamburg

KONSTANTIN WECKER

K. W.: Und die Seele nach außen kehren. Ketzerbriefe eines Süchtigen. Uns ist kein Einzelnes bestimmt. Neun Elegien. München: Ehrenwirt, ²1983. S. 47 f. – © 1981 Franz Ehrenwirth Verlag GmbH & Co. KG, München.

SABINE ZELGER

S. Z.: »Das Pferd frißt keinen Gurkensalat«. Eine Kulturgeschichte des Telefonierens. Wien/Köln/Weimar: Böhlau, 1997. S. 266–269. [Auszug.] – © 1997 Böhlau Verlag GmbH und Co. KG, Wien, Köln und Weimar.

EVA ZELTNER

E. V.: Generationen-Mix. Bern: Zytglogge Verlag, 1998. S. 111–113 (1), 117–120, 134–136 [Auszug] (3). – © 1998 Zytglogge Verlag, Bern.

ZENTRALRAT DER UMHERSCHWEIFENDEN HASCHREBELLEN

Bommi Baumann: Wie alles anfing. Mit einem Vorw. von Heinrich Böll und einer Nachbem. von Michael Sontheimer. Berlin: Rotbuch Verlag, 1991. S. 58. – Copyright by Europäische Verlagsanstalt / Rotbuch Verlag, Hamburg.

Der Verlag Philipp Reclam jun. dankt für die Nachdruckgenehmi-
gung den Rechteinhabern, die durch den Textnachweis und einen
folgenden Genehmigungs- oder Copyrightvermerk bezeichnet sind.
In einigen Fällen waren die Inhaber der Rechte nicht festzustellen.
Hier ist der Verlag bereit, nach Anforderung rechtmäßige Ansprüche abzugelten.

Die Herausgeber

PETER KEMPER, geb. 1950, studierte Philosophie, Germanistik und Sozialwissenschaften in Marburg. 1979 Promotion, danach wissenschaftlicher Assistent und Lehrbeauftragter. Seit 1981 Musikkritiker der »Frankfurter Allgemeinen Zeitung« für Rock, Pop, Jazz und Neue Musik, seit 1986 Leiter des »Abendstudios« im Hessischen Rundfunk, Frankfurt, und verantwortlich für das Neue Funkkolleg. Zahlreiche Veröffentlichungen zu Themen der Alltags- und Jugendkultur in Zeitungen, Fachzeitschriften und Sammelbänden. Zuletzt erschien von ihm als Mitherausgeber (zusammen mit Thomas Langhoff und Ulrich Sonnenschein) *»alles so schön bunt hier«* – *Die Geschichte der Popkultur von den Fünfzigern bis heute* (Stuttgart: Reclam, 1999).

ULRICH SONNENSCHEIN, geb. 1961, studierte Germanistik in Essen und promovierte dort über Arno Schmidt. Nach einem Jahr als Lektor an der Universität Limerick, Irland, entschloß er sich, den Wissenschaftsbetrieb zu verlassen, und arbeitet seit 1989 als Autor, Moderator und Redakteur beim Hessischen Rundfunk in der Redaktion »Kultur Aktuell«. Veröffentlichungen zu Hessen und zur Jugendkultur. Zuletzt erschien von ihm als Mitherausgeber (zusammen mit Peter Kemper und Thomas Langhoff) *»alles so schön bunt hier«* – *Die Geschichte der Popkultur von den Fünfzigern bis heute* (Stuttgart: Reclam, 1999).

Jugendkultur

IN RECLAMS UNIVERSAL-BIBLIOTHEK

»but I like it« – Jugendkultur und Popmusik.
Herausgegeben von Peter Kemper, Thomas Langhoff und Ulrich Sonnenschein. 439 Seiten. Reclams Universal-Bibliothek 9710.

»... eine spannende Bestandsaufnahme, die kreuz und quer durch die Welt der Jugendkulturen führt und Licht in das selbst für Fans oft schwer durchschaubare Dickicht aus Rock, Hiphop, Rap, Techno, Rave, Punk, Grunge und so weiter bringt.«

Gerd Hammer (Süddeutsche Zeitung)

»Ein Buch zum Blättern, Stöbern, Schmökern ... voll mit einer interessanten Anordnung interessanter Texte und Gesichtspunkte, eine Fundgrube und in seiner unscheinbaren Form seinem Gegenstand angemessen. Wann es zum Star wird, ist nur noch eine Frage der Zeit.«

Stefan Hentz (NZZ)

Philipp Reclam jun. Stuttgart

»alles so schön bunt hier« – Die Geschichte
der Popkultur von den Fünfzigern bis heute.
Herausgegeben von Peter Kemper, Thomas
Langhoff und Ulrich Sonnenschein. 371 Seiten.
31 Abbildungen. Paperback kartoniert.

»Hier ist endlich einmal ein Werk entstanden, das
hinter die Kulissen dieser schnellebigen Welt
blickt. Sowohl diejenigen, die sich bereits in der
Szene befinden, als auch solche, die sich nur einigermaßen in ihr zurechtfinden wollen, werden
hier ein gelungenes Kompendium an Wissen zur
Popkultur des 20. Jahrhunderts vorfinden.«

Simone Janson (www.culture-universal.com)

»... die Ansätze sind so vielfältig, wie die Autoren unterschiedliche Schwerpunkte in ihrer
Arbeit setzen. Und genau das macht dieses Buch-
projekt interessant ...«

(Frankfurter Rundschau)

Philipp Reclam jun. Stuttgart